**美洲
深处**

———— ◆ ————

一本书，就是一片全新的历史丛林，
这里将有一次次思想探险的邀约。

堂娜玛利亚
的故事

生命史、记忆
和政治认同

[美] 丹尼尔·詹姆斯 著

刘倩 译

生活·讀書·新知 三联书店

DONA MARIA'S STORY, by Daniel James
© 2000 by Duke University Press

Simplified Chinese Copyright © 2022 by SDX Joint Publishing Company.
All Rights Reserved.

本作品简体中文版权由生活·读书·新知三联书店所有。
未经许可，不得翻印。

图书在版编目（CIP）数据

堂娜玛利亚的故事：生命史、记忆和政治认同／（美）丹尼尔·詹姆斯著；刘倩译．—北京：生活·读书·新知三联书店，2022.8
（美洲深处）
ISBN 978 – 7 – 108 – 07306 – 8

Ⅰ．①堂… Ⅱ．①丹… ②刘… Ⅲ．①玛利亚·罗尔丹－生平事迹 Ⅳ．① K837.837=5

中国版本图书馆 CIP 数据核字（2021）第 225710 号

责任编辑	卫	纯
装帧设计	康	健
责任校对	陈	明
责任印制	宋	家
出版发行	生活·讀書·新知 三联书店	
	（北京市东城区美术馆东街22号 100010）	
网　址	www.sdxjpc.com	
图　字	01-2018-4515	
经　销	新华书店	
印　刷	北京新华印刷有限公司	
版　次	2022年8月北京第1版	
	2022年8月北京第1次印刷	
开　本	880毫米×1230毫米 1/32 印张23	
字　数	267千字 图15幅	
印　数	0,001－5,000册	
定　价	68.00元	

（印装查询：01064002715；邮购查询：01084010542）

出版说明

译丛名为"美洲深处",源自阿根廷思想家库什(Rodolfo Kusch)的同名代表作。在半个多世纪前,库什在阿根廷军事独裁时期选择"内部流亡",回到阿根廷北部山区,进而重新"发现"了不同于港口大城市的"深度的美洲":安第斯原住民的精神世界。他的实践得到了拉丁美洲知识人的广泛呼应,在墨西哥、秘鲁、巴西,说出"美洲深处"(América profunda),就意味一种不甘于重复欧美主流叙事的立场,一种阅读与身体探索相结合的求知方式。

在这里,我们借用"美洲深处",并非是偏锋猎奇,译介"弱势文学",而是深知众多读者仍旧期待超越手机微信的"浅阅读",渴望思想的深度。更深的意味是,我们深知当代中国正在重新定位自己的世界历史意识。近代以来,"美洲"往往被不假思索地等同于"西方"的一部分,这片大陆复杂多样的文化地形被一笔带过。"中—西对举"的"西方中心主义"思维模式限定了我们的思想和行动的可能。带领读者走向"美洲深处",是一次思想探险的邀约,邀请读者潜入一片绝不同于"西方中心主义"的知识体系与感觉结构的历史"丛林"。游历的结果是,让深度的美洲改造我们的知识谱系,进而理解"现代",理解第三世界,理解未来。

丛书主编:戴锦华、魏然

生活·讀書·新知 三联书店

二〇二二年五月

玛利亚·罗尔丹女士在自家厨房，贝里索，1987年
（图片由作者拍摄）

献 词

谨以本书纪念三位杰出的工人阶级女性：我的母亲克里斯·詹姆斯（Chris James）、我的岳母维娜·迪·皮埃特罗（Verna Di Pietro）和我的朋友玛利亚·罗尔丹（María Roldán）。本书还要献给我的女儿蕾切尔（Rachel），希望三位工人阶级女性留赠给她的历史，在她努力营造自己的未来时，会是一份无与伦比的遗产。

目 录

关于本丛书 *1*

致 谢 *3*

序 幕

没有广场的城市：贝里索"城中心"的记忆和纪念物 *3*

上 编

玛利亚女士的证词 *33*

下 编 文本阐释

第一章 在寒冷中倾听：阿根廷肉类加工厂社区口述史实践 *131*

第二章 "玛利亚·罗尔丹和那个有钱女士的事情说得很清楚了，那就是个寓言"——玛利亚女士证词中的故事、逸事和其他表演 *175*

第三章 "在边缘地带述说的故事":玛利亚女士故事的
　　　　性别阅读　241
第四章 写给克拉丽塔的一首诗:庇隆主义阿根廷的"小
　　　　资产阶级女孩"和工人阶级女性　276

尾 声　321
索 引　337

关于本丛书

"另一个拉丁美洲：语言、帝国和国家"（Latin America Otherwise: Languages, Empires, Nations）是一套批评丛书，目的是要探究那些用来定义"拉丁美洲"的概念的兴变，同时还要探讨塑造拉丁美洲世界广泛的政治、经济、文化实践的相互作用。拉丁美洲，身处竞争性的帝国方略与地方应对的交汇处，自19世纪以来就被视为一个地缘文化和地缘政治的实体。本丛书提供了一个起点，把拉丁美洲重新定义为一种政治、语言、文化、经济相互交织的构造，这要求我们不断重新审视美洲的历史作用，审视当下的全球化进程、人口和文化的重新定位对拉丁美洲经验的影响。"另一个拉丁美洲：语言、帝国和国家"丛书是一个公共论坛，它质疑了现有的地缘文化建构，重新思考了区域研究和学科边界，评估了学术界和政策制定的成见，相应地，它要求我们在实践基础上产生的有关和来自拉丁美洲的各种知识和理解，必须接受严格的、批判性的检视。

《堂娜玛利亚的故事》（Doña María's Story）涉及很多故事：涉及身为劳工活动家、忠诚的庇隆主义者的玛利亚·罗尔丹的人生故事，涉及从20世纪40年代一直到今天盘根错节的阿根廷政治，涉及性别塑造人类经验的方式，涉及记忆的力量和可延展性，涉及历史书写的技艺。这本书如此引人注目，正在于这些不同故事相互交织的方式。

《堂娜玛利亚的故事》可以被视为是作者、史学、叙述结构与过去历史的流动性之间的互动。通过呈现一个记忆景观——既升华了一个城市社区的过去，又使其归于沉寂——丹尼尔·詹姆斯促使读者再次思考所有的历史再建构。通过强调对玛利亚女士故事各种叙述手法的调整，通过批评反思自己专业所依赖的各种假定和工具，詹姆斯促使我们直面所有历史学家都要面对的局限。但也正因为如此，阿根廷的20世纪才有了深度，玛利亚女士才变得生动鲜活。

玛利亚女士，在她的话语和作者思考的激发下，迫使历史学家，还有读者们，与她展开对话，进入她的世界。

瓦尔特·米格诺罗（Walter D. Mignolo），杜克大学

艾琳·西尔弗布拉特（Irene Silverblatt），杜克大学

索尼娅·萨尔迪瓦－赫尔（Sonia Saldivar-Hull），加州大学

洛杉矶分校

致 谢

这本书用了将近十年时间才最终出版。这期间，我欠了很多的"债"，既有思想上的，也有私人方面的。本书所依据的研究，最初之所以成为可能，是因为耶鲁大学"国际研究中心"（Center for International Studies）以及"社会科学研究委员会"（Social Science Research Council）的资助。我的同事艾米莉亚·维奥蒂·达·科斯塔（Emilia Viotti da Costa）给了我最初的鼓励和进一步的思想挑战。我第一次参加口述史研讨会时与汤姆·克鲁伯克（Tom Klubock）、海蒂·廷斯曼（Heidi Tinsman）相识，我们在这片未知领域共同探索，他们给了我宝贵的反馈意见，本书最后写作阶段，享受了"国家人文中心"（National Humanities Center）的安宁环境及其热心员工的莫大帮助，1997—1998年我曾在该中心担任研究员。

本书下编部分第四章的一个早期简短版本，曾发表在《拉丁美洲文化研究》（Journal of Latin American Cultural Studies）上，感谢杂志允许我把它收入此书重新出版。本书使用的一些材料，也曾作为一个章节收入《拉丁美洲女工的性别化世界》（The Gendered Worlds of Latin American Women Workers，杜克大学出版社1997年）一书。

自 1999 年以来，我一直在印第安纳大学执教。但我对口述史和玛利亚·罗尔丹女士的思考，是在杜克大学独特的思想环境熏陶浸润下成熟的。以"拉丁美洲研究"课题为中心，我是这个丰富的跨学科氛围的受益者。该课题不仅给了我一个挑战性的思想环境，还让我结识了不少亲密友人，他们对我能够完成这本书贡献良多。从我和我的家人来到杜克大学的那一刻起，黛比·雅库布斯（Debbie Jakubs）就伸出了友谊之手；除了具备图书馆长的才干，她还是杜克大学－北卡罗来纳大学"拉丁美洲研究"课题的负责人，她对拉丁美洲充满了激情，这些都是无价之宝。友谊、美食、好酒、趣味，为我的写作奠定了基础。我必须要感谢吉姆·罗伯茨（Jim Roberts）、娜塔莉·哈特曼（Natalie Hartman）、特蕾莎·维拉罗斯（Teresa Vilarós）、瓦尔特·米格诺罗（Walter Mignolo）、安妮·怀利（Anne Wylie）、阿里尔·多夫曼（Ariel Dorfman）、安吉莉卡·多夫曼（Angélica Dorfman）、朱迪·考夫曼（Judy Coffman）、汤姆·考夫曼（Tom Coffman）、温迪·卢特雷尔（Wendy Luttrell）、罗伯特·什里夫特（Robert Shreefter）。

我有幸在杜克大学带过一些优秀的研究生，这也让我受益匪浅。安妮·法恩斯沃思－阿尔维亚（Ann Farnsworth-Alvear）、马克·希利（Mark Healey）、乔迪·帕维拉克（Jody Pavilack）、阿德里安娜·布罗德斯基（Adriana Brodsky）、乔恩·比斯利－穆雷（Jon Beasley-Murray）都为本书贡献良多，他们阅读了各章的不同版本，贡献了他们的知识热情和专注。值得一提的是，马克·希利还翻译了本书下编部分第四章讨论的那两首诗。

多年来，我一直置身于"拉丁美洲劳动史会议"（Latin American Labor History）所营造的知识氛围中。本书部分章节就是在这个会议上首发的，芭芭拉·温斯坦（Barbara Weinstein）、黛博拉·莱文森（Deborah Levenson）、彼得·韦恩（Peter Winn）、迈克·希门尼斯（Mike Jiménez）、杰夫·古尔德（Jeff Gould）的批评建议和友谊让我获益良多。比尔·罗斯伯瑞（Bill Roseberry）实在是太好了，他阅读了文稿，给了我鼓励性的反馈意见。今年早些时候，他英年早逝，拉美史和人类学研究领域从此失去了一位重要的批评人物。他是从事建构"充分历史化的人类学"这个复杂任务的先行者，对于很多跨越多个学科的研究者来说，他都是一位慷慨的同事。在过于崇尚自我推销的学术界，他是谦逊、正派、友爱的灯塔。人们会沉痛地怀念他。

我有幸和三位同事在杜克大学共度时光，他们对我的帮助和影响超出了他们自己的想象。1984年，约翰·弗伦奇（John French）和我在耶鲁大学共同创办了"拉丁美洲劳动史会议"。1992年以来，我们又一直是杜克大学的同事。除了共同推进"拉美劳动史研究"这个知识课题外，约翰还是我的榜样——无论是作为善于思考的同事，还是作为严肃的知识分子。我们的日常交流是各种观点的宝贵过滤器，提炼出一些好的想法，淘汰半生不熟的念头。他慷慨地付出他的时间、他的友谊，还有他对国际劳工运动的无比了解。简·霍夫曼·弗伦奇（Jan Hoffman French）给了我莫大的帮助，本着支持和友谊的态度，既是母亲又是学者的她，尽量从她那骇人的日程表中抽出时间来逐字阅读本书文稿，还给了我富有洞察力的批评意见。

在杜克大学期间，阿尔贝托·莫雷拉斯（Alberto Moreiras）对我来说一直都是一个智识上的伙伴。我有幸同他合作"拉丁美洲文化研究"课题，还联合执教过本科生、研究生的研讨课。他永不安分的批评精神，对我来说是刺激、兴奋和关注的源泉。我从他那里学到了很多拉丁美洲的知识，学到了如何思考拉丁美洲。最重要的是，他让我受到了挑战，因为他积极质疑理论和理论化的既定界限，质疑各类知识之间的既定边界。他是一位慷慨的同事，教给我很多友谊方面的门道。

在阿根廷，我也欠了很多的"债"。在贝里索（Berisso），能够得到这些人的友谊和支持是我的荣幸：内斯托·胡兹瓦（Nestor Juzwa）、埃尔莎·胡兹瓦（Elsa Juzwa）；桑切斯（Sánchez）家的米格尔（Miguel）、艾米斯（Emilice）、莫尼卡（Mónica）、利托（Lito）；赫梅·特西多（Jaime Teixido）；罗尔丹（Roldán）家的多拉（Dora）、爱德华多（Eduardo）。米格尔·桑切斯是真正的朋友，总是随时愿意用他的时间、汽车和建议为我提供帮助。安佐里尼（Anzolini）家的伦佐（Renzo）、贝芭（Beba）、但丁（Dante），敞开他们的家门，把我当成家人。劳尔·费尔盖拉（Raúl Filgueira）和安娜·费尔盖拉（Ana Filgueira）也让我住进他们家里，还要忍受我提出的各种问题。贝里索作为一个社区，不管我怎么看它，我的这些看法大部分都要归功于劳尔，归功于他对生活、对贝里索人民、对他们历史的无比热爱。我在贝里索的日子，还因为波乔·阿里斯（Pocho Aries）担任司仪的 Club del Lote（德尔洛特俱乐部）而变得活跃起来，那里的 *muchachos*（年轻人）热情好客，很有幽默感。在布宜诺斯艾利斯，我也有幸得到了一个非常棒的朋友圈的支持。我认识豪尔赫·蒙哥马利（Jorge Montgomery）有二十五年了，他是我最好的朋友，是心腹知己、义兄义弟。我在布宜诺斯艾利斯的经历，是用酒吧、*boliches*（小酒馆）和书店来做标记的，我们在这些地方交谈、畅想、争论。他是太极大师，法斯宾德电影专家，是我认识的少数几个真正的知识分子，这么说吧，如果没有他，这本书的写作就是难以想象的。阿尔贝托·法拉利（Alberto Ferrari）和他的家人在我需要他们支持的时候一直在我身边，多拉·巴兰科斯（Dora Barrancos）和爱德华多·穆恩（Eduardo Moon）也是如此。朱迪思·埃文斯（Judith Evans）也是善良慷慨的朋友，在这个项目的早期阶段提供了很多方面的帮助。赫克托·帕洛米诺（Hector Palomino）和米尔塔·帕洛米诺（Mirta Palomino）也是忠实的好朋友，他们让我分享他们家庭的温暖和活力，帕布罗（Pablo）、玛丽安娜（Mariana）和劳拉（Laura）总是提醒我，好孩子是如何让所有一切变得值得的。

另一个朋友胡安·卡洛斯·托雷（Juan Carlos Torre），对于任何想要研究现代阿根廷的人，特别是研究庇隆主义的人来说，都是重要的参考对象。本书可能体现不了他个人对历史叙述的偏好，但我相信他一定能够从中看出我们这些年来多次交谈的影响。

罗莎·阿丘格（Rosa Achuger）以可贵的专业精神和对细节的专注来转录录音带。她还成了我的朋友和访谈对象，极大地帮助了我对玛利亚女士故事的理解。

阿尔贝托·贝洛尼（Alberto Belloni）和埃斯特拉·贝洛尼（Estela Belloni），是我的阿根廷老朋友，*companeraos de alma y corazon*（心灵伴侣）。虽然他们已在巴黎生活了二十五年，但对我来说，他们依然是我了解阿根廷方方面面的重要参考对象。他们的友谊多年来一直支撑着我，使我获益良多，本书就是这份美好友谊的小小见证。

我"欠债"最多的人，是我的朋友兼合作者米尔塔·洛巴托（Mirta Lobato）。过去五年来，我们共同致力于"贝里索工人"（Berisso Obrero）这个项目。她无比了解肉类加工厂、女工和贝里索的历史，这让我受益匪浅。她本人对肉类加工厂和贝里索社区的研究工作，也对我产生了莫大的影响。本书的很多观点都是在多年来和她无数次交谈中成形的。我真的非常幸运能和这样一位有激情、有才华、有趣的历史学家一起工作。她和胡安·苏里亚诺（Juan Suriano），还有他们的儿子利桑德罗（Lisandro），也为我敞开了家门，给我以支持和友谊，对此我深表感激。

按照惯例，作者还要感谢耐心的编辑。就我而言，"惯例"也不足以表达我对瓦莱丽·米尔霍兰德（Valerie Millholland）的亏欠。我肯定严重挑战过她的耐心，但她是一位亲切温和、富有同情心的调解人，在这个项目上帮我度过了不少困难时期。这里，我还想感谢葆拉·德拉戈什（Paula Dragosh）出色的文字编辑工作。

最后，我还对我的家人亏欠良多。我父亲，摩根·詹姆斯（Morgan James），在我身上灌输了很多东西，其中就包括对书籍和历史的热爱，对美食好酒的欣赏，对威尔士橄榄球的激情，还有对社会不公和经济剥削的义愤。他的印记可见于我的字里行间。我还对我妻子琳恩（Lynn），两个儿子尼克（Nick）、丹尼尔（Daniel），女儿蕾切尔（Rachel）的亏欠太过明显，根本就用不着说出口。他们的爱是其他所有一切的基础。

序幕

没有广场的城市：
贝里索"城中心"的记忆
和纪念物

> 记忆像是一份美好的礼物，又像是一种无情的诅咒。
> ——阿哈龙·阿佩尔菲尔德（Aharon Appelfeld）
> 《记忆的痛苦》

样貌别具一格的"城中心"（Centro Cívico），是贝里索（Berisso）最像阿根廷大多数城镇那种传统中心广场的地方了。贝里索距离布宜诺斯艾利斯80公里左右，是由于肉类加工厂工人居住、商业设施的大肆扩张而发展起来的。直到20世纪50年代末，贝里索还是附近省会城市拉普拉塔（La Plata）下属的一个行政区，后来也一直处于后者的阴影下。作为一个日渐壮大的劳动社区，即便在1957年成为自治市后，贝里索也没有什么机会精心规划城市。它没有市中心的相关设施：中央市政大楼、中心广场，以及能够体现城市精英地位和公民要求的其他公共空间。尽管美其名曰"城中心"，这里从始至终都是一个不起眼的、绿草覆盖的开阔空间。不过，它终将为社区历史提供丰富、独特的见证。[1]

1873年，胡安·贝里索（Juan Berisso）在圣地亚哥河（Río

---

1 Lia M. Sanucci，*Berisso: Un reflejo de la evolución argentina* (La Plata: n. p., 1983)，是唯一一部社区官方历史著作。

Santiago）岸边的一块土地上开办了一家 *saladero*（腌渍坊）。这条河本身是拉普拉塔河（Río de la Plata）的小支流，这块地南接通往海岸的一条土路。有了这条土路和这条河，当地牧场主就能前往腌渍坊，那里会储藏他们送去宰杀的牲肉。

随着19世纪末制冷技术的出现，腌渍坊日趋落伍。与此同时，总部位于芝加哥的斯威夫特（Swift）和阿莫尔（Armour）肉类加工厂在1.6公里外设厂，规模更大。腌渍坊旧址成了工厂的总仓库和牲畜粪便的焚烧场。开阔地带边缘的那条土路成了蒙德维迪亚大道（Avenida Montevideo），没有窗户的砖砌体填充墙，隔开了新建的商业建筑和仓库，把这一带分为南北两区。

这个空间被正式命名为"城中心"是在1948年，但它很大一部分被"肉类加工厂工人俱乐部"（Club Trabajador de la Carne）的足球场占据，工厂废料也继续在道路尽头焚烧。历年来有好几个方案，想把这个空间改造为一个真正的商业、行政、文化中心，但基本上没有人采取任何实质行动来开发这里。人们还是在这里踢球，球场和蒙德维迪亚大道之间的空间成了附近中学学生的指定集合地。

1983年重建民主制以后的那些年，这个空间经历了意义重大的变化。在这个从未像共和国其他广场那样被开国元勋和其他国家性标志（icons）所占据的空间，由于庇隆主义者在市议会占据了主导地位——他们大权在握，可以放开手脚来纪念那些能够象征其政治、道德价值观的英雄——市议会把这些雕塑和纪念物安放在离道路最近的20米处。与此同时，社区还委托当地艺术家按照其对历史的阐释来装饰周边建筑物的墙壁。

社区授权建造的这些壁画、雕塑和纪念物，体现了表达和确认贝里索集体记忆组成要素的一种尝试。当时,肉类加工厂已经关闭了,1969年是阿莫尔厂,十年后轮到斯威夫特厂。由于身处经济、社会深刻转型的拐点时期,并伴随着一种深深的失落感,社区试图通过建造记忆景观来命名这种失落感,并抵御这种感受再次出现。这个"城中心"的记忆景观,将会唤起并证明逝去的时光。对老一代人来说,它表达的是对一个理想化社区的怀旧之情;对聚集在这些符号周围的年轻一代中学生来说,它强调的是过去的价值,而这个过去正在飞逝而去,让他们触不可及。城中心成了一个专门用来回忆和纪念的场所。

堂娜玛利亚·罗尔丹女士(Doña María Roldán)的故事,就是由这个空间所纪念的道德原则、意识形态力量和历史经验塑造而成

城中心壁画,贝里索
(图片由诺贝托·古亚里 [Norberto Gullari] 提供)

的。在这个空间走一走,有助于我们确立一个语境,一个解读她人生故事所必需的语境。

城中心的大壁画

　　北墙上的壁画约 9 米高、15 米宽,是体现贝里索历史的一个蒙太奇场景。串联这个蒙太奇各个片段的共同线索是工业和劳动。右上方,我们可以看到大码头(Grand Dock)全景,码头边上就是两家工厂。水边挤满了船只,正在装载 *frigorifico*(冷冻厂,即肉类加工厂)生产的肉类和其他副产品,厂房离水面不到 10 米远。远处,一直延伸到拉普拉塔河口,我们可以看到 19 世纪 90 年代移民劳工开凿的运河,这条运河把大码头同拉普拉塔河,以及北大西洋市场连接在了一起。这个贸易,是贝里索发展成一个工业社区的基础。正下方,是另一幅斯威夫特工厂的广角镜头,描绘了工人下火车进厂轮班的场面。从叠加的画面的一角,我们可以看到牛牲体挂在被称为 noria(机械线)的活动挂钩上,这个流水线把宰杀后的牲体传送到身穿白色工装、身处不同岗位上的工人手里,每个工人都承担为市场准备肉类的不同任务。从斯威夫特的图像中,明显可以看出肉类加工厂是一个五层楼建筑,里面容纳了肉类加工过程的不同车间:*conserva*(罐头),*picada*(碎肉),*triperia*(内脏),*salchicheria*(香肠)。这类车间,很多都是以女工为主而组成的。

　　这些图像所代表的复杂工业体系,聚集了数千名工人。据说,第二次世界大战时的生产高峰期,斯威夫特和阿莫尔雇用了一万五千到两万名工人。和平年代,它们雇用的工人人数较少,但依然远高于当地其他雇主。肉类加工厂的雇用特点是它的极不稳定性。由于市场需求的起伏波动和牲畜供应的季节性变化，公司需要一批后备工人，以便必要时能够尽快让他们进厂工作。可能正缘于此，1945年以前肉类加工厂工作的严酷性才成了一个最为持久的象征。白班开始时，招工主管走出来，从守候在门口的人群中选出当天所需的新工人。据当地传说，工人是按照他们的体貌挑选的，一旦挑够人数，剩下的工人——此前竭力想引起招工主管的注意，现在又不愿意离开——往往就会被消防水龙带驱离。

壁画上的其他图像，表现的是围绕加工厂而兴建的社区。这些用镀锌瓦楞板建成的色彩鲜艳的平房，是贝里索早期住宅的特色，它们的建造成本不高，维护成本也低，夏天热，冬天冷。这些房子下方，我们可以看到一间学校和孩子们等着入校的画面，还有一辆25路有轨电车，车上满是工人，正沿着蒙德维迪亚大道开往两家工厂。有轨电车标志着贝里索在地理上的扩张。20世纪二三十年代，随着常住人口的增长，远离加工厂周边人口密集区的新土地得到了开发。趁着土地易得，建筑商和银行瓜分并出售新土地。大多位于蒙德维迪亚大道附近的银行建筑家小区（Villa Banco Constructor）、圣卡洛斯小区（Villa San Carlos，玛利亚女士将会在这里拥有她的第一套房子）、祖拉小区（Villa Zula）、阿尔圭罗小区（Villa Arguello）、多洛雷斯小区（Villa Dolores），全都建于这一时期，首批购房者出现了。

后来，到了庇隆主义时期，工人阶级屋主人数增加得更多。在离加工厂五公里左右处修建"工人区"（Barrio Obrero），是国家财政资助的住房计划，这让数千工人成了屋主。这类城市扩张大多缺乏基础设施，很少铺设道路，很多新街区没有下水道系统。实际

序幕

上，直到今天，贝里索很多远离主干道的道路，大多都没有铺路，夏天尘土飞扬，冬天变成泥淖。

排水系统也是问题。贝里索大部分地区都低于海平面。城市规划师会告诉你，如果一个城市的基础和扩张是基于肉类加工厂经济的必要性，而不是基于规划逻辑，那就是错误的、反常识的。常规性降雨都很难被排走，城市几乎更没有暴雨排水渠。蒙德维迪亚大道的临河地区也易受洪水威胁。此外，贝里索的大部分地区还周期性地遭受所谓 *sudestada*（东南向大风暴）强洪潮——强劲的东南风在河口掀起的大潮——的侵袭。

7　25 路有轨电车的终点是纽约街（calle Nueva York）。这是贝里索最有名的街道，电车全程行经两个肉类加工厂。壁画上有两处纽约街的画面。左下角，我们可以看到街道远景，工厂就在街道后面。右侧有一个卖东西的街头商贩，他头顶上有一个混凝土拱门，贝里索任何上了一定年纪的人都能认出这个拱门来。拱门上端写有题词"工人大厦，1920"（Mansión de Obreros，1920）。原本想为工人提供体面住房的改革方案，很快就被放弃了。这个题词，反讽地嘲笑着从拱门口一眼就可看到的人口稠密的住房现实。

第一批 conventillos（tenements，大杂院），也是在纽约街和周边小巷修建的。毫不夸张地说，工人过街就能进厂。最靠近工厂这侧街道的大杂院，实际上和斯威夫特工厂背靠背，中间只隔了一条铁路线。纽约街和附近街道拥挤的居住条件也嵌在大众记忆里，表现为留住了工人体温的 *camas calientes*（热床铺）形象：这个人爬起来开始上班，刚轮完班精疲力竭的另一个人，又瘫倒在同一张床上。

工厂关闭以前，纽约街一直都是贝里索的社交中心，离冷冻厂最近的六个街区挤满了酒吧、妓院、廉价旅馆和餐馆。在贝里索人的回忆里,纽约街的突出之处在于,这里就是工作(招工大门)或酒吧活动本身的场所。此外,纽约街还是一个隐喻,承载着很多老贝里索人怀旧和留恋的记忆。

壁画所唤起的记忆是矛盾的。它颂扬劳工社区的艰难困苦,同时又推崇工业进步观念,而这种进步既是这些工人的汗水带来的,又体现为工厂现代机器的使用。可以说,纽约街代表了这种张力,它同时唤起"热床铺"和招工大门这两个意象,以此象征这个社区充满活力、充满希望、充满所有一切的现代感。确实,重新捕捉这些特点的语言,往往有一种感官的,几乎可以说是身体性(corporeal quality)的意味。这些回忆中的街道是活的:它嘈杂,它忙乱,它像漏斗一样把人送进送出冷冻厂,冷冻厂消耗人但也创造财富,让人挣钱,有消费能力。记忆中的这种充沛活力,也把纽约街变成了一个参照点,贝里索人用它来表达自己对那些遥远的经济决策将会如何破坏这个社区的困惑和挫败感。今天的纽约街,像是半荒废鬼城中的一条街道,临街店铺封上了木板,大杂院处于半废弃状态。

壁画上纽约街正上方,是一辆停靠在河边的马车。远处可以看到水边的一座房子,房前有个船坞。房子周围是繁盛的大树。乍一看,这个画面有些刺眼,与主导壁画的工业和城市社区格格不入。但画面的这种并置很能说明问题,提醒观看者:贝里索是一个半乡村空间,不同于常与肉类加工厂联系在一起的传统都市工业景观。工厂技术或许来自芝加哥,但贝里索这个空间绝不是芝加哥的牲畜料场。

纽约街的尽头在水边,旁边就是位于岬角上的阿莫尔工厂,这个岬角是用修建大码头时挖出来的土方建造的。20世纪80年代初

颂扬移民来源地的纪念墙，城中心，贝里索
（图片由诺贝托·古亚里提供）

被推倒以前，阿莫尔直接面向通往大河的主运河。所以，纽约街也通往河口，通往自然，通往一个多少有些魔力意味的地带，贝里索人称之为 monte（郊坰）。今天，人们也还是从纽约街尽头的这个码头乘船前往河口。工厂全盛时期，受欢迎的目的地是航行的最后一站，保利诺岛（Isla Paulino），这里是运河连通拉普拉塔河大浊流的岬角。同时也是工厂各车间年终野餐的举办地，煮熟吃掉的肉食品数量惊人。

有无数种方式可以前往这个沉积了几千年淤泥的大漫滩。蒙德维迪亚大道临河一侧的所有街道，有五六个街区位于河边。城市边缘外是另一个世界，有溪流、运河、茂密的植被和独特的野生动物。

移民壁画，城中心，贝里索
（图片由诺贝托·古亚里提供）

对很多人来说，郊坰是个休闲空间；对很多年轻人来说，这里是冒险之地。在不那么遥远的过去，这里还是一个居住和耕种的地方。很多来自意大利的凿修运河和大码头的移民工人，定居在了郊坰。他们利用排水渠开设了面向本地市场的果蔬种植园。这个地区也成了行销贝里索的廉价红酒的来源地。用海岸线原产的 *uva chinche*（美洲葡萄）酿制的 *vino de la costa*（海岸葡萄酒）卖给了家家户户。对酒瘾更大的人来说，这种葡萄也用来生产一种口感柔和、酒劲却很大的 *grappa*（格拉巴酒，即渣酿白兰地）。今天，这些种植园所剩无几，它们大多数被废弃了，成了洪水和果蔬种植业竞争的受害者。这个地区已经让位给了猎人、渔民、船夫和冒险家。

因此，把田园风光与纽约街并置一处并不是没有意义的。纽约街既通往屠宰场，通往高强度身体剥削的现代生产体制，又通往一个休闲空间，通往一个自然的生养空间。

移民社区

贝里索面朝大海。它紧靠海岸线，望向大西洋。大西洋繁忙的航运线是它经济发展的生命线。大多数早期移民在上岸定居前都行经过这片水域。贝里索是这个主要由移民组成的国家的一个典型的移民社区，社区自身历史感的一个关键轴心就是移民形象。游览者从拉普拉塔来到贝里索，迎接他的将会是一个自豪地写着"移民之都"四个大字的拱门。可以肯定地说，阿根廷其他地方都没有这样大范围的不同族群。每年9月的第二个星期日，这些族群庆祝"移民节"，人们在贝里索的街道上游行，身穿民族服装，演奏民族音乐。到20世纪30年代，贝里索近50%的成年人口都出生在其他国家。他们是南欧跨大西洋移民的一部分。阿根廷的移民多数都来自南欧，但来自中东欧和近东的移民，和来自垂死挣扎的哈布斯堡、罗曼诺夫和奥斯曼帝国的移民，也不在少数。

劳工形象和移民形象密不可分。纽约街本身也体现了贝里索各族群的大杂烩。开设很多商店和赌场的是 turcos（土耳其人），赊销便宜货的 cuenteniks（上门推销员）是 rusos（俄罗斯人）和 judíos（犹太人），开酒吧的是西班牙人和亚美尼亚人，住大杂院、在工厂上班的是波兰人、立陶宛人、保加利亚人、乌克兰人和斯洛伐克人，这些族群共同构成了这条街的记忆。

"城中心"诉说的也是这个记忆。草地前近街处有一块混凝板，上面装饰了九个国家的国旗，这些国家把它们的儿女送到贝里索。这是贝里索作为全球性社区的自我意识的象征。大壁画所在的那面北墙上，还有一幅小型的三联壁画。第一联，描绘的是移民家庭离船上岸的场景，背景里可以看到工厂在向他们招手示意。第二联，用工厂、技术、工人这些意象来表示移民的劳动生活。第三联，我们可以看到一个坐着的老人，代表移民的父亲或祖父，常年劳动让他直不起腰来，他一只手拿着铲子，代表体力劳动，另一只胳膊举着，触碰一个年轻人的肩膀；年轻人衣着时髦，站得笔直，其活力、乐观与老人形成了对比。这个三联壁画讲述了一个典型的移民故事，第一代人吃苦受累，"建设美洲"（make America），这份遗产惠泽了他们的孩子。

我们不能只从工厂劳动这个角度来定义这些移民。他们还创办了各种组织，试图织就纹理致密的社会、文化、宗教网络。直到今天，贝里索的移民历史也清楚地体现在了它的城市地形学上。漫步蒙德维迪亚大道，经过"城中心"，游览者很快就能看到这种移民存在的证据。贝里索族群来源地纪念墙对面，是 1919 年成立的意大利协会（Sociedad Italiana）。再往前走，路对面临街的两层楼建筑，气势雄伟，是 1924 年成立的乌克兰启蒙联合会（Asóciacion Ucraniana Prosvita）。这座建筑让人想到东欧主题，它厚重的大门上雕刻着传统乌克兰图案，门边的花岗岩标牌用金字庆祝乌克兰 1988 年基督教千禧年。再往前走几步，过条街，就会看到一整个街区都是乌克兰文化、宗教生活的世界。信奉东仪天主教（Uniate Catholic）的圣弗拉基米尔大教堂（Church of San Vladimir the Great）在贝里索最为引人注目。隔壁是一家女修道院，占了半个街区，还附设修女开办的一间学校。返回蒙德维迪亚大道，游览者会经过立陶宛"明道加斯"天主教协会（Sociedad Lituana Católica "Mindaugas"，明道加斯是目前已知的第一位立陶宛大公和唯一的立陶宛国王）。此外，在今天的圣卡洛斯小区，还有另一家乌克兰协会——乌克兰复兴协会（Sociedad Ucraniana Renascimiento）。

走出蒙德维迪亚街，可以看到更多的移民痕迹。波兰联盟（Unión Polaca），1921年成立，位于热那亚街（calle Génova）附近的一条小街。拐角处白色穹顶的拜占庭式建筑，是希腊东正教的圣君士坦丁和海伦娜教堂（Saints Constantine and Elena）。再过几条街，略带黎凡特风味的那座现代建筑，是颇有势力的叙利亚-黎巴嫩社区的社交中心。再多走几个街区，离蒙德维迪亚街更远些，我们还可以看到一座全白圆顶的俄罗斯东正教风格小教堂，这里是多年来贝里索的东乌克兰移民小族群的礼拜地。

13　　很多这类建筑的雄壮外观，本身就是各族群发展的证明。它们是移民成功故事的图符，但这种成功来之不易。这些建筑大多是第一代移民的儿孙辈建造的。早年间，很多族群协会的功能是收容个体成员，或在特殊场合时出租会议室。其功能是多方面的：它们是互助协会，在严酷、不友好的环境中为新来者提供最低限度的安全保障；它们既是社交中心，这里大家用熟悉的语言交往，又是文化中心，旨在保存、树立特定的民族国家身份。做到这一点的办法有很多：表演戏剧，过民族节日，组织歌舞团，为年轻一代开办语言学校。

第一代移民，活在建立新家庭与维持旧有的联系和身份之间的紧张之中。对有些人来说，20世纪20—40年代欧洲政治斗争的强烈反响，加剧了这种紧张。左右之争，共产主义者与国家主义者之争，那些年间也回荡在贝里索，往往造成了族群的分裂。

北墙上的那幅大壁画，艺术家选择了一张家庭照，以一种更亲密的方式表达了这种紧张。壁画上也有别的照片，但这张家庭照显然是一张快照，连锯齿边都没有去掉。照片上，两个女性站成一排，其中一个抱着婴儿，她们前面站着两个孩子，后面站着一个年纪大点的孩子，显然是个男孩。这看起来是移民家庭邮寄的那种典型快照，我们不能确定它是从欧洲寄过来的呢，还是从阿根廷寄出去的。但它记录了家庭离散的痛苦，第一代移民族群时常会感受到的痛苦，同时也说明了照片辅助记忆的重要性，即有助于创造、维系这一代人的渴望依恋之情。

移民成功故事的另一个方面，也可见于"城中心"。它描绘了一个和谐多元族群社区的形象，社区成员都融入了这个仁厚慈爱的 patria（祖国、聚居地），这里为他们提供了避风港和机会。这种景象，有力地体现在今天贝里索的民间传说中，体现在艺术家、诗人、讲故事的人的作品里，也体现为一句俗语：贝里索是唯一一个犹太人和阿拉伯人可以做邻居、通婚的地方。

毫无疑问，这个熔炉在贝里索是实实在在的。我认为，大壁画上孩子们身穿校服等在校门外的场景是艺术家有意为之，旨在强调公共教育在同化、社会化移民后代方面的作用。但对老一代人来说，这个熔炉是把双刃剑。今天，移民的孙辈、曾孙辈已经很少有人会说他们祖先的语言了。逸事证据同样也说明了这一点。圣弗拉基米尔教堂的弥撒，只有少数年长女性参加，她们和神父一道用乌克兰语祈祷祝福。近年来这个神父主持过的唯一一次婚礼，新人还都不是乌克兰人，他们不过是碰巧喜欢这种风格不同的仪式而已。各族群协会那些令人印象深刻的建筑外观背后，体现的是少数几个年长成员试图维持协会完整的一种努力。在一个有线电视和全球青年文化的时代，传统文化表演越来越难以吸引年轻一代了。

庇隆主义摇篮

胡安·庇隆和艾薇塔·庇隆（即中文世界常说的"贝隆夫人"——译者注）的半身塑像，是"城中心"的中心摆饰。塑像放置在这个空间的正前方，距离蒙德维迪亚大道的人行道只有几米。艾薇塔塑像竖在将军塑像前面几米。涂成金色的这两座塑像，工艺很拙劣，和原型只有几分模糊相似。艾薇塔能被人认出来，主要还

庇隆和艾薇塔的半身塑像，城中心，贝里索
（图片由诺贝托·古亚里提供）

是因为她头发紧拢在脑后，梳成她标志性的圆髻。庇隆身穿军服，制服左肩已经开裂了。艾薇塔塑像标牌，称她是"卑贱者的旗手"。庇隆塑像标牌上没有任何誉辞，只写了他的军衔——中将，以及立牌日期，即1945年10月17日抗议运动50周年。

工艺拙劣的塑像不会引来曲解。贝里索是很庇隆主义的地方，它傲人地拥有"庇隆主义摇篮"这个称号。这个身份的根源要回溯到1943—1946年，即玛利亚女士进入斯威夫特加工厂工作的那段时间。那是厂内的动员期，由于战时生意兴隆，再加上庇隆上校的政治支持，工会化步入了成熟期。在一个名叫西普里亚诺·雷耶斯（Cipriano Reyes）的卡里斯马型领袖的领导下，斯威夫特和阿莫尔的工人们自建厂以来第一次有效地组织了起来。

雷耶斯很快就和庇隆有了私交，经常去劳动部（Secretaria de Trabajo）拜访他，庇隆也访问过贝里索几次。老一辈人会指给你看斯威夫特工厂前哪块空地是庇隆第一次对肉类加工厂工人讲话的地方。

在肉类加工厂工人看来，庇隆代表了一种新的政治身份。他们从庇隆主义中找到了一种能使自己的主张在国家修辞范围内安全合法的话语。在当局者善意中立的鼓励下，新成立的"肉类工业工人自治联合会"（Sindicato Autónomo de Obreros de la Indústria de la Carne）在1944年举行了首次罢工，1945年初又举行了第二次罢工。

庇隆促成的这些行动，使得他越来越被那些更传统的政党以及自己的军中同志视为威胁。整个1945年，阿根廷社会围绕胡安·多明戈·庇隆这个人出现了两极分化。1945年10月，军中反对派逮捕了庇隆。10月17日，贝里索肉类加工厂工人——玛利亚女士也在其中，成了聚集在总统府前五月广场（Plaza de Mayo）要求释放庇隆的主力军之一。工人从 15 日起开始罢工。男男女女，成群结队，在贝里索街上游行，高喊庇隆的名字。到 17 日凌晨，在拉普拉塔游行并前往布宜诺斯艾利斯的消息传遍了社区。当天晚些时候，几十万工人驻扎在玫瑰宫（Casa Rosada，总统府）前等待庇隆命运的消息，其中就有大量的贝里索工人。最后，午夜时分，庇隆出现在了阳台上。这次事件，巩固了庇隆与阿根廷工人以及贝里索之间的纽带，被看成是庇隆开始成为工人领袖的象征，也是每年纪念这一基础性事件时都要重申这种独特纽带的起点。受这次行动成功的鼓舞，雷耶斯等人创建了劳动党（Partido Laborista），该党将会对 1946 年庇隆赢得选举起到重要作用。[1]

这些事件让贝里索的工人们在阿根廷社会中获得了一种权力感和新地位。从此，他们不再是只把自己定义为一个单纯的移民社区了。庇隆主义修辞让他们把自己想象为投身于一个新阿根廷国家的完整公民。这个新发现的自我形象，与上一代人的身份建构形成了鲜明对比。那一代移民因勤劳、克己受到社区叙述的赞美，但很大程度上，他们是被排除在政治进程之外的一代人。政治上安分守己，是他们那代人身份的一部分，他们忙着吃苦流汗，养家糊口，忙于生存，忙于实现"建设美洲"的梦想，以至不参与政治或工会活动。

这种安分守己，表现在贝里索对庇隆以前时代的集体记忆里。定义那个时代的，是腐败、不容异见的考迪罗政治（caudillo politics）。瓦尔特·伊莲娜（Walter Elena），当地保守派律师，控制了地方政治。选举期间，有投票权的人，不是受到红酒和烤

---

[1] 庇隆主义作为一种社会、政治运动，相关通论，见 Daniel James, *Resistance and Integration: Peronism and the Argentine Working Class, 1946-1976* (Cambridge: Cambridge University Press, 1988)。

肉的款待，就是受到保守派暴徒的恐吓。这些暴徒里有个名叫 el turco Mustafa（土耳其穆斯塔法）的传奇人物，他会站在选票站门口决定谁可以进去投票。

摆脱单纯的移民身份，还有另一层重要意义，这让工人有了一种扩大了的阶级身份。工人可以把自己想象为一个和谐的阿根廷工人阶级社区的一部分，社区成员既有外国移民，也有阿根廷本土工人。作为一个修辞形象（rhetorical figure），本土工人是全国性庇隆主义意识形态的重要部分。相较于某些移民激进分子和阿根廷左翼势力所支持的"外国"观念，criollo（西班牙裔拉美人）工人更能代表"真正的"阿根廷价值观。

有意思的是，贝里索的本土工人也是新来者。20世纪30年代末，主要来自北部圣地亚哥－德尔埃斯特罗（Santiago del Estero）省的数千移民，补充了战时生产扩张所需的劳动力。他们成了已经安顿在纽约街附近大杂院和边远街区的居民的一部分。文化上、体貌上（黑皮肤、黑头发），他们都和他们的邻居不同。庇隆时期，他们也拥抱国家主义修辞，这种修辞可以说出工人所受的美国公司的剥削，可以在庇隆领导下的新国家综合体中轻松容纳并团结过剩的国内外移民，可以清除共产主义者和无政府主义者——在庇隆以前，他们并没有成功地把这些工人动员起来——更激进、更不安全的政治纲领。

本土人和外国移民的融合，创造了一个新的国家社会形象，其凝聚力为后人定义了阿根廷的工人阶级政治。凝聚力是建立在工人工作生活条件的具体改善上的。工资更高，工作条件更好，与工会联系在一起，工会最终又与庇隆夫妇联系在一起。在贝里索，这个联系体现为修建了一个新的壮观的工会支部，工会可以额外提供更多的社会

高乔人雕塑，城中心，贝里索

（图片由诺贝托·古亚里提供）

服务了。后来还修建了一家工会疗养院，为工会成员及其家庭服务。这还只是1946—1955年庇隆执政时期诸多改善的其中两项。

20世纪80年代，当贝里索庇隆派当局着手用各种符号充实"城中心"时，他们决定强调由庇隆主义奠定和表达的国家共识观念。马背上的高乔人（Gaucho，南美洲潘帕斯草原上的土著牛仔，通常是西班牙人和印第安人的混血儿）这个雕塑，可以理解为重申 lo nacional（国家）观念；它是阿根廷本土主义话语中国家身份的一个经典符号。仿佛是为了呼应高乔人这个形象，"城中心"北侧的一面墙上画了庇隆的一幅大头像。这是40年代以来熟悉的、让人觉得欣慰的微笑的庇隆形象。旁边，大黑体字写满了整面墙，写着："你的国家团结精神永不磨灭。"

庇隆画像，城中心，贝里索
（图片由诺贝托·古亚里提供）

像这样决定强调国家团结，可以有几种可能的解释。一方面，它说明，虽然贝里索是一个以庇隆主义者为主导的社区，但也不完全如此。强调国家观念和团结，可以与其他政党共有的社区和谐的叙述很好地融合在一起；另一方面，这种强调，还与贝里索以及全国性的庇隆主义的历史有关。从1955年庇隆流亡到1973年庇隆回国，这是一段抵抗和斗争的时期，也是庇隆主义运动内部大分裂的苦涩期。这种分裂在庇隆遗孀伊莎贝拉执政期间（Isabel，1974—1976年在位）达到了顶峰。贝里索庇隆主义左右两派的内战尤为惨烈。所以，1983年恢复民主制后，庇隆派当局会选择呈现这些最不可能揭开旧伤疤的庇隆主义符号一点也不奇怪。

　　今天，还有另一个因素需要考虑，这涉及庇隆主义作为这个社区基本政治身份的地位问题。贝里索依然是一个由庇隆主义者占压倒性多数的社区，1983年以来的历任市长也都是庇隆主义者。卡洛斯·梅内姆（Carlos Menem）在1989年、1995年总统大选中赢得了大多数选票。庇隆主义的 *unidades básicas*（基础元件）像蘑菇一样遍布贝里索的各个街区。约15000个贝里索人是各种庇隆派团体的在册成员，约10000人在最近的党内选举中投了票。用正义主义党（Partido Justicialista）地方党部领导人略微夸张的话来说，"我们贝里索让一条死狗当候选人，我们也能赢"。但情况已经变了。从关闭肉类加工厂开始的去工业化这一长期过程，近年来愈演愈烈，已经侵蚀了贝里索作为劳动社区这个身份的根本基础，侵蚀了它自动拥有庇隆主义和产业工人、工会化工人这些身份的根本基础。贝里索的工会支部早就关门了，失业率徘徊在35%左右，今天很多贝里索人从事非正规经济活动。其实，当地庇隆主义本身也体现了这些变化，其领导层大多由地方精英组成：医生、律师、工程师、小商人、肉类加工厂工人受过教育的儿孙。1983年以来的历任贝里索市长，都出身于这些阶层。

在这个语境下，"城中心"可以解读为一个本质上充斥着各种基础性残留符号的文本。它们有力量唤起对过去的共鸣，过去的痕迹积淀在街道、建筑、老冷冻厂的外观上，积淀在"城中心"这个空间的各种图符上。但是，从另一个角度看，它们也有一种不可讳言的意味。艾薇塔和庇隆半身塑像右边，是一座颂扬母性的雕塑。雕塑全白色，母亲凝视着一个小婴儿的眼睛，小婴儿坐在她膝上，头靠在她胸前，抬头看着她的眼睛。这个场景唤起的女性形象是母亲形象，是灶台和家庭的守护者，是孩子的养育者。这种女性形象，是庇隆主义想象和阿根廷国家主义话语中的一个有力要素。女性生

母性雕塑，城中心，贝里索
（图片由诺贝托·古亚里提供）

10月17日纪念碑，10月17日广场，贝里索
（图片由诺贝托·古亚里提供）

养她的孩子，引申而言，她也生养这个国家。在一个工业社区，代表劳动女性的只有这种女性形象。

这个雕像与高乔人和代表移民社区辛苦勤劳、国家团结的其他形象放在一起，代表了市井大众所认同的那些无懈可击的美德。庇隆和艾薇塔的形象，是亲切地微笑，平易近人得无以复加。对艾薇塔的形容也四平八稳："卑贱者的旗手。"我们可以说，这些形象合乎庇隆主义的历史意义，但它们也确实反映了在新自由主义和全球现实政治时代，这个运动本身所具有的不安与迷失。这个在90

年代被掏空了的社区要想呈现自己的遗产，如果固守过去的罢工、斗争和战斗性记忆，或许是太过痛苦了。

1945年10月17日

其实，贝里索还有另一个记忆空间。如果游览者离蒙德维迪亚大道足够远，她就会遇到一个开阔的、草地覆盖的空间。这个空间形状不规则，草很少修剪，到处是裸露的空地，上面扔着垃圾。这个空间中央，是一座白色混凝土纪念碑。正面，拾级而上，一大幅画覆盖了整个立面。台阶两旁的混凝土已经开始剥落了。画面由贴在混凝土上的瓷砖拼合而成。艺术家用缠绕着黑色大锁链的两只粗壮手臂构成了画面主体。锁链顶端，可以看到两只手挣断了锁链。旁边有一个工厂大烟囱。锁链断裂处，我们看到的是一个火球，或者说是一个光灿灿的太阳。太阳上方的纪念碑最顶端，有一个暗淡的人物轮廓，他举起胳膊，伸出手掌。这个人无疑是庇隆——很容易认出来，因为这是他向民众挥手示意的标志性动作。实际上，如果看得更仔细些，我们还会发现这个纪念碑的关键所在。这个规划得不太好的空间，是10月17日广场（Plaza 17 de Octubre）。打破的锁链，代表与工厂体制有关的剥削的锁链，这是社会主义图像学（iconography）中的一个熟悉符号。打破束缚，为获得解放的人类开启了一个新时代，而领导这个新时代的人是胡安·庇隆。

不同于"城中心"颂扬的国家团结和社区和谐，这座纪念碑对贝里索的庇隆主义历史提出了另一种理解方式。在这个广场，这个劳动社区也是斗争的社区，表现为挣脱锁链的强有力的胳膊，表现为吞噬旧秩序的火焰。对当代庇隆主义而言，这是一个难以表彰的故事。贝里索纪念10月17日五十周年的官方活动，是在城中心庇隆和艾薇塔的半身塑像前举行的，远离了那些在废弃广场上的世界末日图像。显然，"城中心"的各种形象和纪念物所唤起的和谐意象，代表了贝里索很多工人阶级庇隆主义者的需要。但同样也可以说，就像我们将会从玛利亚·罗尔丹女士证词中看到的那样，很多像她那样的庇隆主义者，也认为自己会受到体现在这座白色混凝土纪念碑中庇隆主义意象的吸引。

"城中心"还有另一座纪念雕塑。这座雕塑指涉的不是根源于贝里索久远过去的符号，而是相对较近的、1976—1983年阿根廷军政府时期的经历。这就是失踪者纪念雕塑。由于战斗性的劳动历史和强大的庇隆主义传统，贝里索受到了军政府的特别关注。从20世纪60年代末以来，庇隆主义左派和游击队组织的相关团体在社区成了一种显眼的存在，尤其是在年轻人中间。一方面，它们是反对关闭另一家冷冻厂即斯威夫特工厂的各种艰苦斗争的一部分；另一方面，它们还开始对抗主导当地庇隆主义的正统思潮。1976年3月军队推翻伊莎贝拉·庇隆政府后，军政府极其残暴地在社区和工厂内开始执行"恢复秩序"的任务。

贝里索将会成为阿根廷最野蛮的杀戮场之一。局外人很难触及这一时期的记忆，这基本上不是日常交流的一部分。在这个社区工作了将近十年时间，我发现这依然是最难和贝里索人讨论的话题。不过，从简短的逸事和不经意的评论中还是可以找到一些相关记忆，如夜复一夜骤然响起的打破沉寂的自动步枪声，关于邻居的孩子没有回家、郊坰发现尸体的窃窃私语，军队挨家挨户搜查整个街区带来的恶心反胃之感。1983年军政府倒台时，约160个贝里索人——

失踪者纪念雕塑，城中心，贝里索
（图片由诺贝托·古亚里提供）

大多是年轻工人——"被失踪"。很多人被逮捕、被监禁、遭受折磨。还有人逃离城市，希望安全藏身大城市，或者是终生流亡。

  这份遗产是在社区内部很难进行协商的，这从失踪者纪念雕塑的落成仪式就可以看出来。落成仪式是在1995年11月一个春光明媚的日子里举行的。几百人聚集在"城中心"周围，旁边就是纪念贝里索历史的那幅大壁画。附近中学的走廊墙壁挂出了几乎所有失踪者的照片。这些照片都出自家庭相册，被放大过，而几乎每张脸上都带着专门摆拍时会有的微笑表情。我震惊于照片上的这些人是如此年轻。他们自信地笑对外面的世界，笑对自己前面的人生，一个肯定会步入未来的人生。但每张照片下面的文字清楚说明了事实的残酷。姓名旁边是失踪日期。日期也含有没有明说的意味。从失踪那天到不知道具体日期的死亡那天，中间是残酷痛苦的奥德赛旅程，在这些年轻人的亲友的想象和记忆中挥之不去。

那天下午晚些时候，在一个临时搭建的讲台上，布宜诺斯艾利斯人权委员会的一位演说家作了简短而热烈的演讲。接着，几个家庭成员念了失踪者名单。每念到一个名字，都加重了人群的沉默，人们低头倾听，自己在心中应对这个名字所唤起的各种感受。打破沉默的，只有强忍眼泪的声音，还有念到很多名字时回答的 *presente*（在）。然后，家人上台诉说自己的回忆。最让人动容的是失踪者孩子的回忆。他们动情地说到他们如何需要谈论自己的父母，这个仪式和雕塑如何难得地让他们有机会公开表达自己此前不曾直面过的悲伤。他们很多人没有对自己父母的直接记忆，在他们的成长环境中，父母的生活和死亡通常都是说不得的主题。

我突然意识到这个仪式是一种公共疗法。但是，与接受传统精神分析的那些人不同，这些年轻人并没有被埋葬的记忆，更不是说揭开记忆他们就能得到解脱。用他们的话来说，他们面对的不是被压制的记忆，而是一个缺口、一个洞，面对的是空无。他们绝望地想要填补这个空白，希望通过语言和对话来建构对他们被否认的父母的记忆。他们坚持认为，修复记忆这个过程，本质上只能是集体性的，这才是让那些谋杀他们父母的凶手最终不能获胜的唯一保证。他们坚持认为，军队的最终目的是通过抹去对他们父母的个人记忆来抹杀父辈们的理想，这些年轻人正在汲取 20 世纪最惨痛的集体大屠杀之一的经验教训。

这些证词供述之后，就没什么可再说的了。落成仪式以纪念雕塑的揭幕式告终。雕塑由各种金属部件组成，取自死者所从事的不同行业；绞盘、钢条、齿轮、钢索、操纵杆、刀具，组合成了一个没有性别的前卫形象，与"城中心"其他纪念雕塑、壁画的自然主义风格格格不入。

这个仪式恰如其分地隐喻了贝里索对军政府时期遗产的复杂、断裂的态度。军政府倒台后的十二年间，社区从没以任何形式公开纪念过它的失踪成员。最终在11月的这个下午举办的仪式，也处处是反讽和缺席。这个仪式所纪念的绝大多数人都认为自己是庇隆主义者，但1983年以来主政贝里索的、庇隆主义者控制的市议会，没有一个人出席仪式。官方庇隆主义运动在这件事的组织过程中没有扮演过任何角色，市议会议案也没有提到过这件事。是反对党出面同意在"城中心"竖立这个纪念雕塑的。雕塑位置靠边，反映了它在很多市民和社区政治代表身上所引发的不安。就像10月17日纪念碑一样，这个雕塑也难以融入主导这个空间的和谐社区叙述。

我必须要承认，纪念失踪者之所以引发不安，其原因严重超出了我的分析能力和想象力。一些可能的解释或许有迹可循，但我必须要谨慎对待各种简单化的结论，因为通过抽象逻辑得出的任何简单化的结论，都有可能忽视与当地关系密切的语境的复杂性。在贝里索，我们或许应该先回到军政府以前的庇隆派内部斗争。在与当地庇隆主义关系密切的语境下，邻居、朋友、家庭都清楚彼此针对对方的威胁和暴力活动，这种怨恨也一直延续到了军政府时期。我们可以认为，当邻居、朋友没有伸出援手或提供庇护所时，就出现了负罪感，无论是个人，还是集体，都有这种负罪感。贝里索是一个建立在工作和邻里团结互助道德基础上的社区，但却不能保护自

序幕

己的儿女、邻居、朋友免受军队迫害。卡洛斯·梅内姆领导下的庇隆派政府，实施"国家和解"的官方政策，大赦那些犯下侵犯人权罪的人，鼓吹如果国家要想往前走，忘记过去就是当务之急。贝里索本地的庇隆主义者反对这个社会思潮有什么意义呢？在社区领导人看来，为过去蒙上面纱才是有意义的。说到底，社区官方的健忘症逻辑——渴望忘记——比那些在失踪者纪念雕塑仪式上发言的年轻人所敦促的在精神、道德上有必要记住的主张更为强烈。

上编

玛利亚女士的证词

1930 年，玛利亚·罗尔丹女士和她丈夫来到了"城中心"（Centro Cívico），这个社区过去、现在一直都叫这个名字。接下来六十年间，在这个被叫作贝里索的社会、文化空间里，她抚养家庭，去工厂工作，参加政治活动，敬拜她的上帝。本书很大程度上致力于传播她的人生故事。尽管这是一个女性的故事，但却不是一个仅凭自身就能成立的故事。她的叙述必须被解读为那些构成贝里索故事的叙述网中的一个线头。她的独特声音所承载的曲调和歌词，充满了贝里索赋予她的各种语境——文化的、意识形态的、道德的——的鲜明轮廓和褪色痕迹。

玛利亚女士的证词，是我翻译的。证词录于 1987 年 1 月至 9 月，以及 1988 年 6 月。证词转录本经过了我的编辑，主要是精简压缩，顺序有时也做了调整。这里还省略了很多将会出现在本书下编部分各章的证词。

童年

可以说，我生下来就是偏左的。——玛利亚女士

爸爸来自罗马。很小的时候他就在天主教会工作，帮忙做弥撒。他是位很虔诚的天主教徒，但我们——他的两个女儿——不是。我们反叛了教会。最要紧的是，我还很年轻的时候，就成了福音派浸

信会信徒（evangelical Baptist）。我看过很多不同的地方——从小我就很好奇，从我意识到耶稣存在的那一刻起——我甚至还去过犹太会堂。年轻时，我们经常去市中心，我和我的朋友们，我接受了福音派浸信会，因为在我看来，正是在那里，我真正找到了我想要的东西。我寻找它，发现了它，现在，我也还是浸信会的人。

爸爸来的时候18岁。他先去的科尔多瓦（Córdoba），在那里染上了霍乱。他们把他扣留在了一家名叫洛雷托（Loreto）的医院里。他跟我说，有天晚上他口渴极了，喝了医院小礼拜堂喷泉里的圣水。病好以后，他四处流浪。他没带任何家人，他是自己一个人移民来的，年轻人嘛，想为自己闯出一条路来。他的名字是奥古斯丁·贝纳维蒂（Agustín Bernaviti）。他最后在圣马丁（San Martín）当了一名砖匠。他遇到了我母亲，她是个孤儿。她是西班牙人的女儿，他们移民过来，后来死了。我母亲和她哥哥姐姐，是路易斯·蒙特维尔德先生（Don Luis Monteverde）抚养长大的。她是在市场上做杂务活的时候遇到我父亲的，两个人订了婚。她年纪比他小一些。他花了太多时间东跑西跑，现在想成家了，他们就结婚了，过得很幸福。我父亲和他在意大利的家人一直有联系，他把他母亲接了过来，我母亲和我祖母在一个屋檐下生活了很多年。祖母是个个头很大的罗马女人；我觉得现在都还能看见她坐在椅子上，个头很大的女人，很漂亮。后来，在意大利成了家的其他兄弟，也一个接一个过来了。他们全都住在圣马丁，组成了贝纳维蒂家族。爸爸是打头阵的，像个船上的服务生，上船就来了，他说，不管出什么事，不管他出了什么事，都只是他一个人的事，所以他豁出去了。在美洲待了11年，同我母亲结婚后，他就找人把 *abuela*（祖母）接来了，其他人也跟着来了。

我父亲说意大利语、英语和拉丁语。就一个砖匠来说，他受过很好的教育，他有很多天赋，差不多算是知识分子了。他靠砌砖讨生活。如果砌砖码墙维持不了生计，他就在砖窑干活。收入很不错。那个时候总需要砖，从圣马丁，到远一点的布宜诺斯艾利斯，还有整个共和国。我父亲是个叛逆感很强的人。他帮助过很多其他行业的人，面包师傅、玻璃工人。最重要的是，他是工会的人。但他的主要职业是砌砖，他就是靠这个养家的，这也是他晚年做的事情。到了职业生涯末期，他不再用自己的双手干活了，只是管管工地。那时他挺能挣钱的，我们过得很好。他同情无政府主义者和社会主义者。我们经常在家里讨论社会问题，因为这是他的话题，他是一家之主。我父亲跟我说了很多政治上的事。他是从另一个世界来的，有一定的生活阅历。我家里有很多书。我们家很幸福，我母亲和我父亲在一起很幸福。我姐姐是个手艺很好的裁缝，她甚至还做婚纱。我是个喜欢到处跑的年轻女孩。还是孩子的时候，我的好奇心就很重，想知道这里那里发生了什么事，比如说，这里有个政治集会，我就要跑去听。我记得"五一"集会，为了纪念芝加哥洒下的那些鲜血，那是我们的"攻占巴士底狱"，男人、女人、孩子，都在为他们的自由而战，这是生命中最重要的事情，如果没有自由，我们为什么要活着？我让家人操了不少心，因为我有我父亲的那种叛逆，对我来说，用绣花针把自己关起来，缝纫啊，镶边啊，诸如此类，都是浪费时间。我觉得该更进一步，做点别的事情。当然，所有这些，在我家里引起了很多冲突。他们总说我威胁到这个家的平静，因为有时候我和其他冒失鬼深夜才回家。但其实我们真的什么都没干，除了四处闲逛，发表意见，和人聊天：这些工人为什么要做这个？他们为什么挣这么少的钱？他们在工厂待11个小时，他们应该只工作 8 个小时才对啊。我们心里想的都是这些问题，但我们找不到答案，因为我们不像后来那样有工会。我很多朋友都同样关心这些问题。有一次，我和几个朋友逛到圣马丁的一家纽扣厂——听听这个，我们对在那里工作的女孩说："你们为什么要免费工作呢？你们哪天为什么不反抗一下呢，不来上班？或者，你们为什么不在里面静坐罢工呢？"我们怂恿她们斗争，没有人命令我们这么做，这么做只是因为我们这里的某种东西（拍拍她的胸膛）。我们打探这些，是因为我们感觉到了痛苦，剥削的痛苦，强加在了其他那些女孩身上。因为我父亲保护我，给我衣服穿，给我东西吃，给我地方住，但这些女孩，没有，她们不得不出来给病弱的母亲、守寡的母亲，或丧偶的父亲找东西吃。那个时候，我们大家相互都认识，它们（工厂）就像个村子，现在不一样。所以我们才会对那些女孩说：你们为什么不罢工呢，吓吓日本老板？就这样，我身上养成的这种感觉，肯定和年轻人的纯粹有关。我就像是矛尖，其他人跟着我，我跟她们说，做这个，做那个，但她们一直没罢工，因为每个人都害怕。我谈论罢工，怂恿那些女孩起来罢工，是因为我从我父亲那里继承了那种感觉。我家里就有个学校。这种感觉不是直接来自我自己，我想，是我继承来的，是我父亲的心直接告诉我的。"看看那些女孩，每天干活只挣一个比索，可怜的小东西，那些有钱的日本人来这里从阿根廷人身上捞钱，他们为什么要那么做呢？"

那个时候的圣马丁，有很多不同的移民群体，但大家相处得很好。我们阿根廷人有种说法，就是来我们这个国家生活的每个外国人立刻在这里找到合适的位置，这里现在就是他们自己的国家。他们过来安顿下来，生下阿根廷孩子，这里就成了他们的国家。我们从没起过冲突。现在贝里索也一样，这里你看得到各个种族的人，我们彼此相爱。每年大家在蒙德维迪亚大道过"移民节"的时候，我们都是兄弟。

我上到小学六年级，停学后就在家里、在街上探险。我是个很喜欢到处跑的人。我不想学手艺，我不想束缚我自己；有些女孩都有 novios（未婚夫）了。但我觉得，人生还有深刻的意味，要探究它，进入它，承担它。比如说，探访孤儿院，或者医院，我有那种天赋。我们很多女孩都有。

在贝里索的早期岁月

20世纪20年代中期，我遇到了我丈夫。他住在布兰德森（Brandsen），来圣马丁地方法院处理一些业务，办理文件。我去法院为我父亲办事。我还没成年，我不能签署文件什么的。我们在那里遇到了，就在圣马丁的法院。他的名字是文森特·弗朗西斯科·阿巴拉斯泰基·罗尔丹（Vicente Francisco Aberastegui Roldán），阿巴拉斯泰基是个巴斯克人（Basque，居住在西班牙北部和法国南部）的名字。他们阔过，但到他这代就没钱了，我们相遇的时候他是个穷人。他在布兰德森一家小冷冻厂当工头。他做的所有事情都和肉有关。所以，我们结婚后，在圣马丁有点缺钱的时候，他就跟我说："我们去贝里索吧；那里有两家大冷冻厂，我们不会没事干。"那肯定是1931年的事。我们不想总和我父亲绑在一起，因为我丈夫干的是屠宰工，他想待在有肉的地方，待在他自己的环境里，做他想做的事，做他擅长做的事。他就先过来了，等人下班离开工厂时跟他们聊天。贝里索那时已经有名气了。酒吧，餐馆，女人们中午在那里吃饭，因为她们没时间回家再赶回来，他们只给她们一个小时。凡是来贝里索的人都知道，他们的工作是要动刀动肉的。所以，他想都没想，就去了那里，介绍自己说：我是阿根廷人，我年龄这么大，这是我的户籍卡，我想要份工作。

阿莫尔（工厂）要了他，要他当 *despostador*（去骨工）。牲肉挂在钩子上，*matambrero*（屠宰工）过来取出 *matambre*（肋条肉）。他要把整个肋条肉和动物皮分开。干这个，他们给的工钱很不错，因为你要把肋条肉完整取出来，不能用刀子割。屠宰工做完了，牲体还在钩子上挂着，去骨工就开始肢解其他部分。他先要取出前腿肉，再取出肋骨，把它们扔在工作台上，然后把牲体从钩子上取下来，取出背上的肉，背上的肉最重，再把这些肉堆到工作台上。等这三部分的肉都堆在台子上了，他就要用一把快刀子把肉和骨头分开，把肉放到一个金属柜子里。这就是去骨工的工作，他们给的工钱很不错。我丈夫能挣很多钱。他找到去骨工这个工作后，就找人把我也接了过来。

我离开圣马丁来到贝里索的时候很开心，因为大家都欢迎我。很多人对我丈夫说："你找了一个多好的妻子呀，多漂亮的妻子呀。"那时我年轻，多多少少有些讨人喜欢，我总是跟人相处得很好。这些人，穿工装的人，友好的人，热情的人，来自各个国家。也有很多阿根廷人，来自科连特斯（Corrientes）、圣地亚哥-德尔埃斯特罗、福摩萨（Formosa）、内格罗河（Río Negro）、恩特雷里奥斯（Entre Ríos）。大家来自全国各地，其中也有不少外国人。人们坐船来到这里，船到港口时，受到热烈欢迎，因为冷冻厂需要人。外国人来的时候，他们更开心，因为公司更愿要他们。比如说，一个早上有 30 个人来找工作，其中 20 个是外国人，那这 20 个外国人都能进厂。

我刚来的时候并不觉得害怕，因为你带着你孩子来了，就会有邻居说："不管你需要什么，我都在这里；需要什么，别害羞，尽管开口，我们这些邻居就是做这个的。"你就受到鼓舞了。你离开了你在圣马丁的亲人，但你在这里也有一个大家庭，这个大家庭和你没有血缘关系，但也是你的家人。而且，这一直都是贝里索的传统。四年前我动手术，一个女人带给我一只鸡，另一个给我六个鸡蛋，还有一个给我一包意大利面。这一直是这里的习俗。这里团结得很。

我的第一个家是个 conventillo（大杂院）。这么说吧，一个大杂院占一块地，里面可能住四家人。每家有一个房间和一间厨房。我们得和孩子们睡在一起。两个孩子一张床，我们一张床。我们要在很小的厨房里做饭，转个身都会碰到锅碗瓢盆。这个大杂院在纽约街。其他人来的时候有点小钱，他们自己买地，再把预制房——用木头和镀锌瓦楞板做的房子——弄到自己的那块地上。但我没能力这么做。我只能租房子住。我嫁给了一个穷人。住大杂院的生活，也还不错。有很多土耳其人，实际上，我不是很清楚，他们反应有点慢，他们没受过更好的教育。他们有可能问都不问一声就闯进你房间来，你可能正穿着你的底裤，就是这些事。倒也没有什么更过火的事情。我总是说，女人只要知趣，就不会得不到尊重。我身上从没发生过怪事情，但从没发生，是因为我从不自作聪明，不在院子里和男人乱开玩笑；我等着我丈夫，给他做饭，搞卫生，陪孩子。条件终于还是改善了。等我丈夫挣钱多了，我们就在汉堡街（calle Hamburgo）租了一个房子自己住。这是个大变化。房子里只有我一个人，我可以有个小花园，可以给孩子们一个吊床。房子里只有我自己。我记得，我买了一台"魔眼"收音机，那个时候有台收音机，就像今天有台彩电一样。汉堡街以后，我们到处租房子住，直到一个好日子，我丈夫说："听着，我要买块地，买在这里，我们就要有房子了，就在大道附近，你和孩子们会过得舒舒服服的。"就这样，我把孩子们拉扯大了。三个孩子都读到了七年级。大儿子读了初中，女儿也读了。他们小学是在贝里索读的，中学是在拉普拉塔读的。另一个儿子得病死了，和富兰克林·德拉诺·罗斯福得的是同一个病，小儿麻痹症。他十岁得的病，死的时候十七岁半。我们为他守灵的时候，还有一包药从北美送过来。我们过去经常从那边找药。我们还请了两个按摩师。想想这些牺牲吧，为了救他，我们做的事情你想都想不到。我们卖掉了自己买的房子。总之，那一年死了很多孩子。那是场瘟疫，是场灾难。所以，现在我们只剩下马里奥（Mario）和多拉（Dora）了。

30年代的贝里索很不错。满街都是人，年轻人，舞会。他们开始成立协会：希腊人协会、西班牙人协会、意大利人协会，早就成立很长时间了，其他还有捷克斯洛伐克人协会、阿拉伯人协会、保加利亚人协会。所有这些协会每周六和周日都有舞会，贝里索非常快乐。大道（蒙德维迪亚大道）发展起来了，有了两层甚至三层楼的房子。这些房子都是移民修的，因为没有哪个阿根廷人会修两层楼的房子来俯瞰街道。不，移民为发展国家做得太多了。这些话可能听起来有点刺耳，但事情就是这个样子。移民从来都不是问题。他们可能在家说自己的家乡话，可能在他们自己的 *paisanos*（同胞）之间说，但如果我去市场，遇到一个立陶宛人，他说："你好吗，玛利亚？家里都好吧？"这些话，他用哪种语言说都可以，但他用的是西班牙语。他们非常尊重他们移居的这个国家，因为他们把自己的儿子给了这个国家，他们出生在这里，因为这个国家给了他们面包。他们很有礼貌，尤其是土耳其人。他们有点心不在焉什么的，但一个土耳其人绝不会当着不懂这门语言的人的面和他的土耳其同胞交谈。他会努力说西班牙语，就算说得乱七八糟，他也会尽量让别人听懂。不，移民很尊重阿根廷共和国。他对这个国家做了很多贡献。你去工人区（Barrio Obrero），移民住的房子都很亮眼。你看得出哪些房子是移民住的：门是粉刷过的，一切都很整洁。在我看来，移民一般说来都是很好的人。前面有个药剂师，他是分析血液的。他是犹太人，你会发现他是多么好的一个人。贝里索有很多犹太人。我知道他们在市中心有个犹太会堂。有一次，我丈夫带我去参加守灵仪式。他们不让带花，他们把蜡烛摆在地上。那是在冷冻厂上班的一个人的亲戚。他们在地板上铺了一块大黑布，死者躺在那里，戴着金色十字架，没别的东西。十字架跟我们的不一样。但一切都体现了最大的尊重。他们等着他们的弥赛亚，我们等着我们的弥赛亚。在这里有各个种族的人，因为这是座移民城市。

30年代那些年头，是贝里索相当痛苦的年头。我记得那些年很困难，我丈夫刚开始工作不久，他跟我说，我们要看好每一个小硬币，生活才维持得下去。找到工作，保住工作，就是所有一切。你要去人事部作自我介绍，那里有个英国人，瓦肯（Wacking）先生，人事部主管，大家说他是英国犹太人。你知道他是怎么挑工人的吗，教授？他们总是挑最高、最壮的人，挑外表看起来最强壮的人，医生还要给这些人做体检……他们必须要通过体检，要照X光，然后才说，"好的，你可以来"，"不，你不能"。如果你的手，手指，有什么缺陷的话，都有可能把你刷掉，这样，你日后就不会

38

给公司找麻烦了。我这种身材的人，像我这么高的人——如果有人更高，对公司来说就更好，他们想要光鲜亮眼的员工——他们也用同样的标准挑选女人。我丈夫的工作，有些方面很辛苦，有些方面不辛苦。对于一个懂得怎么用刀子、怎么把刀子放对地方的人来说，这事儿就像裁布料做衣服一样。后来，又有了norias（机械线）。再也不需要两三个人把半个牲体挂到钩子上了，这些事交给机器做了。等去骨工剔出二三十公斤重的肉，机器就把这些肉装起来送到厂区其他部门。所以，人干的重活，没有机器干的多。但这是后来的事了，是我丈夫开始工作后很久以后的事了。他喜欢这个工作，因为他可以挣体面的工资。有时候，有十个或更多的去骨工工作，有时候，他们要工作十一二个小时。他抱怨最多的是公司对待劳工的方式。比如说，熟练工人和扫地板的穷苦工区别就很大。因为公司总是对能给他们带来利润的人更好，对其他人更差。这是显而易见的。如果我是公司投资人，我也不乐意，因为我准备好了肉，加工这些肉就是为公司创造利润，别人只是扫扫地，我比扫地的人为公司创造了更多的利润。社会差别太大了。他们只有几分钟时间休息；那时他们也不发工作服。你得自己买白衬衫、白裤子、靴子、白帽子。后来他们才开始发这些东西。但以前我丈夫刚开始工作的时候，熟练工人能挣不少钱，可以自己买这些东西。其他人挣得少，他们就只能去杂货店赊账买工作服，到下次发薪日还清，或者分两三次还清。

在我看来，那些靠自己的头脑工作、在办公室度过他一生中最好时光的人，和工厂工人差不多，都是工人，区别只在于体力上的消耗不一样。也和农村劳动力不一样，因为有时候白天太热了，他们只能在晚上开垦土地、晚上耕地、晚上播种，用拖拉机灯照明。

所以，你不能和坐办公室的人比，他想上厕所就上厕所，他们把他当人看。照管土地的人责任很大，有时还要让自己的家人都参加劳动，收割庄稼，没有哪个政府，没有哪个人，考虑过这个事实：为了发展阿根廷农业，这个人让他的老婆孩子都参加劳动。我亲眼见过一个守灵仪式，这个仪式现在看起来有点古老了，一个小孩子躺在 chata（平板车）上，chata 是一种有四个大轮子的运货车，可以运几千公斤重的麦子。他们为这个孩子守灵，点了六根蜡烛。这是个佃农的孩子。他们在板车上为他守灵，因为这个父亲收割的麦子达不到要求的数量，estanciero（农场主）就把他赶出来了。他就这样被赶出来了。这个男人有一辆板车，四匹马，妻子和三个孩子，这时他的一个小儿子又死于那些疾病中的一种，他们只能在街头为他守灵。这是我亲眼看到的。我家人看到了，我丈夫看到了，当时我们是在去拉潘帕省（La Pampa）的路上，想去那里看看是不是能挣点钱，那个时候哪里都找不到一口吃的。那是 30 年代的事。我们去了有两年。他们跟我丈夫说那里有好工作，他们会把土地交给人耕种。那个时候，贝里索的情况糟透了。他刚进厂的时候还不是熟练工人。他工作两个星期，他们就有可能解雇他，他就会拿到黄卡。他回家时，我就会注意看他是不是拿着黄卡。拿黄卡，意味着你被解雇了。他会两个月都没有工作。他甚至还做过巡回推销员，努力想把吃的东西摆在桌子上。跟你说这些，我不觉得丢人，因为他想用一种体面的方式喂饱自己的孩子。贝里索的情况太糟糕了，出门时，你不得不把大杂院的厨房锁起来，不然他们就会闯进来，偷走 yerba maté（耶巴马黛茶）、糖、土豆。所以，有一天，我们说："我们走吧，把家具零碎留给一个朋友，看看拉潘帕那边的情况怎么样吧。"当时，贝里索很多人都是这么做的。他们离开，回来，再离开，看哪个地方可以找到一点面包。我丈夫承包了一块玉米地，请了几个雇工，我们在村子里租了间房子，他就去了田里。他必须要生产出合同上写定的农作物数量。但这条路走不通。我们想，孩子们大了，这里没有学校，什么也没有。我们写信给贝里索的朋友，他们说冷冻厂的情况好转了。我们就又回到了贝里索。

贝里索有个激进党委员会。有一天，我丈夫对我说："听着，玛利亚，去趟激进党委员会，他们说那里会派发衣服毯子。"我就去了。穷人嘛，总是尽可能地寻求帮助。我是和另一个女人一起去的，一个邻居。你知道他们给了我什么东西吗？裤子，不合我身，还有一公斤糖。我领了，因为来都来了。我丈夫说："为什么我要让你去呢？真丢人。"那是宣传，因为当时是选举期间。这就是庇隆以前贝里索的政治。

30年代的贝里索有很多社会活动。各个协会的舞会，家里面的烧烤。夏天，人们经常去帕洛布兰科（Palo Blanco）钓鱼，有轨电车可以把你送到那里，小马车也可以直接把你拉到钓鱼的那个河滩。所有协会都开始让自己动员起来，改善人们的文化生活。现在你可以看出贝里索是个什么样子了。这里有诗人，有文化，有教授，各种都有。但工作主导所有一切。他们来了，他们工作，他们留下来。丈夫、妻子、女儿、儿子，都要工作。不管谁先到家，都会留下一块 bife（牛排），再回冷冻厂。我花钱请了一个女人照顾孩子，我们两个都要工作。不然呢，你觉得这些是他们给我们的吗？所有这些都要花很多钱，买地盖房子得有比索才行，还有吃的、用的，给孩子买鞋，教育，医疗。所以，生活全部都献给工作了。

丹尼尔·詹姆斯：是不是没有太多时间娱乐，放松？

玛利亚女士：没有，而且大家也不想要什么娱乐。大家想要的，因为事实上他们是饿着肚子来的，很多人吃了苦，很多人是战争的受害者，他们想要的，是安安稳稳地有片面包，买块自己的地，盖座自己的房子。冷冻厂吸收了他们所有的能量，把他们榨干了。比如说，一个人没有技术，他就只能去推 zorra（斗车）。zorra 是一种带把手的大铁家伙，能装五六百公斤的肉。你要把它从这个车间推到那个车间，后来，他们才安装了机器来干这个活儿。所以，如果你每天都要用斗车推500公斤，这就耗尽了你的所有一切，干活，回家休息，吃饭和休息，天一亮就起床，再回去干活。说白了，这就是一种奴隶制。有时候，你周六下午和周日放假，但如果有大合同要赶工的话，你就得工作。他们怎么说，你就怎么做。贝里索的冷冻厂，大布宜诺斯艾利斯区的所有冷冻厂，把很多人送进了墓地。我们的梦想是不让我们的孩子进冷冻厂，让他们读书学门手艺，让他们上大学。我丈夫总是说，我希望我的孩子们不必进厂工作。

1944年我进厂工作，主要是因为我儿子的医药费太贵了。我丈夫每两周领一次工资，加上我的，我们就负担得起了。药是从北美那边来的，有人跟我说这种特效药可以救他，我就想搏一把。我对我丈夫说："听着，querido（亲爱的），我打算工作一阵子。"一阵子，变成了十年。你停都停不下来，因为我们正在改善我们的住房条件，因为就算不是为了这个，每两周多一个工资袋，也能改善这个家：买床单，添一张床，一个床垫，吃得稍微好一点。我想，所有去冷冻厂工作的女人……因为那个地方，反正，像头怪物，你进到里面，进到那种黑暗和潮湿里，那个环境，一排排的男人，刀子拿在手上。我不觉得那是个好地方，你感觉不好，但迫于生计，你必须要习惯。

这让家庭生活变得很困难。几乎没有时间和孩子在一起。我们和他们见得少了，因为当父母的必须要工作很多个小时才能把吃的放在桌子上，才能买衣服。孩子们成熟得很快，会干活了。因为我对我儿子马里奥说："听着，小子，把这些土豆的皮削了，把南瓜洗了，把西红柿切了，等妈妈回家来做炖菜。"我儿子帮我做饭，我工作的时候他不能出去玩。只有离家出门工作过的人，只有那些出门工作的母亲，才知道事情是什么样子。有些女人去拉普拉塔帮人打扫房间，但大多数人，只要有可能，她们还是进了冷冻厂，因为这里工资高，不用清理别人的乱摊子。不管多脏多糟糕，这是一份工作。

那个时候，贝里索的卫生条件非常糟糕。最糟糕的是"马耳他热"（Fiebre malta）。这是一种忽冷忽热的发烧。你先是觉得冷，接着开始发烧，有时一个月不发作，然后就又复发了，治不好。从动物身上感染马耳他热的人，是治不好的。在贝里索，我们有很多病例。这就像今天的艾滋病一样。病到晚期，他们就把你关在拉普拉塔的圣胡安德迪奥斯（San Juan de Dios）传染病中心。他们说这种病是从动物身上来的，只要有个小伤口，接触到受感染动物的血就会得病。

即使是今天的贝里索，我们也没有下水道。我们有"黑洞"，也没有任何排水系统。多谢了，活水。我们有充足的活水，水质很好，因为没受过污染。我们生活得很干净，因为我们很干净，我们有我们的"黑洞"，我们给我们的孩子洗澡，我们有淋浴。任何人，只要盖房子，都会盖一间漂亮的浴室。所以，我们总是干干净净的。

30年代，我们的生活还有点隔绝，和外界，和拉普拉塔。现在，我们是一样的公民了，和拉普拉塔人一样，和北美人一样，我们都是人，但当然，差距还是有的。在大多数人看来，拉普拉塔是一流的大学城。怨愤还是很大的。所以，10月17日那天，我们喊："*Alpargatas sí, Libros, no!*"（要布鞋，不要书本！）他们喊："*Books yes, alpargatas no!*"（要书本，不要布鞋！）两边就起了冲突。

那些年，也有人想要组织工会，但他们真正做的，不过是谈来谈去。纽约街有15个共产党员，他们有个党支部，他们想做点事情，但就像我说的，总共才15个人，他们做不了什么事情。他们有些人在工厂工作，有些人不是。他们发传单，搞演讲。他们可能会用肥皂箱搭个临时小讲台，然后就跑掉了，因为骑警来了。那个时代很艰难。警察不会像现在这样让你发表演讲。现在如果我要站在街角的小盒子上演讲，他们就会让我演讲。现在是民主社会了。但当时的警察很强硬。我跟你说。我当代表的时候，他们把我们都抓了，他们连哺乳期的妈妈都抓，她们奶水都胀满了，他们不让这些妈妈给自己孩子喂奶。这很能说明问题。改变这一切，具体示范我们如何围绕工会有组织地开展各种工作的人，是西普里亚诺·雷耶斯。这是否认不了的。他是驱动所有齿轮的主电机，然后，整个共和国才开始意识到，如果没有一个纯粹的、管理有方的工会制度，我们就会一事无成。资本就会继续压榨我们，想付我们多少钱就付多少钱，吸干我们的血，把脚踩在我们脖子上，尽快憋死我们。因为，工厂工作总能找到工人，总有人想要工作，这个人快要累死了，那就让他待家里吧，带下一个人进来。在贝里索，为政治和工会活动开辟道路的是雷耶斯，不是其他人。其他说法，都是胡说八道。是雷耶斯跑来斯威夫特跟我谈话的，他和我丈夫都在阿莫尔工作。他对我说："我认识你丈夫，罗尔丹女士，我是来跟你谈话的。"我正拿着刀在我的岗位上干活，这个岗位，你每个小时要准备一百公斤的肉,你忙前忙后,因为你必须要干个不停,他对我说:"我想要你来当代表,因为你有这个本事。"

在冷冻厂工作

1944年,我开始在斯威夫特的 picada(碎肉)车间工作。你把肉切下来,把筋腱分开,肉放一个桶里,筋腱放另一个桶里。每个小时必须要完成100公斤干净的肉。这是个大车间,约有1200个女人,像个村子,像一整个城市街区。放眼望去,你可以看到一大群身穿白衣服的人在工作,很美,真正的美景。我刚开始工作的时候,都是靠人用大斗车把肉推到你工作台这边来的,后来才用 noria(机械线)把大肉的块送到每个工作台。这条线吊在天花板上,经过每一个工作台。你得用一个钩子抓住肉,再用刀切。这个操作不容易掌握。饥饿,生活必需品,想带回家一个比索,这些逼迫你要在两天内学会操作。这个工作很辛苦。首先,你容易伤到你自己。我就割到自己的手指了,留下了一个一辈子的伤疤。还会遇到致命的事故,滑倒,骨折。工作日从早上6点开始。中午休息,13点回来上班,最后20点、21点下班。午休时基本上没有时间做其他事情。很多人就在纽约街的那些 boliches(小酒馆)里吃个三明治。但也有人会抓紧时间回趟家,看看孩子。工作日什么时候下班,取决于当天他们杀了多少牲口。每天开始工作时,男女工头早就在那里了,桶也放在你工作台边上了,干干净净,等着开工,还有一个称重的人和一个 anotador(记录员),登记每个桶的重量,登记每个人做了多少公斤的肉。标准定好是每个小时100公斤。达不到标准,你就有麻烦了。有一次，一个工头跟一个女人说："你没有用。"我是代表，我就对他说："嘴巴干净点，先生，这里没有哪个人是没有用的，这个女人尽力了，只做得了这么多，嘴巴放干净点，先生，明天她会干得更好，明天她会做得更多，但不能侮辱她，不能冒犯她，她是个女人。"他竟然这样说人家"你没有用"。

工作时不能说话。顶多，你看到他们隔得远的时候，你可以说："我们今天几点下班啊？"但要压低声音说。他们在周围巡视的时候，一定不能说话。像是在教堂做弥撒。这是严重的奴隶制，千真万确。有20分钟休息时间，喝点 *maté cocido*（泡腾马黛茶），可以从水箱里倒杯水喝，吃块饼干，吃片面包，好让胃里有点东西可以撑到晚上。

丹尼尔·詹姆斯：女人们是怎么看工头的？她们害怕吗？

玛利亚女士：怕人，怕工头？不怕。怕丢工作，怕失去工作所代表的面包？怕。所以，因为怕丢工作，怕没有食物，她们把他们当神一样看待。看到工头来了，你就低下头，尽量卖力干活，因为一切都取决于他们。他们把书面报告送到楼上，东说西说，说这个工人干得好，这个还行，这个干得差。这样一来，背后她们就说工头的坏话。她们会说很想打他们一顿。我们这里，强硬的既有男工头，也有女工头。

我马上就得到了工友们的尊重，成了我们车间的头儿。原因我不知道，上帝知道。我们做了小卡片，送去印刷厂，上面写的是"自治联合会会员"和"劳动党党员"。这两个是手牵手的。我车间的大多数女人都签名了。会费每个月50分钱。"如果付不起，就不用付，但无论如何要加入工会，在这里签名，在卡上签名。"我们拿到了3000多个签名。对于有些人，我们会说："如果你不加入工会，我们就让他们解雇你。"这是假话，但她们有些人不知道好歹，*rusitas*（那些俄罗斯女人）。到了后来，女人们甚至会冲着工头喊 *Viva el Sindicato de la Carne*（肉厂工会万岁）。但最初我们只能对那些不愿意加入的人压低声音悄悄说，她们说她们害怕，"如果不加入工会，你才该觉得害怕，我们会让他们解雇你"，她们就签名了。我总是把这些工会卡藏在我的胸罩里，让她们在厕所里签名。不只是我，所有的女工代表都是这么干的，因为工会是很多男人、女人通力合作的结果，孤雁不成群嘛。还有其他人，他们用他们的语言和行动帮忙做到了这件美好的事情，让贝里索这个城市进步。这条哭泣的披肩，这是形容今天的贝里索的，我们遇到了这么多麻烦，没有工业，我们不得不去外地去找吃的，但这个地方，以前也是让我们觉得很满足、很幸福的地方。我们贝里索人是很幸福的。过去我们每15天领一次工资，尽管存在所有那些剥削，剥削是真的，尽管有那些无法无天的老板，这里还是有过幸福的，因为每15天我们都能看到一些新钱，可以继续喂饱我们的孩子，买些衣服，我们生活穷是穷，但幸福。有些人会对我们说："你把自己暴露了，结果是进监狱，或者是死在、烂在巴塔哥尼亚（Patagonia），因为没有哪个人反抗得了寡头，有工作就该知足，别多嘴了。"但我们坚持我们的反抗，我们必须要为一个更好的明天斗争，这些工资是吃苦受累换来的工资，只够生存，不够生活。一月月，一年年，我们成功了。我们实现了具体的现实目标。

  工作上这些现实目标最重要的是老板对工人的尊重。他们对待我们，再也不像对待牲口那样了，再也不像对待家具那样，像对待你用的工具那样了。我们受到的对待，就像是你正常对待另一个人一样。一旦老板尊重工人，工人就得到了比工资值钱得多的东西。

尊重和士气高于一切。这些变化我们是慢慢感觉到的，但我们绝对是1945年10月17日以后才注意到这些变化的，当时，阿根廷人民和好心的外国人上街要求释放被军队关押的一个人，这个人名叫胡安·多明戈·庇隆，从那一刻起，我们就注意到事情不一样了。从那个时候起，我们进厂工作的时候，虽然我们并没有盛气凌人，但我们进厂时确实有些趾高气扬，有些骄傲，就像是说："我高高兴兴来上班，因为有个人会保护我，劳动和社会保障部（Trabajo y Previsión）有个人，我们可以靠他来保护我们。"从那个时候起，我们就更受人尊重了。但我们也让我们自己更受人尊重。停工了几百次，有时停工两个小时，有时五个小时。每次停工，都是因为有人被解雇了，或是健康原因，或是其他事情，比如说完不成公司的要求，这种时候，只要他们解雇一个工友，我们就停工，因为某某人被解雇是不公平的。我们就通知管理部门说："这个工友是有家要养的，把工作还给他，我们才继续工作。"当然了，最后这个工友会回来，我们也会继续工作。这一招总是管用的。

当时，我们在工厂的"标准体系"（Standard System）下工作。这个体系，像是富人对穷人、有权势的人对生活无着落的人的施舍。那些能够完成更多数量或干活更多的人可以拿到奖金，以至于工头会说："快点，女士，因为那样你就能拿到奖金。"奖金是个愚蠢的东西，*una tontería de monedas*（愚蠢的金钱）。事情是这么搞的。如果我每个小时不是做100公斤，而是做110公斤，我就能拿到奖金。如果我只做了90公斤，不但拿不到奖金，还会留下对我不利的记录。我这个车间的标准是100公斤，绝大多数年轻工人都能达标，但要很努力才行。你不能改变节奏，因为节奏取决于肉是如何送到你岗位上的。所以，肉本身不停堆起来，意味着你必须不停地工作。基本上，工人要按照机械线的速度干活，机械线不停地把肉送过来，堆在工作台上，最后连车间主管都不得不说："把机械线关了。"不然，你都要埋在肉里面了。"过量了"，他们经常用这个词，过量。等处理完这些堆起来的肉，每个工人面前只剩两三大块肉时，他们才又启动机械线。如果工人不达标，就有被解雇的风险，因为公司和公司的技术人员说男工女工都必须要达到这个标准。真正控制所有这一切的技术人员是 anotador（记录员）。每个工作台，每个工位，相互之间要保持平衡，他们计算每个人的工作量，记录下来。如果今天我做了110公斤，为什么明天我就不能再做这么多呢？如果我头痛、胃痛，我上班的时候感觉不好，或者我没有睡好，好吧，这天我就拿不到奖金了，他们让你注意到这一点。所以，如果有枪口指着，每个人都要用这种那种方式干活。想帮助其他人是很困难的。那是一个"尽量救自己，快点，因为如果你救不了自己，他们就要把你赶出去"的时代。当然，当工会势头起来时，我们说："我们在这里，如果这个女人只能做60公斤，那是因为她的肺做不了更多。"事情开始变化了，他们不能解雇她。但有工会以前，他们就可以直接解雇她。

　　这在工人中间造成了一些问题，因为有些女人真的很会用刀，那些从南斯拉夫、立陶宛、波兰、俄罗斯来的女人，很强壮、身材高大的女人，我们经常都要跟她们说，不要工作得那么卖力，因为我们跟不上她们，就算她们不是故意的，她们也会害了我们。但她们想拿奖金，工友中间就会出现严重的问题，因为干活太卖力的人伤害了其他工人。后来工会管事了，我们就对这些女士、这些工友解释说，公司定的标准100公斤本来就太高了，为什么你们要做110公斤呢？拿我来说，我有三个孩子，想帮我丈夫，想买衣服，想生活得好点，我也想挣一份体面的工资，这就是我斗争的原因。但我每个小时做不了100公斤，做90公斤，我已经累得够呛了，这里还有很多女人和我一样，因为我们的体格，我们这些西班牙裔拉美女人的身体总是更单薄些。那些女人，她们有些人经历过战争，吃过各种苦，受过各种罪。对于这场工作上的战斗，她们比我们更有准备，我们很可能是直接从家里出来工作的，我们大部分时间都用在了做饭和照顾孩子上，然后才进来这个冰冷、残忍的冷冻厂。那些每小时能完成110公斤的人，都是些大个子的俄罗斯女人、立陶宛人、乌克兰人，和你一样高。我总是惊叹地看着她们。她们一手拿着钢条，一手拿着刀子，就像是另一个女人种族。她们不一样，工作纪律不一样。她们害怕自己被赶出去。她们来得比其他人早，走得比其他人晚。她们生来就是适合工作的；你可以看得出来，在她们原来的那个国家，她们工作是很辛苦的。她们大胳膊大手，手像男人的手，跟她们比起来，我们阿根廷人就像是洋娃娃。

  这个体系还是保留了下来，但有了庇隆，我们能够做一些改变。变得更像是一种车间奖金，而不是个人奖金。好比说，一个柜子里有600公斤肉，可能你做100公斤，有人做80公斤，有人做120公斤、130公斤，因为有些人真的很会用刀子，就像是在织布。他们合起来计算标准，这样，有时候我也能拿到奖金，就算我从来都做不了100公斤。但要说服人相信这一点，我们费了太多精力了。因为人们总是觉得卖力干活更好。我们花了太多精力了，和我们自己的工友进行内部斗争。我可以告诉你，教授，有时候这比和老板本人斗争还要艰难。难以置信是吧，但这一点我必须要说。同样艰难的是劝人上街，为了多争取几分钱的工钱。很难让人参加罢工，因为他会说："我不能丢掉这个工作，不能因为你们想要工会，我就要挨饿。"

"不对，不是我们想要工会，是我们需要工会。这是20世纪的必然趋势，你必须要接受，离开工厂。"

所以我们不得不强迫很多人停工，这么说很重要，这样，每个人才会明白。这很重要。一个人做两个人的工作，那可不行，因为他抢走了另一个人的工作，抢走了另一个父亲的工作时间，这个父亲是有家庭的，他拿着身份证在工厂外面等着有机会干一天活，好让自己的孩子有东西吃。你一个人干了两个人的工作，另一个人就只能在街头失业。不行。做你必须要做的事，为每15天领一次工资感到高兴，但是，你不能夺走另一个穷人嘴里的面包，他是跟你一样的穷人。我们工会总要不断和男女工友进行这种斗争。他们会说："不，我喜欢卖力工作，喜欢干活麻利，哪个不准我这么做？"

"我们不准！你进了工厂是应该工作，但不能毁了我们或其他人的生活！"

所以，我们的斗争有点不平等。我们不得不和我们的男女工友斗争，和公司斗争。但事情就是这个样子。

丹尼尔·詹姆斯：但你们还是慢慢成功说服了他们？

玛利亚女士：这么说吧，是他们最后说服了他们自己，他们看到，女人从每小时挣37分钱、男人从每小时挣55分钱，变成了女人挣90分钱、男人挣一个比索五分钱。所以，等他们开始拿到双倍工资的时候，他们发现我们说得对，他们不应该那么卖力地工作，正常工作就可以了，但不能害死自己，用那种频率工作，没有哪个工人坚持得了一年。他们发现不必做两个人的工作了。比如说，那些大个子俄罗斯女人会过来问我："玛利亚，现在我们该怎么办？我们该怎么说？"因为，比如说，当时我们已经赢了这一条了，如果一个女人要调去另一个车间,就要付她原来工作的那个车间的半天工资,还要付她调去工作的另一个车间的半天工资,就算她第二天才去另一个车间上班。所以,到了第 15 天,她们领到的工钱比她们期望的要多得多。拿到工资袋时,她们会说:"看,我挣了这么多钱。"我就会解释原因,她们就会说:"啊,你们这些人为我们争取,你们干得好。"她们很感恩。她们都是很好的人。不管她们怎么表达自己,用她们自己的语言,或是夹杂西班牙语,她们都是很有教养的人。我很尊重外国女人,她们反过来也尊重我、爱我。大变化是庇隆带来的。标准还是一样,完成工作量要很辛苦地工作,每个小时要做这么多公斤,要做这么多的牛肚。但现实是,现在不需要你必须总是要达标了。所有一切都慢慢放缓了。比如说,有一次,来了一个主管老板,佩佩先生(Don Pepe),我还记得,他对我们说:"好吧,我理解,对你们女人来说,这个工作是很辛苦,所以,如果做不了 100 公斤,那就做 90 公斤吧,但我要干净的肉。"我们真的很高兴,当我们向工会报告时,男人们说:"瞧瞧他们变得多么温和。"所以,事情越来越人性化了。随着庇隆的到来,随着工会制度搞起来,事情发生了很大的变化,不过,当然,你每天还是要工作八九个小时。

当代表,责任很大,因为会遇到各种各样的情况。我的工友们都很感激我这个代表的工作。我年轻时,是很积极的那种人。比如说,一个女人来跟我说她遇到了这样或那样的事,她的工资信封里只有这么多的钱,还把信封拿给我看;我就会马上放下手上的工具,脱下工装,去找管理层:"这个女人怎么啦?因为这里只有这么多的钱,这个女士没有旷过工,为什么只领了这么多钱?"等她拿到了正确的钱数,她就会说:"啊,玛利亚,我们有你真幸运。"有时候，我不得不冒雨出去，穿过好几个走道去办公室，工友们就帮我把肉放进我的柜子里。我出去是为工友讨个公道。在工会，他们给我们上过课，教我们怎么做，代表应该怎么做事，也告诉我们不能这样说："我是代表，这里归我管。"不，不，慢着，很多事情搅在一起。你必须用正确的方法做事，要出于爱。有时候，工头会过来说："我家里有块布料，我妻子把它放在壁橱里，她想给你，你要是能看到这块布就好了。"

"我非常感谢你，先生，但我已经有各种衣服了，对我来说已经够多的了。"

这是想要收买我。

有些人可能会迟到，因为有轨电车不准时，公司就想扣掉半个小时的工钱，这种事情，我们代表是不允许的，我们准备好了各种说辞，我们经常额外工作半个小时，公司也不付工钱，所以，为什么迟到十分钟，我们就要少拿半个小时的工钱呢？特别是，这还是因为街上出了状况，我没有车，我只能坐电车来上班，一旦进了工厂，我还要穿过四个区域的走道和建筑物，因为工厂内部就像个城市一样，你必须要小心卡车和集装箱。所以，如果一个人迟到10分钟，还说明了原因，你也知道她不会每天都迟到，代表就要确保公司不会偷走她这半个小时的工钱。我们是有特定程序来处理这种事情的，一旦记录员记下某人迟到10分钟，我们就会向车间主管投诉。这是代表工作很重要的一个部分。代表还要确保工人在各种事情上都能得到人道的对待。有什么问题，老板一定要跟代表说出了这样或那样的事，然后代表再把那个女人叫过来，跟她说："听着，女士，你上厕所不能上半个小时。"我们必须要尊重我们的工作，因为工作给我们的孩子提供了面包。所有这些事情做起来都是蚂蚁搬家。

要花时间。因为工人也要接受教育。我总是捍卫工人,但我也必须要说,教育工人是个很困难的任务。很多人以为,有了工会,意味着她们可以在厂里做很多以前不能做的事情。如果我们让工作停摆,她们就有可能把肉和骨头到处乱扔,像是说,不工作了,我们就来玩吧。"不,女士,那是神圣的。你扔的那块肉,最后是要出现在你孩子的盘子里的。所以,拜托你,女士,让我们把胳膊放在身体两边吧,闭上我们的嘴,因为我们面对的是我们孩子的面包、我们的工作,还有很多人想要工作呢。"所以,对于真正明白自己职责的代表来说,这是一份特殊的工作。为了教育工人,我们费了很多精力。工人阶级,有一部分人受到了工会活动的教育,因为她们生来就是有教养的。还有一部分人觉得,有了工会,月底缴纳会费,意味着她们想做什么就做什么,我经常要用我们在工会讨论时说的话来跟她们解释:"不!工友们,如果我们不尊重我们的工作,工作也就不会尊重我们。所以,不要吵闹,不要唱歌,不要把肉到处乱扔。如果我们规规矩矩,我们就会赢,就会受到尊重。"想象一下,教授,一个车间,可能有三四百个女人:波兰人、立陶宛人、俄罗斯人、土耳其人、西班牙人、捷克人,来自世界各国,每个人都有自己的习俗,这让我们很难使她们明白。我会把事情解释给她们听,但有些事情她们可能就是理解不了。我经常跟她们说:"我们是来这里工作的,如果不工作,我们拿什么给我们的孩子吃,我们怎么付我们的房租?我们必须尊重老板,我们来这里是为了工作,不是为了到处玩的。你在门外面做什么,那是你自己的事,但我对你们的唯一要求,就是在这里面你们要有礼貌。我会保护你们,但你们必须要尊重我。"庇隆以后,事情变得更自由了,但自由是一回事,*libertinaje*(无法无天、随心所欲)是另一回事,十分钟上个厕所是一回事,上半个小时是另一回事。换句话说,这是一个教育的过程,很多工人不知道"**工会**"这个词意味着什么。可能"**教育**"这个词也用得不对,因为穷人,从她们的国家来这里寻找一片面包的穷人,都是受过教育的。应该这么说,要让她们理解什么是工会,什么是工会的真正目的。

96 天罢工

96 天罢工,不是突如其来的。1944 年,我们已经赢了 14 条了。这 14 条包括很多要求,包括让因为罢工而被解雇的工人复职。很多共产党员被赶出了工厂,他们又重新回来工作了。还有一个要求,就是所谓的"椅子法",得了腿部静脉曲张的女人可以有椅子坐,她们可以放把椅子在她们的工作台下,只要她们想,她们就可以坐着工作。我们还要求 15 点半喝泡腾马黛茶,茶点我们自己做,不要公司做。我们怕他们在里面掺东西。这些对我们来说都是非常重要的事情。好比说,一个女人觉得不舒服,他们就应该让她去看公司医生,哪个都骗不了医生,如果她不是真的不舒服,那好,她就要停职一天,但她有看医生的权利。而且,有些事情很重要。如果我开始在这个车间上班,比如说 *graseria*(油脂车间),然后他们把我调去内脏车间,他们就要付我油脂车间的半天工钱,还要付我内脏车间的半天工钱,就算我第二天才去内脏车间上班。总之,他们必须要付我八个小时的工钱。我们也实行了八小时工作制,如果他们要你加班,你可以加班,但你没有义务加班。这次我们还赢了另一件事,*garantia horaria*(时间保证)。换句话说,如果车间没有那么多活要干，你还是可以拿八小时的工钱。比如说，星期五，上面说今天屠宰车间没有牲口可杀，这意味着工厂其他所有部门的工作都会受到影响。不杀牲口，洗肉的工人就没有活干，你待在家里，也能拿到工钱。这种情况不多见，但也是很重要的胜利。你知道待家里也能拿钱代表着什么吗？在这件事上，公司根本想不到我们能赢。

96天罢工的发生，是因为我们知道他们能送出多少肉，工会知道公司赚了多少利润，利润很可观，几百万美元。所以，我们说，如果我们是推动这整个大企业的主要因素的话，他们就不能一直只付给我们每小时90分钱。你知道冷冻厂的规模，教授，你知道它的规模有多大。在屠宰车间工作的人只挣微薄的工资。我们必须要为每一个人罢工，为杀羊的人，为收集羊毛的人，为把货物装船的人。停工这件事，不是只为了碎肉车间，只为了玛利亚·罗尔丹。我们必须要为每一个人停工。所以，我们发起了罢工。我们发起罢工，是因为我们提交了请愿书，要他们加工资，把工资水平提高到当时我们应该挣的那种水平，但他们不收请愿书。

这件事我们是这么做的。我们列了一份要求清单交给人事部，要求他们加工资，女人每小时增加15分钱，没记错的话，我想男人是每小时增加20—25分钱，因为男人的工作一般来说更累些，更重些。他们不见我们。

"我们不知道什么工会还是委员会，这个工厂没有委员会。"他们这么跟我们说。

幸好门底下有道缝，我们就像这样过去把请愿书从门缝底下塞进去。第二天我们还是同一个时间回来，按门铃。

"先生们，我们是来和你们谈话的，来递交请愿书。"

"我们这里不接待任何人，"他们隔着门缝说，"因为在我们看来，这里没有工会和委员会这种事情。"砰，他们"砰"的一声把门关了。

我们就又做一次，往门缝底下塞了17份请愿书。于是，有天晚上，雷耶斯说："好吧，够了就是够了，我们要开始关停一条noria（机械线）了，关一段时间。"冷冻厂当时已经机械化了，现代化了。"关了以后，如果他们不让步，我们就关两条、三条，还不让步，就四条、五条，关久点。我们会去厂里，但我们不工作。"

所以，一开始，我们的打算是人去厂里但不工作，不过，开了几次会后，我们觉得不能再像这样派人进厂但又期望他们不工作了，让他们只是站在机械线旁边，只是站在他们的工作台旁边。肉都浪费了，肉类加工厂罢工和金属加工厂罢工不一样，肉是会烂掉的。所以我们派四个人进去维护机器。开了几次秘密会议，我们决定每个人都必须要上街。我们要坚持住，可能会挨饿，也可能不会，无论如何，我们所有人都要在工厂外面一起承受这些。最后我们做到了，结局很美好，男女工友最后都理解了我们。就像我跟警察局局长马西亚克（Marsijak）先生说的那样，他们当时逮捕了代表，"听着，马西亚克先生，你可能不相信，这个时候每个阿根廷工人都是代表，他们知道他们的职责。你知道他们是怎么知道的吗？因为晚上用茶点和面包皮哄孩子上床让他们觉得很难受，因为没有校服送孩子上学让他们很难受，因为看到孩子挨饿让他们很难受。我们肚子里怀了九个月才把孩子生下来，孩子挨饿，我们却什么都做不了。所以说他们都是代表，因为他们在为一个更好的明天斗争，为多点面包斗争。所以，你想拿我们怎么办就怎么办，但绝对肯定的是，公司这次必须要让步，因为我们是不会去上班的，我们是不会屈服的。"他们去哪里找7000个工人?

这次罢工有些地方太美了。像小孩子的游戏。我们小规模地停了几次工,停两三个小时,就赢了14条。因为停工(stoppage/paro)的时间比较短,看工会怎么决定,可以停两三个小时,也可以停五个小时。但罢工(strike/huelga)不一样,罢工要上街,没有人上班。所以,经过这么多次的短期罢工,看到那些不讲信用的家伙只想让我们跟着他们的节奏跳舞,但工资还是少得可怜,工作甚至更辛苦,工作时间甚至更长,经过这些事情后,我们忍到极限了,决定发动96天罢工。这是过去从来没有过的事情,可以说是世界上前所未有的。96天罢工是大事情,如果你见过这7000工人的话。这不像是100人的罢工。这是7000人,他们待在家里,不去上班,这是很难做到的。说起来容易做起来难,要所有这些人都待在家里,他们闹着要回去上班,他们说我们要挨饿了,他们要解雇我们了,我们该拿孩子怎么办?太难了。这涉及在厂内和你自己的同志做艰苦的斗争。有些人,你要说好话劝她们参加罢工:"听着,工友,我们走吧,去外面。"你要拍着她们的肩膀。她们怕失去工作,怕失去面包。还有些人,你要拿根钢条顶在她们的背上,说:"快点,从这里出去。"要强迫她们离开工厂。经历过那个时代的人都知道。现在的人不理解。他们逮捕了所有代表。所以我们成立了第一个委员会,第二个,第三个。十个代表被抓了,另外十个人就站出来补上他们在领导委员会的位置。总有后备。我们都很熟悉工会策略。你要始终保持领导团队的一致性。不然的话,工人群众就会土崩瓦解,因为他们搞不清状况。谣言出现了,"明天我们回去",这个人跟那个人说,那个人又跟其他人重复,他们就准备回去上班了,就像罢工已经结束了一样。所以,我们必须始终要有准备,有时还要出怪招,很不幸,但不这么做不行。你必须始终要有领导成员出来辟谣,要出来说:"不,伙计,你不能回去。"这是一个不断说服的工作,因为他们会来工会打听消息,他们学会了一些工会纪律,这是很重要的。但就算这样,你也不得不想罢工一天、两天、三天,一个月、两个月会出现什么情况。有些工人想偷偷回去工作。他们会穿上管理人员才穿的灰色工装。他们以为这么做了,等罢工结束,他们就当得上工头了。总会遇到这种告密的人。总之,大伙儿发现他们后,就抓住他们的头发,揪着他们的耳朵,把他们拖出来:"回床上去,亲爱的,冷静点,因为这不是玩笑,这是很严重的事情,我们这是在为每个人争取面包和幸福。"所以,有时候我们更多是在和自己的工友做斗争,而不是和公司斗争。但总的来说,贝里索的工人们在这次罢工期间表现出了很强的纪律性。

丹尼尔·詹姆斯:这种纪律性是从哪里来的呢?

玛利亚女士:有些是从欧洲来的,有些是从西普里亚诺和其他人——比如说我——的讲话来的,这些讲话是一种指导。但还有一种力量,我不知道,就像上帝把他的手放在了我们身上,这种力量超出了人的因素,告诉我们必须坚持,再坚持,一切都会好起来的,也确实好起来了,事情发生变化了。我们还是要工作,要流汗,但有尊重,有爱。比如说,如果他们想把我车间的女人调去别的车间,他们就要征求我的意见:"代表女士,我可以派这个女士去内脏车间吗?"

"等我问了她再说,因为她也是人。"

"工友女士,你愿意去内脏车间几个小时吗?"

"好的,为什么不呢。"

"好的,先生,这个女士愿意去。"

所以，再也不是"去那里！""来这里！"了，他们再也不那么做了。你可以看到，一个人尊重另一个人有多重要。

1945年10月17日

10月17日以前，还都只是说说而已，但庇隆出现在五月广场的那个晚上，一切都不一样了。

17日的想法是逐渐发展起来的，因为雷耶斯坐飞机，骑毛驴，坐公交车，想尽办法，拜访所有工会和所有工厂，食用油厂，纺织厂，各种各样的工厂，主张必须要罢工，必须要有10月17日。事情在他们监禁庇隆以前就开始了。10月12日，我们就清楚肯定会有17日。12日那天，雷耶斯不见了。"他在哪里？"我们问他妻子。"他在拉里奥哈（La Rioja），他在图库曼（Tucumán），他去了卡塔马卡（Catamarca）。"他是去和所有工会团体谈话的，这样，他们就会在17日罢工。他们一定要想方设法去五月广场，只要去得了，每个人都要去广场。

你知道那天我们为什么要去吗？没有哪个人派我10月17日去圣马丁广场要求释放庇隆，但我感觉到了巨大的痛苦，我看到孕妇哭泣，在街头求人帮忙。1945年10月，这里还是穷得叮当响，上帝作证。工会经常问屠夫要肉好派发给人。"你有几个孩子？"给你三公斤土豆。下一个，"你有几个？"那给你四公斤土豆。我们活成那个样子，尽我们所能凑合着过。所以，17日来自我们的痛苦。让我再说一次，它来自极端贫穷的家庭。纽约街有些大杂院住了七八家人，20个孩子在人行道上玩耍，他们唯一的院子就是人行道。

58

他们明天会长成什么样的人?

那天我们从贝里索出发，举了一面旧旗子，破的。我们听雷耶斯说了，我们必须要带人上街，对几乎所有女人我们都说了什么时候要到蒙德维迪亚街去。我们步行去了洛斯塔拉斯（Los Talas），去那里要沿着蒙德维迪亚街走大约 20 个街区，然后又再举着旗子从洛斯塔拉斯回来。就是那个时候，我们遇到了骑警。警察不像现在这样轻易就让我们过。不是，他们有瓦斯，他们驱赶我们，什么办法都用，他们不让我们喊 *Viva Perón*（庇隆万岁）。我们走到蒙德维迪亚街和里约热内卢街交界处的"运动员"酒吧，那里离斯威夫特有两个街区。我们到那里的时候，街上全都是人。怎么说我们也是 7000 个灵魂。我们靠脚组成了一个大篷车队。我们步行去了拉普拉塔。有些女人走不了路，她们就坐卡车，坐汽车。我们到了拉普拉塔的圣马丁广场。圣马丁广场看起来像是装下了整个布宜诺斯艾利斯省。广场上都是人，人群从四面八方像对角线一样涌进广场。我在政府大楼的台阶上讲话。这里你视线更开阔。小路上、树上、阳台上，都是人。那就像是攻占阿根廷的巴士底狱。我从没见过法国革命，但在我看来，那就是攻占阿根廷的巴士底狱。每个人都兴高采烈，没有人打架，人们不侮辱对方："我们会赢的。*Peróncito*（庇隆昵称）会来的。"

丹尼尔·詹姆斯：我读到的材料说那天晚上有人打架。

玛利亚女士：嗯，那是有人喝酒了。你知道人喝了酒嘛。有些人打破窗子，拿走啤酒、红酒，这种人哪里都不缺的，然后他们就打起来了。但是，这只是很少的一部分人，和那些体面的劳动人民没有任何关系，他们早上 4 点起床，5 点就要到冷冻厂。不过，你说得对，那天什么情况都有，这个否认不了。但是人们很高兴，特别是我们听到电话说庇隆半夜要来五月广场的时候。我在圣马丁广场演讲的时候就说了,如果半夜以前庇隆不是活得好好地出现在五月广场,工人们就会一直抱着胳膊不去工作。接着,我们就去了五月广场。我们是坐卡车去的。我不知道我们具体有几个人,40个左右。卡车司机说:"我不载小孩,我不想惹麻烦,我只载大人。"都这样了,里卡多·乔瓦内利(Ricardo Giovanelli),工会里面很受器重的一个人,还跟每个上了卡车的人说,不要拿棍子、武器,什么都不拿,我们和平地去,我们等庇隆,晚上我们会让庇隆和我们在一起的,结果也确实是这样。

我们到了五月广场,我们就往前挤,人挤人,我们衣服上的扣子都掉了,人太多了。我们很多人也把衣服脱了。太热了。想象一下,春天,但还是太热了。人们兴高采烈,他们把鞋子扔上天,帽子,他们把衬衣脱了,男人光着个膀子,所有男人。后来,我们几个从贝里索来的讲了话,里卡多·乔瓦内利,还有我。雷耶斯不在那里。一天都没看到他。轮到我了,我就说,满足社会要求的时候到了,人民有他们的时刻,有他们的日期,他们的日子,他们的小时,他们的分钟,现在就是我们的时间,10月17日半夜12点:

"上校必须要来这里,因为我们肉类加工厂工会发过誓了,如果到了半夜12点,他还不在这里出现在我们中间的话,我们就会一直不工作,全体阿根廷人民都一样,不管怎么样,我们把我们的生命献给庇隆了,我们会从圣马丁将军的雕像中获得启示,这个人为自由付出了所有一切,什么回报也不要,伟大的雕塑家把他雕在了石头上、青铜上,他的手指举在半空中警告我们说:'阿根廷人要警惕,这样,我们取得的成就才能传之久远。'我说这个,是因为现在我们这里所做的,关系到庇隆上校的未来。因为这里有人说起了布拉登（Braden）先生，我们不知道这个人是谁。可能他是个伟大的人，是个伟大的父亲，但他不是阿根廷人。愿那些不是阿根廷人的人原谅我，但我作为阿根廷人必须要说这个。这个时候让我们记住圣马丁吧。让我们首先要求自由、和平和工作吧，但这份工作必须要有相应的薪水，让我们所有人都能过上和平和爱的生活。"我的讲话大概就是这样。自然而然讲出来的，事先没有准备。所有墙上，只要有宣传画，都会看到一头猪，旁边写着"布拉登"，旁边还会画上庇隆的肖像和一朵花。这些事情都是人民发明的，人民太了不起了，有些小曲真的很像小诗，太不可思议了，字词用得恰到好处，它们很受人欢迎。

总之，等我讲完了，埃德尔米罗·法雷尔（Edelmiro Farrell），法雷尔将军，实际上的总统，就问我我是谁，因为我丈夫和里卡多·乔瓦内利都鼓掌支持我。

我就说："我是斯威夫特肉类加工厂一个切肉的女人，手上拿的刀子比我还大。"

"但你是谁呢，女士？"

"我的名字是玛利亚·罗尔丹。"

"很高兴认识你，女士。请耐心点，庇隆会来的。"当时应该是11点左右。

庇隆来的时候，法雷尔还在讲话，人们就开始鼓掌了，法雷尔说："请给我1分钟，我还是总统，等我先讲，庇隆再讲。"他讲完后，他和庇隆拥抱了，相互拍拍对方的背，用军人那种方式。然后，庇隆就开始讲话了，他不得不停下来，再开始讲，又不得不停下来，他没办法和人们交流，他们也不让他讲，他们不停地打断他。还有bombos（大鼓），敲个不停。场面太大了。都快早上4点了，等他们让他说话的时候，他说："*muchachos*（伙计们），你们让我说话我才能说，不让我说，我就要走了，因为我很累了。"他说"我就要走了"，他们才终于安静了下来。他那天晚上的讲话，对我们来说，是我们这些工会会员遇到过的最难忘、最崇高的讲话。那天晚上在五月广场，他来的时候，累得不行，激动得不行，他的讲话是对我们说的，我们知道我们国家的情况很糟糕，可以说，劳动人民被老板彻底打败了、羞辱了，不只是冷冻厂这里的老板，而是所有的老板，他的那些话会一直铭记在我心里，直到上帝召唤我去他身边的那一天。因为他的讲演，就像他灵魂出窍了一样：

"我是个凡人，我在这里可能很快就不复存在了。我觉得很难过，但上帝知道如何给我力量，让我继续去做我下决心要做的事。我不能对你们保证什么，但我知道你们需要我。"

人们简直都要疯了。

"你们需要我，我会加入你们，一起来做这个计划。我会去做我这颗阿根廷公民的心告诉我要做的事情。我有一些很好的打算。我首先要为那些让这个国家运转的工人们工作，我还要为所有阿根廷人工作。但首先我要为你们工作。我知道你们过的是什么日子，因为我看见你们在劳动部哭泣，因为我看见你们跪下来对我说：'上校，求你了，做点什么吧。我们再也受不了了。'我从不允许一个男人在我面前下跪，但你们这么做了。我知道，贝里索就像是一条哭泣的披肩，我知道，从1917年起，你们就一直在斗争，因为我不是什么新手，我年纪够大的了，所以我知道。我首先要为你们而战，你们这些吃苦最多的人。首先，我要举起最弱者，再看我是不是能够举起我的国家。我想，我会是个好领袖，但你们必须要和我站在一起，*muchachos*（小伙子们），*muchachas*（姑娘们），因为

上编

我们必须把阿根廷人民从淹没他们的痛苦中拯救出来。"

他讲完话以后,我们开始离场。人们回家,回去工作,有些人光着膀子,没有鞋子,没有睡觉。我们回到贝里索都早上7点左右了。

我想,没有人民的支持,庇隆就不会是庇隆。还是从10月17日说起吧。如果10月17日我们不在广场,如果所有人都不上街,庇隆就还会关在监狱里,我不知道他们会不会杀了他。庇隆命悬一线,因为军队已经意识到了阿根廷人民站在庇隆一边,他有大多数人民的支持。这不是什么礼物。没有人给过我们任何东西。成事的是人民。

丹尼尔·詹姆斯:因为这是对所发生的事情的一种很常见的看法。认为人民只是被动地接受所有一切。

玛利亚女士:我知道,这也是我想要解释给你听的。阿根廷人民需要跟随一个人,这个人就是庇隆。五月广场的"复活节"事件(Easter Week/*Semana Santa*,1987年针对激进党政府的军事叛乱),之所以和10月17日不同,有一个基本的原因。复活节人们去五月广场,是因为他们担心自己,担心自己的家人。但我们上街,是因为我们担心他们会杀了一个人,我们想要这个人当总统。看看这个区别。人们上街是为了一个人。这个你必须要分析一下。因为7点50分,我站在五月广场的讲台上,我们说如果庇隆上校不出来,工会就要下命令,明天就不会有人工作,我们不工作,除非他们把胡安·多明戈·庇隆上校交给我们。半夜12点庇隆就来了。这是人们没有意识到的。

1946年玛利亚·罗尔丹女士在劳动党集会上讲话
（图片由玛利亚·罗尔丹提供）

庇隆、西普里亚诺·雷耶斯和劳动党

我第一次在贝里索见到庇隆,是在西普里亚诺·雷耶斯两个兄弟的葬礼上。他们在维多利亚电影院(Cine Victoria)前杀了他们两个。当时共产党领导人何塞·彼得(José Peter)在那里演讲。西普里亚诺跟我们说,不要拦着他,不要把他拦在家里,不过呢,你知道,有时候事情就是控制不了。葬礼上我在庇隆面前讲话了,我对他说:

"你看,上校,今天我们跟两个兄弟告别,他们倒在了敌人的子弹下——我没提共产党人,在那个场合,葬礼上——那些人不思考,没受过苦,没有爱,不会哭,因为他们灵魂的花园还没有开出能让他们的心散发出香气的花来,因为他们还不能感受得到其他人的痛苦,这些人丢下了他们的家庭和孩子孤苦无依。我们要斗争,这样,总有一天,你就会坐上里瓦达维亚(Rivadavia, 1780—1845,阿根廷共和国第一任总统)的椅子,成为我们的总统,因为我们非常爱你。但是,在这个神圣的地方,我们也必须要跟你说,上校,我们斗争,是为了让你当上国家的总统,同样,如果你不能兑现你给我们的承诺,我们也会斗争,把你拉下马来,因为阿根廷人民,特别是劳动人民,受够了谎言,受够了羞辱,受够了被人洗劫一空,受够了被人欺骗,受够了那些外国公司,他们吸干他们的鲜血,只给他们4分钱过活。我们不想要任何人的烟囱,我们不想要任何人的美元,但我们确实想活得有尊严、有爱,我们想让我们的孩子穿上好衣服、好鞋子上学,这样,里里外外他们就都能得到保护,我们想活得有尊严、有爱,这样,我们的伴侣们能生活得幸福，这样，他们就能心满意足地工作、唱歌，因为我们的国家是爱、幸福和自由的国家，我们希望阿根廷总统，一个军人，一个像你这样的人，能够理解我们。我要再说一次，上校。如果我们觉得你欺骗我们，我们就会努力把你拉下马来的。没别的了。"

丹尼尔·詹姆斯：你一直都有这种在公共场合讲话的能力吗？

玛利亚女士：从我 15 岁起，我就有这种能力。

丹尼尔·詹姆斯：这种能力是那些年在工会里开花结果的吗？

玛利亚女士：不是，字词就那样从我嘴里冒出来了，其实我说得更多，我说了大概有半个小时，因为雷耶斯跟我说："把你想说的话都说出来。"因为当时只有两个人讲话，一个是我，一个是 *intendente*（行政区长官）。西普里亚诺没有发言，因为他是死者的兄弟。

我们已经熟悉庇隆了。他总是跟我们说："要罢工，告诉我一声，我支持你们。你们斗争，我用金钱、用我的话语和你们在一起。"所以肉类加工厂工会和庇隆的关系一直都很特别。他总是晚上过来和我们谈话，这样，就不会有一大群人跟着他了。他和西普里亚诺喝 *maté amargo*（苦马黛茶），代表们都在那里。我经常给他准备马黛茶。他会过来和每个人交谈，让自己了解情况。他会问油脂车间的人车间是个什么情况，问内脏车间的人车间是个什么情况。他来和我们交谈，看看他是不是能解决我们的问题。他用我们的语言跟我们交谈。他和西普里亚诺不用敬语，互相称 *tutear*（你），他还讲笑话。他是典型的 *criollo*（西班牙裔拉美人）。我记得，我们催他："听着，上校，这个要用很长时间，我们要等多久？"他就会说："等到早上吧，我们就可以解马鞍了。"他想说的是，就像骑马一样，我们要耐心等到天亮，才能到达我们的目的地。

我们已经开始讨论组建政党的事了。我记得，我们在雷耶斯家里，他妻子刚给女儿买了鞋子，我们就用鞋盒子画了一张表，说我们如何如何组织一个全国性的政党。你知道，劳动党就像是传染病一样，我们在厂里让人报名，第二天他们就把他们的朋友也带过来了。有些人倾其所有，就为了开设一个党部。这就像是第一次获得了解放，工人释放了他的所有痛苦，他的抱怨，他想生活得更好的希望。第一次的这些斗争是最危险、最冒险的，可能也是最美好的，因为我们是在不清楚我们要做的事情有没有希望的情况下投入斗争的；我们往前走，就像没有舵的船一样。当然，从人数上说我们一直都很强大，但我们还没有强大的工会，工会力量本身，是逐渐才建立起来的。

我们的想法是光有一个强大的工会还不够，我们需要一个政党。所有真正取得进步的人都是这么做的，要靠一个工人的政党在议会中保护自己。因为我们知道，在工会我们可以讨论我们的问题，我们在这个世界上拥有各种权利，但我们最多只能走到庇隆所在的劳动部为止，然后事情就停止不前了。但我们知道在议院，法律是管用的，法律真正掌管这个国家，能够通过改善工人的经济状况来真正解决工人的问题。所以，就是这个原因，我们才想要一个政党，不是搞政治，而是让有些人——这个人首先就是雷耶斯——能在议院为工人争取更好的生活，保护我们，制定法律来保护我们。从这个意义上说，工会和政党是一起的。我们读过关于工会的书，工会墙上连共和国秘书长或总统的照片都不能挂，因为政治是一回事，工会是另一回事。但是，我们和庇隆的关系这么密切，因为我们为了让他出狱战斗过，我们可能还救了他的命。但注意了！不是庇隆怎么说，我们就怎么做。他和我们有商有量，但从没有过这种情况，我们在不够法定人数或只是开个小会讨论一下的情况下，就接受庇隆上校或后来的庇隆总统给我们下的命令。符合工人的利益，我们才说是；如果我们觉得不好，不符合我们利益，我们就说不。所以，政治和工会有来往，有联系，两者一起前进，是平行的，但不是合成一体的，因为一个是工会，一个是政治。

我们去劳动和社会保障部见庇隆，告诉他我们打算成立一个新政党，叫作"劳动党"。他说："很好，我要当第一个劳动党党员。"但他对我们说，我们必须要认真对待这件事。我们必须要清楚我们为什么要成立这个党，我们必须要从建党宪章、建党原则开始，要清楚贝里索的工人为什么需要一个政党，促使我们创建劳动党的基本事实是什么。这样，我们就制定了劳动党的学说。是根据各种书制定的，这些书教了我们很多东西。这个学说很像耶稣基督的教义，也就是说，始终要帮助弱者。后来，这也体现在了国家的劳动法里。这个学说是所有一切的基础。

丹尼尔·詹姆斯：当然了，但这个学说对普通党员来说有什么重要意义呢？他们认同这个学说吗，或认同庇隆吗？认同工厂的各种具体改善吗？

玛利亚女士：工人，就连那些不识字的工人，也明白他们是为老板工作的，他们和妻子、孩子过着悲惨的生活，他们租房子住，他们随时都有可能被赶出来，因为他们没有法律保障，所以工人清楚得很。可能最无知的人，比识字最多的人还要更清楚，那就是议院里面一定要有人保护他们，要制定国家劳动法。所以，并不是那么不好理解。工人需要支持，但支持要从上面来。我们到了劳动和社会保障部，事情就办不下去了。庇隆在那里做得不错，但那不是决定性的国家法律，因为不是从议院来的。所以，让他们接受这个

67 学说不难。我们会读给他们听，反复读，有小册子，但我们还是要再读一遍给他们听。有些人翻来覆去读，基本上都能背了，他们接受了。有些工友要花工夫说服她们。雷耶斯两个兄弟死的时候，气氛相当紧张。他们说他们没有朝任何人开枪，我们说他们开枪了，事情弄得很紧张。有些人同情共产主义，特别是那些斯拉夫工友。我们要很有耐心、很冷静地解释说，在阿根廷共和国这里成立劳动党，单纯是为了让一个男人或一个女人进入议院保护我们，这样，他们就能通过法律，这样，我们国家的寡头，有权有势的人，就不会虐待我们了。我们能说服他们大多数人。

嗯，教授，我第一次公开演讲，是劳动党竞选期间在桑森恩纳（Sansinena）肉类加工厂的群众面前。工厂在拉马坦扎（La Matanza），有个人——从来都不缺这种爱管闲事的人——写好了我要说的话，我不知道他在议院里面的具体职位是什么，我觉得他是个拿刷子擦地板的人。"这里，我拿来了，都给你写好了，你大概就照着这个讲……"就像是说："这个白痴，不知道她会说些什么。"我拿过来，拿在我手上。我要到一个相当高的讲台上面去，他们用胳膊把我举上去，像是举梯子，讲台靠着河边，手上拿着的这张纸让我觉得很麻烦。等我站到台上了，看到所有人了，他们知道要给他们讲话的是从贝里索来的一个工人，他们开始鼓掌欢呼，这就足够了，是种鼓励，让人乐观。我把纸拿在手上，丢进了河里。我都不记得是哪个给我的了，因为在我开始讲话的那一刻，我就彻底改变主意了。……所以，我把那张纸丢到了河里，我看到所有人都看着我，看到他们对我鼓掌，还看到几个女人拿着花就站在我面前，我收下花，因为我说："上帝与我同在。"我就开始讲了，我听到一个人说："这个女士肯定是共产党员。"真的，我听得很清楚，人年轻的时候听力更好，我就说："不，工友，我是劳动党党员。"……我就开始讲话了，我想我大概是这么说的：

今天对我们这些参加劳动党运动的妇女来说，是一个特殊日子，这个运动是在令人难忘的 1945 年 10 月 17 日那天从人民心中诞生的，那是幸福和伟大的一天，我们可以说是攻占了巴士底狱——但我把我的所有一切都给了那一天，不像我现在正在做的事情——这个运动正迈开大步向前进，现在没有人阻挡得了，因为这是资本和劳工的斗争，因为我们想要生活得更好，因为那些有权有势的人生下来就生活得更好。所以，男女工友们，我是贝里索斯威夫特肉类加工厂的工人，我有三个孩子，我丈夫在这里和我在一起，我只想跟你们说一件事。劳动党运动是人民的运动，这个运动是 10 月 17 日那天从人民心中诞生的，没有人忘得了，因为我们阿根廷人民和好心的外国人，不是为了好玩才上街的，我们是为了把一个人放出来。我们上街，因为我们快要淹死了，因为我们需要救星，我们上街，因为我们再也不能过着悲惨的生活了，我们上街，因为我们再也受不了有权有势的人的罪行了。我们不想要有权人的烟囱，也不想要他们的美元，但我们确实想要体面的工资，这样，我们就能活得有尊严，活得有爱。我们确实希望受到尊重，这就是我们在这里的原因，这样，土地就会属于在田里干活的人，这样，就像庞隆上校现在正在搞的 *Estatuto de Peon*（劳工法）一样，农民就会受到尊重，他们就不会只是分到树上掉下来的果实，腐烂的果实。他们就不会再在阿根廷北部付给人民代金券了。女人就不会在大街中央的帐篷里面生孩子了，在场的就不会只有 comadrona（接生婆）没有医生了。这些人是阿根廷的女人，阿根廷的母亲。我们在这里，这样，所有的孩子就上得起学了，这样，我们就不会有文盲和半文盲了，这样，我们大家就都会幸福了……

人们对这番话的反应，是同样的热情，同样的解放，同样的温柔。这就是为什么有时候我会问我自己，丹尼尔教授，我们为劳动党做了那么多，说了那么多，我们那么爱劳动党，它怎么能转眼就没了呢？就那样画个句号？这根本就不应该发生。反正，真正的历史，你永远都抹不掉，是庇隆从劳动党中成立了独立党（Partido Único）。我们这些劳动党女人希望劳动党继续存在下去，但它遭到背叛了，我们不知道是谁。我们只知道，有一天，我们去我们的党部，发现全都关门了。我们，不只是玛利亚·罗尔丹，献出了我们生命中最好的东西。1946年2月24日，我们赢了大多数选票。我们也赢了保守党从来没输过的一些地区，我们多赢了一万张选票，不是赢一两百张。我们去了玻利维亚边境附近，和西普里亚诺一起，我们在每个省待了15天。这一切结束时，大家都哭了。雷耶斯离开了贝里索工会，和他的妻子、女儿住到拉普拉塔去了。他经常去布宜诺斯艾利斯，我们都见不到他了。我不知道是该怪他呢，还是怪庇隆让他那么做，但最要紧的是，独立党宣布成立了。雷耶斯抨击它，说它会和四匹马一起下葬，他攻击庇隆，伤害了庇隆。他自己的女儿也跟我说："如果爸爸不是那么伤人的话，玛利亚，如果他不冒犯庇隆，你我都是百万富翁了。"因为实际上，这把我们和庇隆分开了。好吧，我不一样，因为对我来说，他还是我的总统，就算他的想法跟我不同。但雷耶斯严重冒犯了他。

庇隆、工人阶级和寡头

庇隆时代的贝里索，是地球上最幸福的地方之一。我看到人们很幸福，逛街买东西，外出度假，因为我们有带薪假。我们去马德普拉塔（Mar Del Plata）旅游，基本上是免费的。几千人以前从没去过马德普拉塔。还资助老年人，有养老金和其他东西。他们说帕拉西奥斯（Palacios）已经这么做了。好吧，但那些法律不过是束之高阁的发黄纸片而已。是庇隆有效地批准了法律。我们也有了妇女的公民权。工会也提供广泛的社会服务。有了庇隆，我们过得相当不错，我们可以出去旅游，有政府资助的老年人疗养机构。每个人都很幸福。每周六和周日有舞会。贝里索有两家电影院。人们可以穿得更好了。庇隆以前，还有人连布宜诺斯艾利斯都不知道。有了庇隆，我们发现了很多事情：尼龙袜，漂亮裙子……生活变了。我们可以买冰箱这些东西了。我的第一台冰箱是1947年买的。我们可以买床单、床垫。你可以赊账买，利息很低，特别是买厨房用品的时候。我们还可以出门旅游，和丈夫一样有投票权。你知道可以自由选举自己的总统是个什么感觉吗？在贝里索，庇隆政府建了四所学校，增加了我们孩子发展的可能性。每年他们给我们发两套校服，两双鞋，还给最穷的孩子提供午餐。所以我们的孩子毕业后有更好的机会。我们大多数人都不希望让他们进厂上班。我是不会把我女儿送去那里的，那个地狱。大多数女人努力奋斗，这样，她们的孩子就不必进冷冻厂了，尽量不让他们过我们自己亲身经历过的那种生活。

那些日子里，贝里索真的很美好。她们就像白鸽一样，那些女人穿着她们的白色工作服去买东西，一手牵着自己的孩子，一手心满意足地拿着自己的工资袋。她们可以买下一整只羊；你可以在冷冻厂买肉，价格真的很便宜。庇隆开始行动起来的时候，事情就变了，就像过去所有的那些不毛之地都变成绿色的了。你进肉厂跟人说："给我留两公斤 *asado*（烤肉），1 公斤侧腹牛排，还要两块炖牛排，我下班时带走。"你知道这意味着什么吗？我们现在有保障了。你 6 点下班时累坏了，因为肉类加工厂的工作很辛苦，但你下班时会带着你的一袋肉和工资袋。

丹尼尔·詹姆斯：但即便是庇隆时期，也还是存在冲突。罢工和冲突并没有结束？

玛利亚女士：有些事情我讲话的时候经常说。这个世界上，如果我们这些工人和资本斗争 100 年，他们也会一直盯着我们，等上 100 年，再勒住我们的脖子噎死我们。所以，寡头资本总是会卷土重来的，紧紧勒住我们。面对这种情况，工人有理由认为罢工是他们手上唯一的武器，这是宪法保障的权利。就庇隆时期肉厂工人的罢工来说，罢工总是为了保卫对工人来说最重要的面包，就算政府是我们的朋友，想法和我们一样，但他们还是过得比工人好。绳子总是断在最薄弱的地方。所以，工人要用他手上有的东西来捍卫他自己。有权势的人大笔一挥就能整治工人，推翻保护我们的法律。但与此同时，只要我们振臂高呼，我们随时都可以让这个国家瘫痪，不管掌权的是哪个政府，10 月 17 日我们就是这么做的。虽然这听起来像是说大话，但人民的真正力量在工人身上。所以，庇隆时期的罢工是正当的。穷人总是受人压迫，就算政府同情我们。直到今天，事情也还是一样。今天，我们还有孩子流浪街头，十四五岁的女孩就已经生小孩了。这是阿根廷共和国，遍地都是肥牛，这个国家你可以用麦子铺路,这个国家可以养活全世界,上帝赐给我们四季,我们一年四季可以种很多东西。但我们还是贫穷挨饿,只有少数人才是这块土地的主人。什么时候才是尽头?几个大家族是怎么得到这块土地的?他们是用他们额头上的汗水挣来的钱买下这块土地的,还是因为只要他们想,他们就能得到它?事情一直都是这个样子。从加利利来的人看到农民受苦,缴不起税,他说:"这地必归耕种者所有。"耶稣跟他们说:"这地必归穷人所有。"一眨眼,2000年过去了,土地还是不属于穷人,土地还是属于少数几个有特权的人。我不觉得只有我们国家土地才属于少数人,世界上很多地方都一样。所有这些受饥挨饿的家庭都可以搬来阿根廷种地,开垦土地种麦子。我们可以跟他们说,这里有辆拖拉机,这里有四匹马,工作吧!这块土地是你们的。如果这块土地的主人有两米地就能过活,为什么还会有这么多的不公呢?阿根廷可以养活这么多移民呀?

在这个事情上,我批评所有政府,包括庇隆的政府。

丹尼尔·詹姆斯:你是不是觉得他可以做得更多?

玛利亚女士:我不知道,因为他当了三次总统,三次都遭到强烈反对。我很感激他做的一切。多亏他,我才享受到了退休金。我崇拜庇隆和艾薇塔,但这块土地还是一样都是死的,为什么会这样呢?我坐火车旅行,丹尼尔,过了一公里,再过一公里,什么都看不到,没有牲口,没有人。人的居住条件肮脏恶劣,十个人睡一个房间。他们本来可以带着他们的家人住在开阔的土地上,耕种,收割,生活,吃上新鲜蔬菜,怎么会发生这种情况呢?为什么我们人类这么消极呢?我认为这些土地的主人应该和政府谈一谈,商量一下,把土地开放给其他人。毕竟,在这个世界上,我们都是平等的,皮肤颜色不同，头发颜色不同，不代表什么，我们都是人，我们都有孩子，我们都知道什么是痛苦，什么是幸福。我对庇隆政府的印象很好，但在我看来，不管胡安·多明戈·庇隆和资本的斗争多么不够，他需要执政很多年才行，因为资本很有力量、很强大。改变不是那么容易的。可能我觉得很容易，因为如果这些土地都是我的，我要做的第一件事就是丈量它，再分给每个家庭这么多公顷的地。但不是这么容易的，因为资本是冷酷的，它是强硬的、消极的，这就是人类的痛苦。问题在于，如果土地属于他们，你打算怎么说服他们放弃？但这太不公平了。阿根廷很大，但看起来它只属于四五个地主，属于安乔雷纳家（Anchorenas）、阿尔维亚家（Alvears）。我买了一块地，分两三次付款，可能我付不出更多的钱，我没有第三次付款的钱，我就只能租房子住，我是阿根廷人，我为 *patria*（祖国）生了孩子，但孩子却随时都有可能死在这个祖国。太不公平了！

所以，有了庇隆，我们感觉非常好，因为我们没有时间想我刚才说的这些事情。因为毕竟土地是我们的，他们把土地围起来，他们都有头衔，但土地是我们的，它们属于全阿根廷人民。我们可以出门旅游，所以我们没有时间想这些事情。

丹尼尔·詹姆斯：但其他问题呢？反帝国主义呢？这是劳动党的一个重要问题吗？比如说，把肉类加工厂国有化，这是劳动党的要求吗？

玛利亚女士：是的，但从没实现过。就算是现在，他们也不愿意把那个沉睡的怪物交给我们，不知道什么原因他们一直把它压在那里，我不知道。

丹尼尔·詹姆斯：为什么你会觉得不可能实现肉类加工厂的国有化呢？

玛利亚女士：有很多资本集中在我们的一块土地上，这个资本是英国的，或是其他地方的，不是我们的。说到这个，我们有一个很典型的例子：他们拆了阿莫尔的所有东西，他们把它拆散了，推倒，只有土地留了下来。

丹尼尔·詹姆斯：但这是现在的事。庇隆时期呢？毕竟他成功把铁路国有化了，为什么不把肉类加工厂国有化呢？

玛利亚女士：他很努力了。我总是这么说，现在我还要再说一次，他应该更年轻些，执政再多十年，才能完成他想做的所有事情。他没办法做很多事情。因为他可能是最胜任、最爱工人的总统了，但如果你是肉厂老板，你说："这是我的。"那就没什么可说的了。"我付钱给工人，他们今天挣这么多，明天挣这么多，但冷冻厂是我的。"这样一来，谁还能争说肉厂是他们的？大国一直主宰我们，丹尼尔，他们的力量就连庇隆也战胜不了，这是事实。

丹尼尔·詹姆斯：你是不是觉得也要怪工人呢？因为他们不够支持他。

玛利亚女士：恰恰相反，我认为，工人总是天一亮就起床，出门上班，为了一份微薄的退休金，奉献了他们人生中最好的时光，他们有时候就是要说出自己的看法。但工人的看法，从来都不在考虑范围内。我认为，大国和寡头的强权比任何政府都更有能力，不管这个政府对工人有多好，不管这个国家的总统的想法有多好。美元的力量更强大，美元赢了。对于我们这种还穿着尿布的国家来说，要往前走，障碍太大了。因为，我说的那个时代，从1945年到1955年，还有工人不知道工会是什么意思，不知道为什么要有工会，为什么每个月要交会费，为什么工会能保护他们，罢工时会出现什么情况。我记得，有时候，工会发言人要站在桌子上讲话，讲两个小时，等讲完了，工人还会问他们刚刚说的是啥，要他们再解释一遍。因为有必要从政治的角度、从工会的角度教育工人，而这两个东西——贝里索的肉类加工厂自治联合会和劳动党，基本上是同时诞生的。所以，你可以想象一下，我说这些也不是针对哪一个人，一个人从肉厂下班时已经很累了，筋疲力尽，他去酒吧喝一杯，回家吃点东西，填饱肚子上床睡觉，累得够呛，疲惫不堪，睡到早上4点又要爬起来，有时候还要步行去厂里，你想象一下，让这个人理解工会是什么、劳动党是什么，要花多少精力？教育工人群众尊重工会和政治，实在是太难了。现在，情况不一样了。现在你去问15岁的孩子政治问题，他的回答都能让你目瞪口呆，他比年纪大的人都知道得多。但回到过去，过去不一样。这是我们的一个大问题，也是庞隆的大问题。怎样才能让人们接受这个哲学，就是我们必须斗争，这样，老板才会软下来，他们才会多给我们一些东西，多给几美元。我们只能慢慢来，不能拿个刀子斧头，不能着急上火，而是要靠文件、靠斗争。有了这个哲学，我们队伍中间最有才华的人才能当上参议员、议员。你要说服人们相信，必须成立政党，让人进议院，这样，这个人才有机会说，好了，伙计，这里这个法律会保护你们。我们不反对私有制观念，正相反。我们说我们不要大烟囱，不要美元，不要土地寡头的财富，我们不要他们的财富，我们要的是受人尊重，挣一份体面的工资，这样，我们就能像基督徒一样生活，不受人剥削。

丹尼尔·詹姆斯：换句话说，你不赞成阶级斗争？

玛利亚女士：我们不想要任何人的资本。我们想和资本合作，尊重资本，但同样是人，我们也想受到尊重，拿到我们这些男人、女人工作应得的报酬。但我们又回到同一个问题上来了。没有国家劳动法。所以，他们付给女人每小时37分钱，男人55分钱。没有法律保护我们。他们为所欲为。我们回到同一个问题上来了：没有人捍卫我们。96天罢工，动物都烂在里面了，老板在水兵的陪同下来了又走了，我们坚持，直到我们赢了罢工。我们靠我们的反抗赢了，但我们不是靠法律赢的。这个要说清楚，因为我们没有法律。

我们斗争是为了争取法律，但同时我们尊重资本。因为我们明白，不需要很聪明你都能明白，没有资本就没有工作。对不对？两个肉类加工厂不建在这里，也就没有7000个男人女人的工作了。这就是我们和共产党人的不同。

丹尼尔·詹姆斯：共产主义不是一种务实的、现实的需要？

玛利亚女士：不是，它是个梦想，它在地球另一端可能是个好东西，但这里不是。他们那里可能很幸福，但这里，作为阿根廷人，我不接受。我尊重他们，因为我觉得他们很能干，但这些东西不适合这里。

艾薇塔

我就是单纯觉得她是个完美的人，她爱其他人，就算她不认识她，她是另一个受苦的人，就算她和她的想法不一样。

艾薇塔访问过贝里索；她派发衣服、缝纫机、床垫、床单、小牛胸腺、苹果酒、一小袋子钱。她和庇隆一起来为"工人区"选址。她和他一起往前走，大步大步走，像男人，穿过瓦砾和泥土。非常勇敢。我和她交谈过很多次。有一次他们罢工的时候她来贝里索，她让他们回去工作，因为他们是错的，她是对的，当时他们挣的钱已经不错了。她在 52 中派发礼物，都是些好东西，但她跟他们说话也很严厉。但你和她交谈很轻松，她喜欢有趣的故事，她有真正的幽默感。她用 che（喂）招呼每个人，她像是 barrio（平民区）出来的女人。但贝里索这里，他们爱她。她出现在街上的时候，大家都要疯了。她像个偶像。

有次我去梅赛德斯（Mercedes）的监狱，当时她已经病了，也有可能已经去世了。我那次去，有点像官方视察员，检查食物，各种事情，一个人跟我说："你能帮我买包蜡烛吗？"说话的是个犯人。

"你要蜡烛干什么？"

"点给艾薇塔。"犯人在里面说。

我看见她们哭着跪在地上点燃蜡烛。

在监狱里我们看见女人们为艾薇塔点蜡烛。这些犯人，她们侮辱对方，什么话张嘴就来。

一个犯人跟另一个犯人说："给你妈点根蜡烛吧。""给我妈？她抛弃了我，把我赶了出来。"另一个犯人回答说："艾薇塔来看我，她跟我说，等我离开这里，她就给我工作，当时她就站在监狱这里。"

这个太重要了，很重要。说明那个女人对人有多热情。她像个伊玛目，她身上有种东西能让芸芸众生倾倒。这个很难解释清楚。超自然；老实说，我从没见过这种事情，因为在阿根廷全国有段时间，她几乎，几乎超过了庇隆。人们都忘记他们的领导人是谁了，因为她领导的人道主义运动实在是太出色了。她不想当总统，或者副总统，这样她就可以当艾薇塔，当 grasitas（底层人）、negritos（黑人）、污秽的人的女保护人。

艾薇塔的人生，你可以从那边那本书上读到，你马上就会意识到从她生下来那天起就很悲惨,因为她是非婚生子女,她父亲是个 *estanciero*(农场主),名叫胡安·杜瓦特(Juan Duarte),他和她母亲胡安娜女士(Doña Juana)一共生了五个孩子。从童年时代起,她就过得很辛苦。胡安娜女士在胡宁(Junín)有家 *boliche*(小酒馆),她就是在那里长大的。其他小女孩不想和她一起做家务,因为她没有合法的母亲和父亲,诸如此类的事情。所以,她很小的时候就被人看不起。以至于杜瓦特死的时候,书上说他们不让女孩们下马车,不让她们进去看她们躺在棺材里的父亲。

"这是我人生中的第一次打击,"她说,"是我这辈子最艰难的一次经历。"

当时她七岁。最后,有人出面干涉了;好像是个军人,她们才看到了父亲。过后,她们坐马车回家,那种拉货的四轮马车。她们回去做父亲为她们安排的事情,养活自己,她们经常哭,因为她们的父亲死了,但这个父亲,从来都不在她们屋里头,这就是说,艾薇塔早就是个遭受过很多打击的女人了。另一方面呢,庇隆早就学会了各种事情,他会拳击、击剑、滑雪、骑马。他是富家子。她最后嫁给了这个后来当了总统的男人,因为生活中发生的那些事情;我想他是去她工作的电台办什么事。他在她拍电影《马戏团马队》(*La Cabalgata del Circo*)的时候遇到了她。她是个艺术家;他们相爱了,后来就结婚了。

伊娃和伊莎贝丽塔(即伊莎贝拉)不同。我们尊重她,因为她是庇隆的妻子,但作为总统,拜托!她可能很会跳桑巴舞,懂得其他别的事情,但你不能拿她和伊娃相比。因为伊娃,作为私生子,她可能一无所知,但作为童年时代吃过各种苦的女人,她身上有些东西非常伟大,非常纯粹,非常高贵,那是只有伟大的人才有的东西。她爱穷人；她经常去棚屋，也不让人先消毒。这个太重要了。她会坐到床上面去。

有一次，他们说——这是个逸事——在她身边工作的几个女孩跟她说起一个家庭的事，一个男人快要死了。她就把负责这类事情的女人派到布宜诺斯艾利斯边上的那个小屋，那个男人的情况非常糟糕。那个男人对他妻子说："如果庇隆主义的人来了，不要让他们进屋。"

所以，女孩们，就是派去的那些社工，说："怎么可以这样呢？这位先生为什么不愿意跟我们走，去治病呢？"

她们就离开了，她们对艾薇塔说："阁下，这个人拒绝了我们，庇隆给的任何东西他都拒绝。"

"哦，好吧。"她说，她就叫了一辆警车，一辆救护车，带上三四个医生和一个担架，他们就去了小屋，她也去了，她把她那些漂亮衣服脱了，穿上一件浅蓝色的套装，就去了小屋。这是在拉马坦扎的郊区，我想。

她进了小屋，他对她说："女士，你想做啥？"

"我是庇隆的夫人。"他们说那个男人差点儿吓死了。

"你来这里想做啥？"

"我来带你走。"

"什么意思，带我走？"

"我来带你去医院。你必须现在就走，如果你不自愿跟我们走，我们就要把你铐起来，但你会得到治疗，因为你有四个孩子，你必须要把他们养大。"

"进来，"她对警察说；他们把他从床上弄起来，给他穿上裤子、鞋子，送上救护车，拉到医院。这是很严肃的事情。他的四个孩子和妻子都在哭,他还不想去治病。她给他妻子找了个工作,把三个孩子放在日托所,他们都快得肺结核了,还给他买了一块带间小房子的地,他出院后又给了他一份工作。后来他成了庇隆的擦鞋匠,可怜的人,说过庇隆的坏话。

这些都是艾薇塔留下来的逸事。她总是去探访小屋,她不像伊莎贝丽塔那样进屋前让人消毒。她会接触脓血,用手把脓挤出来,这就是为什么我佩服她,没别的原因。

这就是艾薇塔做的事情,但广播不说,你听到的都是不好的事情。说她是个艺术家,说她在电台唱歌,就像在电台唱歌是不好的事情一样。

还有一次——这是另一个故事了——一个年轻人过去跟她说:"阁下,好几天了,我一直想和你说话,但我进不来。"

"你有什么事?"

"你记得你给过我一间小屋吧,再过五六个月我就要结婚了,但有对已婚夫妇带着几个孩子搬进去住了。"

她就对他说:"那你什么时候结婚呢?"

"嗯,五六个月内。"

"很好,那我再给你修一个更好的屋子,因为到了一批新瓷砖,新马赛克,就放在另一个小屋旁边。就让他们在那里住着吧,我们怎么能把他们和5个孩子扔到街头呢?"

年轻人就对她说:"这就是你搞的社会公平?"

她按了一个按钮;两个家伙从屋子后面出来,把他带走了,再也没有人见过他。艾薇塔绝对是固执的,那是肯定的。他们一定是把他逮捕了什么的。他对总统夫人很无礼;她已经跟他说了:"我给你修一间更好的,五个月内就能修好。"我们怎么能把那对夫妻和五个孩子扔到街头呢?稍微想一下嘛。他侮辱了她,他对她说,这就是你搞的社会公平?她很强硬,有点暴力,但公平。

有个故事说的是艾薇塔去监狱探访几个男孩的事情。就在奥尔莫斯(Olmos),这里附近,因为这些男孩的母亲给艾薇塔写了封信,说如果可能的话,请她去趟监狱,和这几个男孩谈一谈,还说自己的儿子们从没偷过任何东西。

所以,有天艾薇塔就抽空去看了他们,对他们说:"我向你们保证,只要我们掌权,你们就会有工作,你们就会拿到不错的工钱,但你们也必须向我保证你们再也不偷东西了。"

但当时出了一些大事。我给你看个胸牌,这个对我来说意义重大,这个胸牌是奥尔莫斯的一个犯人给我的,上面写了我的议员身份,是手工做的。给我这个胸牌的人名叫胡安·皮卡(Juan Pica),他现在还活着,我不知道他最后去了哪里,*pobrecito*(可怜的人)。他偷了两个螺栓;他在一家公司上班,这家公司生产的东西是用来保护房子安全的,他想用螺栓来保护自己的房子,他的房子是那种预制构件房子,免得被风吹走。正好那个时候,洛佩兹·弗朗西斯(Lopez Frances),部长,偷了铁路的铁轨卖了,逃到欧洲去了,但他们却因为这个人偷了两个螺栓就把他关起来了。因为议员候选人最初的名单上有我,他就托人来找我。当时妇女还没有公民权,但他不知道,可怜的人,无知,不知道我没当上候选人。

但他找到了我,我就去了;他看到我:"你是罗尔丹女士?"

"是的。"

他说:"我用了一年多时间给你做了一个胸牌。"

手工做的东西真让人惊叹,他做的东西。

"我对着我的孩子和我的妻子、对着我的母亲和父亲发誓,我只偷了两个螺栓,没有别的,这是我有生以来第一次偷东西。"

他们判了他六年。所以我去了,有时候很难见到艾薇塔,我不能靠近她,那里有群人有各种办法不让你进去,你只能看着他们像铁桶一样围着她。我就给她写了一封信,附上我的姓名住址,详细说了那个人的事,说他用他的家庭和他的母亲、父亲发誓,他只偷了两个螺栓,请她尽量帮帮忙,他都关了快两年了。当月她就把他放了,这就是伊娃。1955年,他们逮捕我的时候,所有的材料他们都拿走了。我有一封他写给我的信——如果你看了,一定会让你哭出来的——"罗尔丹女士,你是我的母亲,你为我做的事,你就像我母亲一样。"他写信给我,因为他看到我的名字在名单上。我去看他,我和我丈夫一起去了他们这里的那个小窗口。皮卡,没错,一个小伙子,我没偷别的,只偷了两个螺栓,但另一个一无是处的人,却让自己成了亿万富翁,跑去了一个有很多很多雪的地方,带上了他从这里偷走的所有的钱。

"两个螺栓,我就要为其他人的所有抢劫付出代价。你相信我,我不是小偷。"他跟我说,他哭了起来。

所以,就这样,很多事情发生了,很多的不公,因为偷得多的人能够收买司法,让法官不说话,偷得少的人就进了监狱。

艾薇塔去监狱看他,看皮卡。我知道这些,因为他都跟我说了。

她尽她所能,看望了很多小偷:"我要帮你,来我办公室,我会让你离开这里的,你偷了什么?"

她还去看了一个偷了两只不锈钢锅的女人,艾薇塔问她:"为什么偷这个?"她说她没钱给自己的新生女儿买尿布,她打算把锅卖了，好给孩子买衣服。想想这个吧。

玛利亚女士：伊娃是穷人的太阳。

丹尼尔·詹姆斯：她很有人格魅力，她亲自为所有不公伸张正义。但如果不是靠这么一个了不起的女人，而是通过制度的改变，让不公正遁于无形，难道你不觉得这样会更好吗？

玛利亚女士：如果她的改革工作一直做下去的话……

丹尼尔·詹姆斯：但是，人一旦死了，她发起的所有一切，也就跟着没了，制度的不公还是存在，艾薇塔所做的，不过是让这个制度的不公变得不那么残酷而已。

玛利亚女士：人民的痛苦……

丹尼尔·詹姆斯：但她死了以后，还是有痛苦、有悲伤。

玛利亚女士：但是，丹尼尔，我们是人，我们在这个地球上有一段旅程要走，她活了33岁，她死的时候，可以说还是个女孩。她死了，但她留下的轨迹那么明亮，那么神圣，那么不同凡响。虽然她是总统的妻子，她本来可以过着被亮闪闪的东西和宝石包围的生活，本来可以活得舒舒服服的，但她献出了她的生命。她最后一次讲话，他们要扶着她，她才能说话，她想和她的人民说话，对他们说，"我要离开了，但我会化身千千万万回来"，因为她知道，她留下的工作如此伟大，如此庞大，我相信，共和国所有城镇周边，没有哪个简陋的棚屋没有对伊娃的记忆。珍贵的记忆，老年人的养老金、轮椅、床、床垫、房子、土地，甚至还有给女人们住的移动房屋，无家可归的女人，把自己卖给男人的女人。都到那个时候了，她心里想的还是 *mujeres de la vida*（过着皮肉生涯的女人），就像他们说的那样。她说她们是交出了身体的女人，我们必须要帮助她们，确保她们不会睡在街头。她连这些女人都想到了。

她说:"耶稣基督都不会看不起她们,我为什么要看不起她们呢?"

她有次讲话说:"我有什么资格敢看不起一个女人?我应该用我的裙子来遮住另一个女人的缺点。"真是了不起。凡是跟她打过交道的人,近距离见过她的人,追随过她短暂、充实的人生轨迹的人,都能充分认识到艾薇塔的价值。她像是下凡来的,像是有人跟她说:"待在阿根廷这里,做这件事。"人民永远感激她。

这个女人身上有很大的人格价值。想一下,她肯定有,因为她去梵蒂冈,教皇亲了她的手。教皇追随这个女人的人生,他没有对其他女人这么做,不是做了那么多好事的罗斯福夫人,不是对抗再生障碍性恶性贫血的居里夫人,也不是那些有大智慧的男人,他们总是忙着战争而不是和平。艾薇塔总是忙着去最贫穷的地方,去到处是脓血的地方,她清理脓血,治疗伤者。及时雨,这才是重要的。

她死了,庇隆就像失去了他的左膀右臂,这是否认不了的。一个女人在她办公室忙到天亮,这样,她才有时间解决共和国各种巨大的痛苦。实际上,她没有时间包办一切,只是做了她必须要做的一小部分好事,因为她死了以后,阿根廷共和国的情况还是很糟糕。她努力想要解决很多事情,但就像你说的,丹尼尔,她死了,制度也就跟着崩溃了。

玛利亚女士丈夫的死

我丈夫一直都是直接属于左派的人。他是1953年死的。他病了好些年了,但那些年很艰难,我们要吃饭,所以他一直带病工作,有时要靠止痛药。因为那个时候的态度是,"你没有用了,走开,家里待着去"。也没人说起退休金的事。这主要是庇隆以前的事。所以我丈夫不得不带病工作了整整十年。他得病是因为冷冻厂,这个毫无疑问。早年间,男人必须要用肩膀扛起半头牛。后来有了机器,他们说这是进步,但最初靠的都是人的体力劳动。有了庇隆,情况改善了一些,特别是引入机械线以后。我丈夫说:"你不知道现在工作有多好做了,我们有机械线了。"电动机械线把肉块送到去骨工面前,他用快刀子取出骨头,再用机械线把肉送到碎肉车间。

丹尼尔·詹姆斯:庇隆来了才有机械线的吗?

玛利亚女士:庇隆来了,什么都有了。机械化,各种事情。很快整个肉类加工厂都装了机械线。工会要求的。再也不要人用肩膀扛半头牛了。必须要有机械线;去骨工的工作本身就是重活,更不用说还要人扛起整个牲口了。所以,以前他们必须要做各种事情。牲口装在推车里,挂在钩子上,由另一个人推过来。要把它从钩子上取下来,放在工作台上。两个去骨工用刀处理一个牲体,一个在前,一个在后。但所有事情都要靠人的肌肉力量。去骨工把所有事情都做了,而且是全程站着做,地板很危险,油腻腻的,有水。他们必须要穿大橡胶靴子。总有摔倒的危险,整个牲口压在你身上。

我丈夫是个强壮的人,但他是人,不是野兽。电动机械线对他帮助大,工作更人性化了,但就算这样,他的健康状况还是恶化了。他的肾,本来就不好,后来更糟了,因为这个工作始终都是个体力活。只要牲口在工作台上,他就要把它搬来搬去,还得一直站着。他的工作只能站着做,不能坐。说起来容易做起来难。最理想的是不干这个工作了,但哪个来付他的疾病赔偿金呢?

丹尼尔·詹姆斯:就算庇隆时期的劳工胜利也是这样的吗?

玛利亚女士：这个嘛，劳工胜利不是这个样子，不是说你不干了，你还能每两个星期领工资生活。不是，医生会过来，他看你好点了，就说："好了，罗尔丹，后天你可以回去上班了。"他们很少给你一个星期的假。可以说，你要昏倒在公司的医生——一直都是公司的皮条客——面前，他才会说："好吧，这个人要留院观察，因为他病了。"

我给你举个例子，很能说明问题。事情就印在我脑子里。有个人住在阿苏尔小区（Villa Azul），圣卡洛斯小区过去一点。他叫了医生，因为他体温40摄氏度，高烧得很厉害，就是那种可怕的流感。所以，医生从冷冻厂过来看他。他已经在当地的急救站检查过了。他们给他打了针，让他躺床上休息，因为他得了支气管肺炎。等公司医生来了，检查了一遍，让他把舌头伸出来，谈了一小会儿，他就对他说："好了，朋友，明天你可以上班了，因为烧退了。"那个人听了，很绝望，因为他感觉很不好，他就下床把医生揍了一顿，结果两个人都进了医院。生病的这个人歇斯底里，还得了要命的流感，医生呢，骨头都要打断了。结果他们都进了医院，警察也来了。这是个真实的故事；他高烧成那样，他感觉很不好："我连厕所都上不了，怎么可能明天去上班呢，你这个畜生，你这是在对我做什么？你这是要杀了我。你还想要我早上4点就起床？"出了这些事情，不能过了就算了，应该把它们记下来，这些事情发生过，真事。

丹尼尔·詹姆斯：那么，在庇隆时期，1945年后在工会的带领下，劳工的胜利是什么呢？

玛利亚女士：这个嘛，事情变得越来越人性化了。工会朝这边拉，老板朝那边拉。所以一直都在斗争。有时我们赢，有时我们赢一半，有时我们输。比如说，一个人被刀子割到手指了，他也还是要继续上班,哪怕只是在厂里收垃圾,因为他们不会因为你待家里养手上的伤就付你工钱。老板的压力一直存在。就算庇隆时期也还是有斗争。带薪休假养工伤,是我们后来才争取到的,但这个斗争和福利对我丈夫来说来得太晚了。

最后他们不得不同意让他住院,他身体越来越差。他们会让他出院,然后再让他回来住院。最后,马约夫斯基(Mayovsky)医生跟我说,他们必须要动手术了。不是癌症,但肾脏出问题了。总之,马约夫斯基把肾脏取了出来,放在我手上。那是个十岁孩子的肾,完全萎缩了,消耗殆尽了。这就是结局。他恶化了,然后就死了。我一分钱赔偿金都没有拿到。我去法院打官司,外面的专家说这是他做的工作造成的,公司医生不承认,我输了官司。当时我们的房子堆着各种建筑材料,我们加了一间浴室,我们在外面搭了个棚子,种了玫瑰树。因为事实上我丈夫最后那几年,虽然身体越来越不好,但收入还是相当不错的。但他死了,我没法再待在那个屋子里头了。

我丈夫,我该怎么说呢?他有个纯粹的灵魂,那种灵魂能够分辨什么是消极的、什么是积极的。很难遇到这种丈夫或妻子。他总是跟我说:"在我看来,这么多女人在工作,她们必须要有女人来保护她们。有些事情,女人不好跟男工头开口说,好比说我这个月来月事了,我没法干活了,我感觉很不好。女代表就要去跟工头说。"他牵着我的手领着我。我丈夫对我说,"看,他们经常提到一个名叫胡安·多明戈·庇隆的陆军上校",那天我们正在吃午饭,"你知道雷耶斯这个人,他同他家人是从萨拉特(Zárate)来的;总之,他想见你,因为他说他们告诉他你这个女人经常反抗老板"。我并没有什么职位,我反抗,是因为我看到他们刁难一个年纪大的女人，"你为什么要这么对待她呢？难道你看不出来，她都可以当你母亲了吗？"这种事情，我做不到不说话。所以，厂里就传开了，说有个女人，胖乎乎的小女人，雷耶斯就来找我谈话，我的事业就是这么开始的。但基本的事实是我丈夫牵着我的手领着我。我不是一个人。

1955 年政变和庇隆的遗产

1955 年 9 月的政变把庇隆推翻了，人们并没有大惊小怪。我们知道会发生这样的政变，因为我们知道有人反对庇隆。所以，我们不是等着政变发生，我们也不想要政变，但政变并没有让我们感到惊讶。出于这个原因，我们打算出去捍卫庇隆。消息第一时间传来的时候，我在工厂上班，我们涌到街上，游行到拉普拉塔的圣马丁广场。这边的公交汽车和线路也马上准备好了，把大家拉去那里。我们发誓绝不抛弃庇隆。第二天没有举行罢工，因为工会领导层说我们第二天必须要上班。我们已经从工会活动中汲取了一些很好的教训，我们很有纪律。我们知道，我们必须要服从我们工会的力量。如果我们犯了错误，那我们所有人就都会犯错误。不能一群人朝左走，另一群人朝右走。我们要走的路，是宣示我们对庇隆的忠诚，希望他身体上、精神上一直和我们在一起。我们大声宣讲我们从庇隆那里领受的恩惠，说我们会为他抗争到底。但很显然，庇隆下台了，军队赢了，情况也就变了。有人说我们有义务继续工作，事情照样会解决。工会说不，说工人阶级过去一直都在斗争，现在情况好点了，必须要上街表示对庇隆的感激之情，他有危险了，我们必须去外面，直到工会宣布罢工结束为止。那些想回去上班的人，都是些害怕丢掉工作的人，一贯如此。他们是文盲，或者半文盲，害怕失去他们孩子的面包。当然了，这种情况根本就不会发生，因为工会的力量已经强大得足以覆盖整个国家了。也不是只有贝里索才有工会。阿根廷共和国各个地方都有工会。

罢工持续了两天。当局出动了两辆坦克，停在蒙德维迪亚街和里约热内卢街的交界处，那里是进入贝里索的主干道。他们什么都没做。他们就在那里维持秩序，因为总有些人是暴力的，那两辆坦克就像是说："我们在这里，冷静点。"女人带着孩子跑出来喊"庇隆、庇隆"，到那里就消停了，因为有坦克在那里。男人也一样，车子开到那里也就停下来了。一切都很平静，基本上可以说像是有一种家人间的礼数。起码在贝里索，我们可以说，没有警察虐待任何公民。他们慢慢把我们推回去，但也仅此而已。根本就没有发生任何事情。贝里索人很安静，因为那两辆坦克。这在当时也是必要的，因为如果那里没有坦克，大家可能就组队游行去拉普拉塔了，天晓得会出什么事情。所以，每个人都守在收音机前，事情会解决的，他们很快就会回去上班的。工会开着车用喇叭把这个消息告诉全城人，让每个人知道事情会和平解决的。

我们感受到了极大的悲痛。不仅是悲痛，我们还一边说，一边哭，因为我们身上发生了那么多事情，因为我们流了血才赢得了那些胜利，事情怎么就变成这个样子了呢？……现在，保卫一片面包也不是那么迫切的了，是那些死去的人在跟我们说："做点什么。"……这就是我们的感觉，但撤退也是必要的。第二天我们就回去工作了。根据工会的命令，总是根据工会的命令。

厂里头的气氛很奇怪。他们对我们表现出了极大的尊重，工头、车间主任、副工头、计时员。如果有超过四个人围在一起说话，水兵就会过来，安静地把他们驱散。这些预防措施你可以理解。我认为这么做是对的，因为冷冻厂里面有很多武装人员，拿着步枪和手枪。你来上班，你工作，然后你离开。不准开会和交谈。

丹尼尔·詹姆斯：但难道老板们不想利用庇隆下台的这个机会吗？

玛利亚女士：没有，因为公司，厂里发号施令的那些人，意识到眼罩已经从工人的眼睛上摘下了，工人再也不是盲目的工人了。他们允许我们这些代表继续存在，我们听从工会的领导。因为，丹尼尔，工会这所学校是美好的。比政治好太多了。最重要的是，这个学校教育我们要尊重资本，反过来我们才会受到资本的尊重。要有纪律才做得到这一点。所以，总的说来，发生的各种事情还是公明正道的。变化也有，就是不准讨论发生的事情，所以什么事情都没有发生。也有不少争论。年轻人说，我们不应该在这里工作，我们应该上街。代表就有义务告诉他们这是工会的命令，告诉他们乖乖待在他们的工作岗位上，等晚上我们在工会特别会议上讨论了再说，但在这之前，工会说了要回来工作，我们就必须要工作，要保持安静。这是真正的斗争。他们以为上街就能为庇隆做更多的事，但正好相反。你不能就这么决定让整个国家的劳工罢工。10月17日可以，但不是任何时候。工会势力知道自己在做什么，这就是为什么工会有书，要读这些书。

甚至庇隆下台以后，我们发现每两周我们工资信封里的钱还多了一些，待遇很人道，几个月过去了，几年过去了，我们还记得我们像骡子一样工作的那些年头，所以我们接受现状了，就算没有完全接受，起码也接受了一半。对于厂内的 revanchismo（复仇主义来说，他们也无机可乘，因为每天每个车间工会都有人来察看情况。这个人会跟工会书面报告说，他们什么时候在哪个车间和代表谈过了，一切都很好，都在控制之中。这是庇隆下台后才有的事情。他们知道那些人可以进任何一个车间，因为他们有工会的印章，工会是个权威机构，这个权威最终又是从部里来的；事情不是不清楚的，你租了房子，立了牌子，工会是个管理机构，老板必须要承认它，就算没有庇隆。

丹尼尔·詹姆斯：那为什么贝里索冷冻厂的庇隆派工人还是一直梦想庇隆回来执政呢？

玛利亚女士：因为工人，阿根廷男人，阿根廷的每个男人，他早上起床，吃些茶点，就不得不出门工作，他必须要有个偶像，虽然我们说，任何偶像脚上都有泥巴（都有缺点），他们会摔倒，摔碎，但我们还是要有个偶像，因为偶像就像是精神上的一种必需品。这就像很多人信上帝一样，但如果他们胸口这里不戴个十字架，他们就觉得自己没有和上帝在一起，但他们这里戴的其实只是一块金属而已。总之，庇隆是个神话，他已经是神话了。我在梅赛德斯监狱见过她们给艾薇塔点蜡烛。这是感恩的人民。因为如果你给人民办了出狱手续，他们是不会忘记的，而且人民还领了床、床垫、缝纫机、房子，或是一块地，或是能在诊所里休息。这是感恩的人民，感谢上帝，幸好事情是这个样子。那么，人民怀念的是什么呢？就好像在这个屋子里，这里有所有的一切，有牛奶、食物，但爸爸不在这里，庇隆不在这里。为什么庇隆没和我们在一起呢？如果庇隆是阿根廷人，那他为什么不在这里和我们在一起呢？人民心里就是这种痛苦，就这么简单。就算现在他死了，我们知道他死了，有个晚上我看到人们在哭，如果庇隆还在这里的话，我们身上就不会发生这样的事了。你就是必须要接受这个，丹尼尔，这就是人民。

玛利亚女士离开冷冻厂

我离开工厂是在 1956 年或 1957 年，具体时间记不清了。我不去那里工作了，是因为我丈夫跟我说，我们的女儿到了需要母亲照料的年纪了。她开始交男朋友了，儿子们也需要一个庇护所，父母亲都不在家，家就空了一半。孩子们可以过得很好，但本该监护他们的人却不在那里。除此以外，丹尼尔，我已经不幸失去一个儿子了，他 17 岁时死于小儿麻痹症。他是 1945 年死的，就在雷耶斯的两个兄弟死后不久，当时我还在葬礼上当着庇隆的面讲了话。等我参加完葬礼回家，我儿子坐在床上问我对庇隆说了啥。我就跟他说："这个嘛，亲爱的，我说了这个和这个。"他说，"了不起，妈妈，别停下来，要一直这么做"，这是他希望我做的事情，"千万不要放弃，因为爸爸喜欢你继续走这条路，你一定要继续走下去，我希望你这么做。如果很多人都来做你和爸爸做的事，你就会看到庇隆能让这个国家变得多么美好。"他和我一样，是半个从政的人，他会和医生谈论政治。总之，他得病了，我们看得出来情况有多严重，母亲必须要守在他床边，守在他轮椅边，和医生交流，去外地四处找东西，显然，我不能继续再在冷冻厂工作了。

丹尼尔·詹姆斯：但你儿子是 1945 年去世的，你在工厂一直待到了 1956 年左右。

玛利亚女士：但我还要照顾其他两个孩子呀，而且我丈夫坚持要有家庭责任感。因为女儿，多拉，已经是个年轻女士了，反正，一句话，这个家不能一直没人照顾。我们必须要考虑其他两个孩子，年轻人可能朝任何方向发展。这就是为什么我要离开工厂。我丈夫最后几年挣了不少钱，他死后，我拿到了他的退休金。而且就算我继续上班，我也经常缺席。我失去我儿子的时候，我就有点掌不住舵盘了。他死了以后，在我看来，在屋子里待着，从某种意义上说就是纪念他，因为我想起了我不在家的那些年，把我的孩子留给邻居。但我也知道事情不会有什么不同，小儿麻痹症还是会带走他，就像带走其他孩子一样，就像它对罗斯福的影响一样。所以，慢慢我就不去工厂了。我还是会尽量去工会露面。也就是在20世纪50年代，我找到了一份不需要每天都上班的工作，在拉普拉塔的一个赛马场卖门票；这个轻松多了，想工作的时候才工作。但离开冷冻厂的基本动机是想照顾我两个孩子，他们失去了兄弟，失去了父亲。现在他们长大了，要对他们自己的生活负责了，多拉也有了 novio（未婚夫），她说她想结婚，那我这个当妈的，角色就不一样了。我就投身政治了。但在这以前，每天出门八个小时，丢下十几岁的孩子不管，总归是不好的。

1955年以后的玛利亚女士、政治和庇隆主义

1955年后，我又和雷耶斯走到一起了，因为他重建了劳动党。我费了很大劲才和劳动党脱离关系，既然庇隆下台了，我们好像又有了机会。大家热情很高。我参加了雷耶斯的竞选活动，又像1945年那样走遍了全国各地。付出了那么多牺牲，庇隆大笔一挥就抹去了劳动党，这是我始终都接受不了的。多丽塔（多拉昵称），

我女儿，看事情看得更准，她叫我别跟着雷耶斯，说我不应该相信他。为此我们吵得很厉害。她是对的。1957年，雷耶斯选上了议员，但党失去了它的力量，所以我们就又回到了 Movimiento Peronista（庇隆主义运动），这是一切之母。我们还有其他的补救办法吗？我们只有一个议员，我们的主要领导人，他完成了他的任期，恶毒地攻击庇隆和艾薇塔；我们不能受这个人的摆布。我们没有真正的权力。我们又竞选了一次，事情并没有好转，很明显，到了有一天，他也意识到了此路不通，他就把党解散了。我们不知道他究竟做了些啥，我们不知道他是不是把党卖给了哪个人什么的。我们只知道，有一天，我们发现这个党关闭了，我们的党部关门了，房子也卖了。他给自己在拉普拉塔买了间房子，拿着他身为国家议员的丰厚的退休金，剩下我们目瞪口呆。所以，我们就又回到了庇隆主义。

1957年，我见了阿图罗·弗朗迪西（Arturo Frondizi，前总统，1958—1962年在位），阿图罗·弗朗迪西先生对我说："我们需要的是，我们党内有像你这样的女人。"我对他说："我们需要的是，我们党内有像你这样的男人。"但我也对他说："我不能做阿图罗·弗朗迪西的积极分子，你会原谅我的，因为晚上我经常空着肚子上床睡觉，我不是出生在寡头的摇篮里的，所以我本质上必须是个庇隆主义者，我们这些穷人和受压迫的人效忠的是那个伟大的军人，胡安·庇隆，我们不知道原因，但事情就这么发生了，他是我们的救星。"拿我来说，我根本就不可能成为激进党的积极分子，就算他们把整个世界都交给我。激进党人都是白领，他们是另一类人，我属于另一拨儿……艾薇塔把我们称为 grasitas（底层人）、cabecitas（小人物）、el populacho（老百姓）。所以，我对他说："我属于另一类人。弗朗迪西家的是亿万富翁，罗尔丹家的，贝纳维蒂家的,是穷人,看看这个不同吧,所以谢谢你,阿图罗先生,但是,不,我只是来和你打个招呼。"我继续从事正义主义(Justicialism)运动,因为那是我的路,我是对的,不是吗?庇隆给我指了这个路,我要继续和庇隆在一起,不管是死是活,这是我们的命运。

丹尼尔·詹姆斯: 当时你回到庇隆主义,但庇隆1972年才回来,这期间对你们庇隆主义者来说是不是很艰难?

玛利亚女士: 不,因为他给我们留下了启明星,留下了一条开阔的道路。有些人可能不懂得如何利用这一点,或者说理解这一点。他给我们留下了非常美好的经验。很多人理解他,其他有些人不愿意领会他说过的话。我总想着努力担负起一个正统庇隆派穷女人的使命来。我从不和那些想要改变庇隆学说的团体来往,他们想给这个学说添加一些东西。他给我们留下了一个原则性宣言,可以说是一个创始宪章,在我看来,这个学说很像基督的学说,我们必须要尊重这个学说。就这么简单。遇到问题了,我们就从这个学说里面找答案,读一读,我们就能发现我们自己的位置在哪里。比如说,他甚至还制定了一个基本的市政法。工人必须要知道这个,因为人们经常用水但不交水费,把水费单扔了,水都是政府付的钱。他们以为,有了庇隆,他们就不用交钱了。但庇隆让他们明白,不行,先生们,你喝的水,你屋子里头点的灯,都必须要付钱。一句话,他是在教化人民,要工人把体统立起来,因为国家作为一个整体要存在,要大家齐心帮助国家才行。有些时候,我几乎拿不出钱来交给卫生局(Obras Sanitarias),但我还是坚持缴费,因为我用水了,因为卫生局的存在要靠人民。在所有这些问题上,庇隆都着手开始启蒙人民。

一个父亲死了,他走了,不在了,他只是同他的孩子说说话,就留下了这么多美好的东西作为遗产交给他的孩子。虽然他没有留下金钱，没留下物质遗产，但他留下了一份精神遗产，这是最好的东西。我记得，我父亲身上的很多东西让我受益匪浅，就像他给我留了一块地、一个 estancia（庄园）一样，因为我父亲给了我很多极好的忠告。庇隆给我们的定位很清楚，大多数人都理解他。庇隆总是说要节省每一个比索，因为困难时期就要来了，黑暗的日子，很多事情会发生，不要浪费，要照顾好你的工作，照顾好你的健康，照顾好你的孩子，教育他们，不要让他们失学，给你的孩子接种疫苗。一个父亲，就是这样。

丹尼尔·詹姆斯：政治，你喜欢它哪些东西？

玛利亚女士：我喜欢星期天的活动。各个候选人说起他们想做的事情。说起来容易，但付诸实践就很难了。有很多问题。比如说，这里我们搞了一个婴幼儿膳食计划，因为很多孩子不在家吃饭。有些孩子没书，他们只能借同学的书来抄，因为他们的父母买不起书。还有孩子住得离学校比较远，又没有钱坐公交，只能走路，天上还下着雨。还有生病的孩子看不起医生。所有这些问题都需要解决，政治就是做这个的。在我看来，政治意味着成为人民的恩人，特别是年轻人和老年人，就像庇隆说的那样。最受苦的就是这两部分人。

丹尼尔·詹姆斯：那么，对你来说，你所实践的庇隆主义政治有很强的道德内容？这是一种行为方式，要联系群众，我觉得这和你的宗教信仰有很大关系。这两者之间是不是有联系？

玛利亚女士：这个嘛，比如说，我在投票厅工作台告诉他们应该去哪里投票，一个女人来了，全身上下脏兮兮的，肚子这样挺起，带着三四个孩子，黑人，被抛弃了，我就对她说，女士，坐下来，你住哪里呀；我跟她说话，就和跟穿着皮草刚从车里出来的人说话一样，因为在我看来，这是一个人，和其他人一样；我的优点就是有感受力，能够同等对待我的同胞，不管他们是这样还是那样，对我来说，他们都是人，这个很重要……爱人就是爱每一个人，就是爱满脸都是鼻涕的孩子，就是爱酒鬼，帮他过马路免得被车撞了，就是去爱，艾薇塔就是这么做的，这就是政治。

我不是天主教徒，我是浸信会教徒。我坚定信仰耶稣，我相信他是为了我们才死在十字架上的，我相信我们大家都是凡人，但只要我们还活在这个世界上，我们就不能伤害任何人，不管他是黑人、红头发的人，还是白人，不管他半裸着身子，还是穿着衣服；他是我们的兄弟，他和我们一样，都在生命的道路上走向死亡的终点。我就是这么看人的，在我看来，这也和政治有关。绝不能伤害任何人。

60年代初，我第一次在地方政治中扮演了一个角色，当了市代表。我发起了一个计划，那些想当孩子教父的成年人，可以认领一个孩子，负责每个月给孩子一些食物和衣服。在当地诊所治病的孩子，也被列入了计划。接下来几年，这个网络建起来了。我还是市政府的学校代表。我可以视察任何学校，检查窗户，看他们是不是有暖气，椅子是不是坏了，缺不缺作业本。做这些事情我什么都不图，我没有拿钱，我觉得开心，很满足。

我认为社会正义是庇隆的宏伟目标。但我们得到的只是一个相对的社会正义。庇隆解决不了人民的所有问题，那十年他挨了很多骂。他三次当选总统，但时间还是不够，事情不可能一晚上就改变。阿方辛（Raúl Alfonsín，激进党总统，1983—1989年在位）说他可以一晚上改变国家，他改变不了。人民还是继续受苦。孩子死于饥饿，母亲不停求医生给她们做手术，结扎手术，她都生了六个孩子了。她们不想再要孩子了。但她们做不了手术，因为她们没有钱。这种事情我在贝里索见得多了，很多母亲已经有了几个孩子，她们求医生做手术，这样她们就不会生下更多的孩子来了。但是，不行，女士，这是被禁止的。但如果你付得起钱，就不是被禁止的了。所以，只存在一部分的社会正义。庇隆想做得更多，想真正为工人做事，他就只能去西班牙了，当他真正想要实现社会正义的时候，他们就把他赶跑了。

  社会正义，这个神圣的字眼，是生命本身的一部分。人还在子宫的时候，他就和这个词有关了，因为他需要充足的营养，生下来才健康、强壮、幸福，孩子感觉得到母亲的反应。如果母亲哭着说晚上没东西给孩子吃，在母亲子宫里的孩子就会感觉到母亲的痛苦和折磨。这是医学事实。还在母亲的子宫里，人就已经感觉得到幸福和悲伤了。来到这个世界上，每个婴儿是不平等的。在一家悲惨的医院出生是不一样的，生孩子免费，因为他们必须要照顾产妇，但这里没有在诊所生孩子的女人的那种幸福，她有鲜花，她家人带来她需要的一切东西。所以，"**社会正义**"这个词相当重要，但我们只实现了一部分。问题一定程度上出在政党身上。激进党人和庇隆主义者用了三个月时间讨论离婚问题，但他们只字不提怎么为他们的人民提供社会保障。确实，离婚可能相对而言是个好事情，但对穷人、工人没好处，他们的当务之急是找到一片面包。两个大党都是这么做事的，激进党人和庇隆主义者，这使得人们对政治提不起真正的兴趣。一个人去工作，他上面有老板，他要等到月底，他家里需要各种各样的东西，但他必须要等到月底才拿得到比索，与此同时，政客们还在废话连篇。这个人不会对政治有任何兴趣。他投票，因为他必须要有个戳，证明他投过票了，各种市政文书，就连登记一辆自行车，他都要出示自己的身份证。他投票了吗？投票是强制性的，所以他投了，但他投完票回家，可能比选举日之前还要伤心，因为他心里想："不管哪个赢了，他们会做些什么呢？"因为人民受够了谎言。我知道贝里索这里有些政客，他们跟20或50个人说他们可以领市政工资在这里那里工作，他们说，如果我们赢了，你们就能保住工作，我们输了，你们也就失业了。这是在玩弄人民嘛；这是很可怕的事情，非常肮脏。很多普通人同意做这种事情。但他们这么做，不是因为他们坏，而是因为他们绝望，没有工作，所以他们以为这些人当选了自己就能保住工作。他们就是这么拿到选票的。这违反了庇隆教我们的东西。他说每件事都应该摆在台面上，每个公民投票都应该听从他的良心。一个人可能不是庇隆主义者，但他可能是比庇隆主义者更好的人，他照顾他的家庭，辛苦工作，诚实做人，从没洒过热血，他不一定要成为庇隆主义者，庇隆是这么说的。但他们还是没有学会这一课。我是个政治领袖，我怎么可以收买这些人的良心，跟他们说，我们赢了，你们就有工作，我们输了，你们就要流落街头呢？我这是在利用他们，把他们当成家具来使嘛。那些同意让人利用自己的人都是些快要淹死的人，需要救命稻草；他心想："我要支持他们，我没有工作，我妻子擦地板，帮人洗衣服，这样孩子才有吃的，可能他们会赢。"就这样，我们成功地把政治变成了肮脏的东西，像是做见不得人的生意。这让人幻灭，人民明白这些政治罪犯制造的垃圾，他们是政治上的矮子。

这样一来，唯一得到好处的人就是考迪罗（caudillos，拉美军事或政治领袖）了。这个国家总是存在考迪罗。三四十年代的保守派，选举期间经常给2000人准备烤肉。有一次，我和一个很有名的医生聊天，这个医生也是贝里索这里的政治大人物，我对他说："你看，医生，你不会出去检查一个人的肝脏看他是不是得了结石，同时还跟这个人讨论政治。医生要遵守他的誓言，治病救人，但政治完全是另一回事。"所以，那个时候，弗朗西斯科·曼里克（Francisco Manrique）跟我说，如果我不加入他的阵营，我就不可能当上议员，还说我陷在了非常情绪化的东西里面，我就跟他说："弗朗西斯科先生，我陷在了我自己的信念里。这个是我父母留给我的，最重要的是始终如一，只服从一个真理；所以，我不能把我自己卖给出价最高的人，我做不到，成千上万的其他庇隆派工友也做不到。我们需要一个光荣的卫兵来捍卫正义主义。"

事实上，工会制度比政治好多了，工会斗争比政治更美好。政治有犄角旮旯，他们好藏东西。在工会，一切都要公之于众，公开了，你就可以看出错在哪里了。以我为例，候选人名单把我的名字拿了下来，换了一个有钱的女人。我要当议员了，一个很有钱的女人出现了，这个我啥都不知道，我是个为自己家庭福利奋斗的人，当然了，我们都想生活得更好，但我从小心里就想要为弱者奋斗，因为我父亲就是这么教我的，因为生活这所大学就是这么教我的，这些东西书本上没有，但打动你的心。另一方面又有谎言，有背叛。这个人撕心裂肺地又喊又说，有人却在幕后说："让她说，反正最后我会出现在候选人名单上，因为我会出钱。"在工会，没有人需要拿出更多的钱来，除了缴会费。在工会，书本都是交给会员查阅和控制的。政治不是，政治有个房间，还有个门厅，你在下面相信上面那些人，那些上面的人，他们炮制候选人。这些都太肮脏了。工会代表的是更高尚的东西。工会斗争更接近耶稣，因为耶稣是个工人，每个为了一片面包而奋斗的人，本身就是有尊严的。工作的人有些地方可能不好，当然，我们每个人都有缺点，但他绝不会像政客那样阴险邪恶。工作的人基本上都是好的，就因为他们工作。

庇隆主义在这一点上同样不好，我这么说，是作为一个参加庇隆主义运动的女人来说的。围在庇隆身边的那些人都想把他们自己安顿好，让他们自己的后人过上舒舒服服的生活；所有这些人都是拍马屁的人，是因为他们只想填满他们自己的口袋，不是因为他们爱总统，不是因为他们想让他坐稳里瓦达维亚的位子。真正爱庇隆的，是劳动人民。

丹尼尔·詹姆斯：但这样的话，如果有另一种庇隆主义，更工人阶级的庇隆主义，你是不是觉得会更好？

玛利亚女士：那是我们想要的，但不幸的是，它变得越来越资产阶级了，玛利亚·罗尔丹和那个有钱女士的事情说得很清楚了，那就是个寓言，可能100年里有那么四个，那个人带着钱来了，进了议院，开始立法。啥？如果她从来都不缺食物给她的孩子们，如果她身边总有两三个仆人，如果那个女人有财产、租金、车子、宫殿，如果她有所有一切，她说得出来我说的那些话吗？她说得出来我经历过的那些痛苦吗？我带着孩子在冷冻厂经历过的痛苦，我童年时候经历过的痛苦？所以，它是变成资产阶级了，还是没变？因为他们在立法机关安排了一个有钱的女人，不安排贝里索来的女工？这里你就找到原因了。因为她带了她的美元来，罗尔丹女士什么也没有，只会讲道理，凭高贵和能力获得的权利才是她这个穷女工的。这就是庇隆主义变成资产阶级的原因。

丹尼尔·詹姆斯：庇隆为什么会让这种事情发生呢？

玛利亚女士：事情就这么发生了。你看看庇隆主义的那些领导，从拉基亚卡（La Quiaca）到火地岛（Tierra del Fuego）的所有领导人，他们基本上全都是有钱人，没一个穷人。

丹尼尔·詹姆斯：那你为什么还是相信庇隆呢？

玛利亚女士：因为我们还是要尽可能地相信。因为多亏他，我们才有了妇女公民权，有了退休金，这样，我们就不会像匹老马一样死在饥饿广场了。今天我刚兑现了我和我丈夫的退休金。我不是什么有钱人，但我可以买块牛肉，买升牛奶，我还过得下去。这个是庇隆留给我的，因为以前不存在这些事情。他们说庇隆以前有法律，但那些法律是被塞在满是蟑螂的柜子里的。

丹尼尔·詹姆斯：你的这种批评，让我想起了70年代人们对庇隆主义左派的很多批评。这种相同之处，让你觉得困扰吗？

玛利亚女士：这么说吧，我很满意我说的话，因为这是事实。现在朝左走了，是的。如果庇隆主义左派指的是极端、暴力，那我不愿意认同这种左派。

丹尼尔·詹姆斯：但"左""革命"这些词对你来说还是有意义的吧？

玛利亚女士：我们的运动是革命的。

丹尼尔·詹姆斯：在有些方面，庇隆主义也是左的？

玛利亚女士：必须的，因为不可能是右。我不赞成极左，但当然了，我偏左，而不是偏右。我们必须要偏左。我们不想杀人或是被人杀，我们希望人民的意愿受到尊重。

冷冻厂关门

丹尼尔·詹姆斯：我听不同的人，上了年纪的人，说起冷冻厂，他们常常给人这种感觉，就是在某种程度上他们把工厂发生的事情怪在工人自己头上，认为工人太占优了，公司不愿意再继续亏损经营下去了。

玛利亚女士：这个嘛，当然，有些人的行为很糟糕。但说这些没有任何意义。公司从来就没亏过钱，情况一直都很好。比起公司从这里捞走的巨大利润来，他们付给工人的钱简直就是个笑话。你说这可能吗？丹尼尔，他们要我们工作十一二个小时，我们这么工作就是为了让他们亏损吗？出口了成千上万的牛犊子。有时候他们都没有牲口可杀的了。如果还是用那种速度杀牲口，他们怎么可能亏损呢？他们应该把工厂国有化。到现在，我们还在和斯威夫特斗争，想要接管工厂所在的那块土地。

丹尼尔·詹姆斯：嗯，但他们谴责说那是共产主义。

玛利亚女士：我不这么看。我认为这是国家进步的过程，如果这就是共产主义，欢迎。但为什么要把政治牵扯进来？不管是阿根廷公司，还是外国公司，如果它要招工，它不会问他们是怎么想的，不问他们是激进党人还是庇隆主义者，是共产党员还是劳动党员。他们要做的，是检查他们，看他们是不是有生产力；他们检查眼睛、耳朵、血压，他们抽血化验。他们不关心你是怎么想的，你是哪个党派的人。这是显然的。这里发生的事情，就是公司觉得厌烦了，基本上可以这么说，他们厌烦挣钱了，厌烦这么多利润了。所以，有一天，他们说："Basta（够了），阿根廷。"对我们来说，这是个悲伤的事实。实际上，任何事情都有个限度，就像是到了这一年，利润挣了这么多了，冷冻厂和他们还有什么关系呢？只是些砖头、灰泥而已。美元早就安全地存在银行里了。但对我们来说，这个太重要了。没有人愿意费心想想可怜的阿根廷人，可怜的小黑人,他们现在该怎么办?英国股东——有人说是英国犹太人——下了命令,他们就把工厂关了。作为阿根廷人,这件事上我看到了太多的残忍。此外,他们还推倒了阿莫尔工厂。当然了,这个事上感情算不了数。太忘恩负义了,不只是这里。他们在全国各地关停工厂。寡头,傲慢,野心,想当官,这些都比真诚的情感算数。这里起作用的是撒旦的故事,打动了他们。撒旦说:"*Basta*(够了)!让工人去吃草,如果有草的话,冷冻厂反正是关门了。"所以,不要怪四个白痴过去的行为很糟糕。我丈夫告诉我,1917年这里也很可怕。他说他父亲跟他说过那年罢工的事,还有公司是怎么应对的。他们在工厂前面架起机关枪朝人开枪。带头的人死了,很多人就回去工作了。不回去,他们就到你家里来。他们杀了人,还把尸体扔到工厂边上的锅炉里烧了。至少他们是这么说的。他们利润丰厚的时候,他们不把工厂关了,他们杀人,好让工厂开门,他们需要越来越多的人工作,要他们上夜班。所以,公司没有亏钱,最后发生的事情是一种寡头现象。

屠宰车间的历史很悲惨。经常有这种事,他们会对一个工人说:"你去 *playa de matanze*(屠宰场)工作。"这个人就说不,"我不擅长杀牲口"。因为你要用锤子敲它们的脑袋,电棍是后来才有的。我丈夫跟我说:"我可以做任何工作,但我不想去杀牲口,任何工作,除了这个。"所以说肉类加工厂工人的生活很悲惨。到处都是鲜血、油脂,还有传染性疥子带来的马耳他热,染上这个病,就像被蛇咬了一样。所以,从很多方面看,都是一种悲惨的生活。好嘛,现在他们说他们要关门了,因为有些工人的行为很糟糕。不是!他们关门,是因为可观的利润到头了。我们无论如何都会熬过去的。但这太忘恩负义了。我很清楚里面那个黑地狱,每个车间我都去过……我不会说那里一直都是地狱,但年复一年,上帝做证。冷藏室你怎么说?进到里面工作的人,脚上都要套个袋子,有些人冻僵了。医生对我们这些代表说,进到 camera(冷藏室)里面,人的心率会急剧变化,他们出来时脸都变紫了,这时你去摸一下他们,就会发现他们里面都白了。变成紫色是因为寒冷的冲击。所以,公司亏损?损失了啥?天哪,损失?我们才是遭受损失的人,我丈夫在那里面赔上了他的命。他不去冷冻厂的话,可能他现在都还活着。所以,我不知道,想起来就不舒服,活脱脱的脏地方……

丹尼尔·詹姆斯:脏地方?

玛利亚女士:地板上的血,一块块脂肪,人拿着扫帚搞清洁,但不管怎么打扫,冷冻厂始终都是丑陋的。它不像其他工厂,比如说纺织厂,生产的是干燥、干净的东西。在冷冻厂,你始终接触的都是动物的鲜血,脂肪,筋腱,骨头。不断要接触冷东西。肉总是冷的。更糟糕的是他们还有冻肉。你知道拿刀切冻肉是什么感觉吗?

玛利亚女士谈福音派和神父

丹尼尔·詹姆斯:你为什么会成为福音派信徒呢?

玛利亚女士:这个嘛,我母亲影响了我。她是福音派信徒。说起来话长。贝里索工人区的天主教神父是个纯粹的灵魂,但罗马天主教会包含了很多可怕的东西。别忘了,宗教裁判所就是西班牙天主教会搞的。他们杀了很多人。耶稣不杀任何人。正相反,他对瘫痪的拉撒路说:"起来行走罢。"有些神父和修女为他们的同胞献出了生命,但他们大多数人生活得很好,不用工作。

我们福音派知道耶稣死在十字架上是为了救人，耶稣的鲜血洁净了我们所有人。但要和耶稣在一起，真正和耶稣在一起，我们必须要善良，不伤害任何人。我们必须反对伤害人类这个种族本身的任何事情。就是这个，让我们成了福音派信徒。这个信仰是我童年时代确立的，当时我探索各种信仰的真理。我是从犹太会堂知道耶稣是犹太人的。这个我接受。但我不能接受的是，我女儿必须去找讲台上那个穿着黑衣服的人，跟他说她遇到了什么事情，他要问她身体上的秘密，这是圣洁纯真的东西。我认为，我们只能对一个人，对耶稣，吐露我们的秘密，我们的痛苦。人是罪人。我们的牧师不能在教堂和我们交谈，除非有他的妻子孩子陪着。媒体上有太多神父侵犯年轻男孩的坏事情了。我读了这些事情，我就动脑筋思考。从小我就想找到真理，拒绝不公。

有一次，我14岁的时候，我去看一个瘫痪的朋友，同路的还有他母亲和我母亲……我们碰到了一个女人，她坐在楼梯上哭，我们问她怎么了，她说她没钱坐公交。这时路过了一个修女，手上拿了一个基督铜像，一大串钥匙，一大堆装饰品。我们就跟她说："姆姆，这个女士没钱坐公交。我们也没钱，我们的钱只够我们自己回家。她是来看她儿子的，现在没有回程的钱了。"修女就说："让她问过路的人要，人们会给的，他们都是好人。"但她连五分钱都不肯给我们。过后不久，就是这家医院，买了一个铜钟，肯定花了不少钱。我14岁的脑袋瓜子就开始转起来了，我想的是天主教会的做法，这个教了我很多事情。教会有钱，但不是给穷人的。这就是为什么不久以后我就成了福音派信徒。我觉得救世军（Salvation Army）比所有那些装饰品，比到处戴着十字架的黑衣服做了更多的好事。我知道，受洗的那一刻，我就变了。我母亲对我说："玛利亚，你变了，你是另一个女孩了。"我回答说："我没有变，是耶稣改变了我，因为我把我自己交给他了。"因为我四处寻找更好的东西，寻找我觉得我需要的东西。

丹尼尔·詹姆斯： 你的基督教信仰和你的工会活动有过冲突吗？

玛利亚女士： 没有，因为你在公共场合讲话，你提到耶稣名字的时候，就是耶稣在对那些拿着镰刀的村民们讲话，他们告诉他，自己干活了，但拿不到报酬。"土地必归于穷人。"说到底，政治问题和宗教问题没有经常混杂在一起，因为耶稣在人之上，他是支撑我们人类继续生活下去的强大力量。我们死的时候，我们嘴上说的是 *Jesús mío*（我的耶稣），或者 *Dios mío*（我的上帝）。

天主教会是世界范围的大事业，现在人们开始拒绝它了。你在贝里索也注意到了。我们要扩大我们的教堂，好容纳所有人，天主教堂空了一半，因为人们注意到了教会内部的社会差别。一个仆人结婚，娶的是给富人洗东西的穷女孩，神父画个十字祝福他们，宣布他们结为夫妇，他们就回家了。但一个有钱人娶另一个付得起钱的人，就有漂亮的地毯、鲜花、灯光，有女高音来唱古诺（Gounod, 1816—1893，法国作曲家）的《圣母颂》（*Ave Maria*）。换句话说，我是有钱人，基督就给我所有这些奢华的东西，我是个擦地板的，我就听不到《圣母颂》了。我和她一样是天主教徒，但她进教堂穿的婚纱下摆有十米长，要孩子们托着。耶稣不要这个，耶稣要的是平等。圣餐仪式也一样。有些人穿着她们的校服领圣餐，身上都是污渍，其他女孩领圣餐穿得像新娘，头戴白花冠。为什么会有差别？为什么我女儿穿校服张嘴等着领圣体时要看着其他那些身穿白纱的人呢？神父为什么不说每个女孩都该穿她们的校服呢？为什么不说人人平等呢？人们开始想这些事情，开始发现天主教会里不存在平等。在贝里索，商人的女儿领圣餐时穿得漂漂亮亮的，就像新娘一样，他们花得起钱，就像这是场小型婚礼。其他女孩回家，换下她们的校服说："我领圣餐了。"我认为，这是对社会、对纯真的侮辱。但孩子已经注意到了穷人和有权有势的人之间的不同。正是在这里，我们就有了一种工会的力量。他们没有意识到他们这是在帮忙教育一批叛逆的人。女孩回家后跟她母亲说，你看某某人，她穿的那个衣服呀，母亲只能叫她别说了，喝你的牛奶，吃你的东西吧，母亲说不出话来，可能女儿穿去上学的那件校服也是学校发的，她都没有花钱买。所以，这就是具体例子，可以看出受苦的人和过得好的人之间的不同。连圣餐仪式都可以看得到这种不同。一边是穿着校服的工会，一边是穿着白纱绸缎的权贵。很容易把他们区分开来。

玛利亚女士谈大男子主义、家庭、堕胎和离婚

丹尼尔·詹姆斯：你说到了老板对工人的尊重，但工人之间的尊重呢？男女之间，男人尊重女人吗？

玛利亚女士：不，男人总是处于支配地位，但我们也让自己赢得了尊重。现在，当然，这在政治上很难。实际上，在政治上，你可以说女人完全处于被支配地位。候选人名单，难道我们看到的不是20个男人和一个女人吗？

丹尼尔·詹姆斯：在庇隆派男工友中间，是不是很难让自己受人尊重？

玛利亚女士：他们很尊重我。我的这些男工友们很爱我。

丹尼尔·詹姆斯：想想我自己在英国的经历，即便和工会积极

分子在一起，男人，也要很费劲才能让他们认真对待女积极分子。

玛利亚女士： 不是的。相反，我很受人认可，那些工会代表都来问我怎么解决问题。比如说，"玛利亚，你是怎么想的，有个工人这样那样，我该怎么办，要不要采取行动，因为他来晚了，而且每次来都是怒气冲冲的"；"现在不要管，上班的时候你不要理论，过后到外面喊他到工会来，我们就都来讨论一下这个问题"……不，我相处得还可以，他们很喜欢我，我没什么可抱怨的。

丹尼尔·詹姆斯： 那你刚才说到的那种大男子主义呢？

玛利亚女士： 这个嘛，但这个更多和政治方面的事情有关。比如说，最近我们开了一个会，有人说，罗尔丹女士很能干，会演讲，应该坐上参议员、议员的位子，不要把她埋没在我们这些人中间了。太幸运了，我们中间有罗尔丹女士这样的人。我知道，这些话有些男的不爱听。男人就是男人。我没什么痴心妄想。我都活到这个年纪了，我什么都不想要，丹尼尔，我从心底里发誓。有时候我搞点政治，只是不想那么无聊，因为我这里有庇隆，我很爱庇隆，庇隆死的时候，我都想死了，我哭了好多次。

丹尼尔·詹姆斯： 你是不是觉得你丈夫有点不一样呢？因为从那个时代男人的普通做法来说，他真的很理解你，看起来你们两个之间是一种真正平等的关系。通常说来，出门工作的女人都要面对这个问题，就是家里的男人希望她做晚饭。

玛利亚女士： 但这些都是琐事，不值一提。我该怎么说呢？那个时候，你做牛排、沙拉，给孩子一杯牛奶。我想，每个把自己的妻子带到冷冻厂门口找工作的男人，如果他们把工作给她了，她每两个星期也把工资袋拿回家了，那男人也要搭把手，两个人要五五开，因为妻子不能既去冷冻厂工作又要做所有家务活。

丹尼尔·詹姆斯：我同意，但问题是，典型的、普通的男人是不是……

玛利亚女士：可能会有你说的那种情况，但我知道的，我车间的女人，没有。正相反，所有丈夫都主动出力："vieja（老婆子），今晚我们吃啥？我要做啥？""好吧，"妻子赶紧说，因为工头总在旁边盯着，"削几个土豆，一个洋葱，准备点红酒，一些面包，啊，还要给孩子一些牛奶。"男人就要做这些家务，等妻子回到家，饭菜就摆在桌子上了。所以，这是合作。很容易。我想，每个出门上班、带比索回家的女人，都想要这个。因为女人生来就是要在家带孩子，养孩子，照顾家，搞卫生，但现在很多女人都要工作，70%的女人出门上班，帮助自己的丈夫，我说的是所有出门工作的女人，不只是肉类加工厂工人。

玛利亚女士：……说起离婚，一段感情到了要离婚的地步，孩子最后落到 juez de menores（青少年法官）手上，因为丈夫要争取留住孩子，妻子也要争取留住孩子。我随时都可以和我丈夫离婚，没问题，我丈夫也可以和我离婚，没问题。那孩子呢？问题总是孩子。

丹尼尔·詹姆斯：你也反对堕胎？

玛利亚女士：是的。

丹尼尔·詹姆斯：在英国和美国，让我吃惊的是，过去，堕胎在工人阶级中是普遍现象，唯一的区别只是有钱人住得起医院，工人阶级女性只能在棚屋里偷偷堕胎。

玛利亚女士：是的，还有感染和死亡的风险。在我看来，科学已经到达那些最贫穷的棚屋了，那里也有了安全套，以免怀上孩子。

丹尼尔·詹姆斯：在40年代的贝里索，你工友中间有人堕胎吗？

玛利亚女士：这里，贝里索的所有医生都堕过胎，基本上所有的医生，接生婆，也死了不少年轻女人。我有些工友，pobrecitas（可怜的人），她们想终止妊娠，这样她们才能保住工作，或者，她们有了身孕后被男人抛弃了，怀了三个月你就打不掉了，所以要堕胎。这意味着要找人帮忙，要钱，从工友们身上筹钱，因为我要找接生婆打胎，我不能要小孩，我单身，我怎样才能保住工作？我怎样才能帮助我母亲，因为孩子生下来后，我母亲要照顾他？当然了，这是可以理解的。

丹尼尔·詹姆斯：这在英国和美国很常见，结了婚的女人想继续工作，她们已经有三四个孩子了……

玛利亚女士：在我看来，女人有了孩子，还想要孩子，不停地要，这是很合理的。当然，问题是性教育不成体系，男人和女人，所以女人随时都有可能怀孕，但却没有想清楚为什么要怀孕。当然，讨论这个问题很难、很微妙，因为做这些事情是不合法的。但是，如果有人遇到这种困难求你帮忙，你就要帮忙，因为她们无论如何都要做，总有医生、总有接生婆会做这个，甚至还有江湖医生，所以，发薪日没有人会拒绝贡献一个比索。你会为你的朋友或工友做这个。这是很危险的。有个恩塞纳达（Ensenada）来的女人，老板让她怀孕了，很有钱的男人，她是个穷女孩，很漂亮，他许诺说要娶她，肚子就一天天大起来，最后堕胎时，他们没有保住她，她死于大出血。她这个穷女孩，从北边来的那些天真的女孩中的一个，她们相信，因为她们把自己给了一个男人，这个男人为了孩子要娶她们，没有人会说三道四。当然，法律是禁止的，一直都是禁止的，但事情还是做了，每天，每个晚上，世界上每个地方。

我想，很多家庭这个情况已经变了。我知道贝里索很多家庭，他们只要两个孩子，他们不想多要。

玛利亚女士谈战争与和平

这是我有天晚上写的。我读给你听：

我们生活在一个充满了武器装备的世界，这个世界充满了恨，武器支配了每一天。很久以前，爱就消亡了。裁减军备，首先意味着根除人们心中的恨，这样，爱在人们心中才有空间。爱。这个词，这个主题，在一个充满了利己主义的世界上超越了人类。在这个世界上，少数人拥有一切，其他人一无所有。在这个世界上，他们修起墙来把人们隔开，因为在他们看来，爱是一个空洞的观念，致力于爱的事业没有前途，人活在贪婪和自私的基础上，人的良心沉默不语，只有膨胀的字眼，这些字眼是从权贵们桌子上掉下来，交给穷苦人捡拾的面包屑。

但愿我们能摧毁我们的原子武器，消除侮辱和谎言，消除人类的私心和仇恨。但愿我们能为千万人的心里带来希望，他们失去了自己所爱的人，失去了他们的工作，或是遭遇了个人危机。但愿我们能为那些挤在一个屋檐下的家庭提供体面的住房，但愿我们能为那些既没有食物也没有屋檐保护自己孩子的母亲提供遮风挡雨的地方。这是耶稣的信息，但还没有到达权贵们那里，他们的宫殿铺满了各种各样的便利设施。我们这些穷人知道，即便如此，他们也觉得他们自己是一个没有意义的世界的囚徒，这个世界是他们自己建造的，这个世界不能让他们懂得尊重那些受苦的人的痛苦。

我们这个时代的男男女女，尤其是那些有钱人，充满了同情心，但我们想问他们，他们是如何对待他们的父亲和母亲的。他们经常谈起他们，但他们不和他们交谈。他们抱怨他们的疾病，抱怨他们的陈旧观念，他们的退休金，他们的医疗费用，但他们不想想父母亲为抚养他们付出了多少努力。在很多孩子看来，他们的父母是陌生人，甚至是敌人。他们对待他们，就像他们是再也没有用处的人了，他们已经被利用完了。但我们知道，忘记自己父母的人，永远都被打上了忘恩负义的耻辱烙印。事实是，他们再也不能工作了，意味着他们值得尊重，首先是孩子的尊重，然后是所有年轻人、全人类的尊重。难道年轻人已经死于内心的冷酷了吗？

我们必须和这个社会斗争，我们必须改变这些结构，但实际上，这个社会是由人组成的，这些结构，归根结底也是人建造的。我们知道，成千上万的老年人离开了他们的家，很多人死于饥饿，数百万人头顶没有屋檐，没有面包。我们知道，这里有饥饿、恐怖、痛苦和战争。我们知道，这里有无知，有疾病和痛苦，有灾难和恐惧。我们知道，我们害怕饥荒会毁灭这个星球，但只要我们齐心协力，要求保障各个国家的安全，要求团结起来裁减军备，我们就能消除饥荒。作为一个开端，富裕国家的人民和富有的领导人必须敞开他们的心扉，更关心人类，而不是星际旅行。当人们死于饥饿时，这里就像是有一道撕裂的伤口，涌出了鲜血和眼泪。

我们希望停止军备竞赛，停止原子武器竞赛。我们希望科学家为人类工作，而不是为战争工作，希望他们为和平工作，攻克难以治愈的疾病。全世界都要求和平、爱和工作。让我们记住广岛轰炸的痛苦吧，现在那里的孩子生下来都还有缺陷。我们要求停止这一切，以孩子和老人的名义，以全人类的名义。我们希望那些握有他人生命的人重新思考一下，因为有一种力量比他们的力量更大，这个力量属于耶稣。让他们重新思考他们的做法吧，因为他们要为所有这些恶付出代价，因为这是那些剥削人的强盗们、那些美元的拥有者们所要付出的代价。

玛利亚女士、庇隆主义左派和庇隆主义的意义

丹尼尔·詹姆斯：我想回到我们刚才谈到的那个问题上来。作为一个"老派"庇隆主义者，*el peronismo original*（第一代庇隆主义者），你怎么看70年代那些想要接管这个运动的年轻人？这些年轻人太闹腾了，咄咄逼人，他们让你觉得困扰吗，冒犯到你了吗？

玛利亚女士：嗯，从某种程度上说，是的。因为我觉得吧，不是靠bombo（低音大鼓）和上街吵吵闹闹，国家就能进步的。国家进步，是你每天天一亮就起床去冷冻厂工作。推动国家前进，是天一亮就起床，穿上皮夹克，开垦土地，播种小麦。为国家进步做贡献，是在实验室搞研究，治疗疾病。

我知道那些孩子很多都是 Montoneros（蒙特内罗，庇隆左派城市游击队员）。我讲话的时候，他们会跑到集会上来喊 *Si Evita viviera seria montonera*（如果艾薇塔还活着，她也会是个蒙特内罗）。庇隆回来的那些年，我在贝里索和拉普拉塔很多集会上讲过话，会上

总有蒙特内罗。

丹尼尔·詹姆斯：那你是怎么回答他们的呢？

玛利亚女士：我会请他们安静，告诉他们我正在讲正义主义，他们应该冷静下来。但那些孩子全都疯了，大鼓敲个不停。我会尽量和他们交流，作为一个在政治这条折磨人的道路上走了很多年的成熟女人，尊重、冷静地和他们交流。基本上，我跟他们说，只有爱祖国、爱家人，才能走得更远，只靠指责、侮辱、大鼓和威胁，寸步难行。他们会举着横幅站在集会上嚷"如果艾薇塔还活着，她也会是个蒙特内罗"，像是唱挽歌一样。我们知道，庇隆和蒙特内罗之间有矛盾，每个人都知道。他们主张 *patria socialista*（社会主义祖国），庇隆主张 *patria peronista*（庇隆主义祖国）。他们不是坏孩子，但他们时不时地做炸弹，如果放任不管的话，你知道后果会是什么。我们有一群庇隆主义女人，以艾薇塔的名义组成了一种 *unidad básica*（基础元件），有一次，我们去贝里索的一个庇隆主义地方党部讲话。那里有个柜台和帘子，孩子们天真地掀开了帘子，里面全都是装了液体的瓶子，那是做炸弹用的。所以，我们中有个人说："女士，牵上你孩子的手，我们走，因为这里我们不能待。"这还是庇隆主义的地方党部。这个党部的领导人后来被阿根廷北方的军队杀了。他们杀了他。他很强硬。实际上，贝里索很多当了蒙特内罗的年轻人，后来都逃到乡下去了。这条街上就有两个孩子，他们一辈子都受了这些事情的牵连，他们逃跑了，一直到阿方辛执政。他们的母亲不知道他们在哪里。很多人被 *milicos*（军人）抓了，其他人逃了。当时的情况就是"尽量救自己"。

现在想起来，我觉得，对阿根廷的家庭，对贝里索，对母亲们，对他们自己来说，这都是巨大的悲伤。那些孩子，很多还在上中学，不少还在上大学。他们本来可以有体面的事业，但他们不幸卷进这里头来了。我亲眼看到的，这种事情差点就发生在这个屋子里头，发生在我孙子爱德华多（Eduardo）和吉耶尔莫（Guillermo）身上。有个孩子名叫卡拉布西安，住下一条街，卡利托斯·卡拉布西安（Carlitos Karabousian），现在他人在瑞典。当时他来我家，他们几个一起喝茶。我拿了个购物袋想去商店，看到门外有个手提箱，里面有很多瓶子和奇怪的东西。我就转回来说："卡利托斯，外面那个手提箱，是不是你的？""是的，玛利亚女士，"他说，"你最好是离开这个屋子，带上你的手提箱走。"因为我知道出了什么事，我看了瓶子和包上的标签。卡利托斯就是炸了拉普拉塔大集市（Mercado Total）的人中的一个。他们一共有三个人，一个14岁的女孩和另一个男孩。他问我为什么要把他赶出去，我说："因为你手提箱里面的东西，因为你放在我家门口的东西，会伤害我和我孙子。"我对爱德华多说："那个男孩的那些东西，是做炸弹用的。"实际上，过后不久，他们就来找他了。他想办法从屋顶上跑了。他父母再次听到他消息的时候，他都在巴西了。他从巴西去了瑞典，结了婚，现在还在那里。他在他父亲的棚子里做炸弹。他跟他父亲说别进去，那里有他一些秘密的东西。军队打了他父亲，打了那家的女儿，他们逼她把自己的牙齿吞下去；太糟糕了，逼她说出她兄弟在哪里，但她说她不知道。我不知道他是不是也想教我孙子做炸弹。但感谢上帝和音乐，还好，我救了他们。

对他们很多人来说，那次经历影响了他们的发展。经历过这些的年轻人，后来很多都放弃政治了。这年头，支配政治的都是野心家和没有能力的人，真正能干的人都待在家里了。

丹尼尔·詹姆斯：我说他们是迷失的一代人，就是这个意思。

玛利亚女士：1974年庇隆把他们赶出五月广场的时候，他们觉得受到冒犯了。他们不明白，当时是国家生活很困难的一个时期，他们必须要放弃炸弹。年轻人不想弄明白，他们那种反抗，把炸弹放在人家床底下所造成的痛苦，他们不愿意想一下，暴力本来就不该存在。应该存在的是爱、信仰、希望，以及进取的渴望。

丹尼尔·詹姆斯：我想，他们这么做想说的是，他们只能用暴力来对抗暴力社会。

玛利亚女士：但是，我们在这个世界上已经看到很多例子了，你用暴力对抗暴力，战争就发生了。战争给人类带来了什么？我们不要忘了，所有那些对抗都是要死人的，他们都有母亲、兄弟、孩子。我认识的有些孩子现在和我成了朋友了，他们爱我，奶奶这个，奶奶那个，或者叫我玛利亚女士，我们知道他们是蒙特内罗，或者曾经是，我知道他们是对的。

丹尼尔·詹姆斯：从哪种意义上说？

玛利亚女士：这个嘛，从这个意义上，他们不得不拿起武器保护他们自己。但我还是要说，这么做，终究是不会有什么结果的。

丹尼尔·詹姆斯：但某种程度上你同情他们的动机？

玛利亚女士：嗯，他们是明天的公民，我们必须要想怎么让他们重获新生的问题，这样，他们就能为国家的需要服务了。

丹尼尔·詹姆斯：听你这么说，我觉得"社会主义祖国"的那些口号和你拥护的那些主张之间，其实区别并不大，可能更多是一种文字游戏。

玛利亚女士：区别还是有的。像我这样的人，真正热爱政治，认为政治是一个人类解放的过程，我们这些人是不同的。因为政治是全世界都需要的。如果不是因为政治，就会存在独裁。不，各个政党在国会里面斗来斗去是好事情，这才有了法律。这是政治。政治不脏，是人把政治搞脏了。政治是国家所必需的。我想年轻人明白这一点，但有些时候，因为年轻，因为缺乏耐心，他们以为用他们的方式直接从肉体上消灭一个人就能推动他们的事业，不，他们这是在开倒车，犯罪从来都不是民主。

113

丹尼尔·詹姆斯：我记得我问人们，当时他们所说的"社会主义祖国"是什么意思，他们说，给穷人更多的社会正义。

玛利亚女士：但这难道不是我们这些庇隆主义者一直以来的要求吗？

丹尼尔·詹姆斯：正是因为这样，所以我才说"社会主义祖国"和"庇隆主义祖国"之间的这个斗争在某种程度上是一种文字游戏。我不确定它们是不是区别很大。

玛利亚女士：请等一下！没有那么多的文字游戏……他们全副武装到这里，他们受到保护，他们有一整套秘密装备。所以，有区别。我作为庇隆主义者没有任何那些东西。在大多数普通庇隆主义者的桌子上，你顶多只找得到一把切肉刀。

我们不是阿根廷政治的救星，但我们是一个伟大的政党，这个党起源于解救一个人，这个人一直都会是我们的领袖。在我们看来，他没有死；恰恰相反，他比过去还更有活力。每天都有更多的庇隆主义者。我们问自己这是什么原因，我们就回到了我们自己的历史，一次又一次回到了10月17日。10月17日的时候我们是什么？奴隶，不过是奴隶而已。现在我们是什么？你刚看到我的退休金收据了。我们是更有尊严了，还是没有？当然，在整个糟糕的情况下，我们受苦了。但我想整个世界都很糟糕。

作为工人，作为斗争的人，我们肯定不属于右派。我们本质上必须是左派,但不是极左。这不是文字游戏。要搞清楚我们说的是什么。

丹尼尔·詹姆斯:好吧,这么说吧,你主要批评的不是那些叫嚷着"社会主义祖国"的小伙子的目标,你批评的是他们实现他们理想的那些做法。

玛利亚女士:让我们希望有一天,总有一天,我都不在人世了,社会主义能在全世界取得胜利。再也没有激进主义、劳动党、保守主义或庇隆主义了。就让社会主义掌权吧。如果上帝愿意的话。因为社会主义有个创始宪章,读过的人都知道,你读它的时候,就像是和耶稣交谈一样。如果它成了现实了,那它就是人类需要的东西。更多的工作,更多的面包,更多的和平安宁。

114

丹尼尔·詹姆斯:对你来说,这就是社会主义吗?

玛利亚女士:是的,先生!那个世界的科学家搞研究不是为了战争,他们搞研究是为了和平,因为每五个科学家,其中就有四个为战争服务,只有一个是为了人类。我父亲跟我说过很多次:"但愿我们都能成为社会主义者。"

丹尼尔·詹姆斯:这种社会主义会是什么样子呢?

玛利亚女士:平等。不是这种意义上的平等,你有庄园和几千头牛,你还是和玛利亚·罗尔丹一样,她的棚屋也就将将够自己住。而是生活机会平等,你病了你有平等的待遇。尊严。我在赛马场工作了将近20年,我这辈子见过太多的苦难了,我见过有钱人的傲慢,见过他们对待穷人和不幸的人的那种恶毒方式。社会主义不会允许这个。你可以保留你庄园的大部分东西,其他就用来帮助穷人、残疾人、疯子,这就是社会主义。起码是生活条件上的平等,这样,单身母亲就有权要求有个家养育她的孩子,而不是被迫放弃她所爱的孩子。上帝保佑社会主义到来。但是,我坚持认为,主张"社会主义祖国"是一回事,准备炸弹是另一回事。希望社会主义到来,和准备炸弹,是完全不同的两回事。我们认为我们自己本质上是一个革命性的运动。10月17日是一次和平的革命,攻占阿根廷的巴士底狱,但完全不同于到处放炸弹,举着庇隆主义的旗子走街过巷大喊"社会主义祖国"。"社会主义"这个词可以说是受上帝祝福的,我们全都遭受了同样的痛苦,我们全都有同样的渴望。所以,我批评的是这些年轻人有些时候在主张"社会主义祖国"这个口号时的态度。

我们经常在我们的集会上区分这一点。我们支持那些男孩,是因为他们谈的是政治上的社会主义,不是因为他们主张"社会主义祖国"。因为他们必须要明白那是会引发战争状态的。如果我们用了100年时间睁大眼睛反抗资本,和他们斗争,才让资本尊重我们,那他们也会等上100年时间,再踩住我们脖子压迫我们。我父亲总是跟我说,我一直记在心里,他说,世界上有两个党,玛利亚,不超过两个。我就问,怎么可能只有两个呢,爸爸,因为我认真看报纸,看见有成千上万的各种政党。"不,"他就说,"就两个,资本和劳工。"就是这个原因,我才主张社会主义。让我们祈祷上帝帮助我们吧,起码在拉丁美洲,社会主义能够到来,废除这些无用的政党。

下 编
文本阐释

第一章　在寒冷中倾听：
阿根廷肉类加工厂社区口述史实践

> 诀窍不在于让自己和信息提供人形成某种精神上的内在契合。和我们其他人一样，他们更愿意认为他们的灵魂是他们自己的，但无论如何，他们都不会很热衷于我们的这种努力。诀窍在于搞清楚"他们到底认为他们自己在干些什么"。
>
> ——克利福德·格尔茨《地方知识：阐释人类学论文集》

> 我相信我们可以保证要说实话，我相信语言的透明性，相信完整主体的存在，他可以用语言来表达自己……但当然我也相信与此相反的东西……"主体领域没有指涉物。"……这些我们确实都知道。……我们没那么笨，但一旦采取了这种防范措施，我们就会继续走下去，就像我们不知道它似的。说出自我的真相，把自我建构为一个完整主体——这是幻想。尽管事实上自传是不可能的，但这绝不会妨碍它的存在。
>
> ——菲利普·勒热讷《论自传》

我第一次见到玛利亚·罗尔丹女士，是1985年8月在西普里亚诺·雷耶斯的家中。我正开始研究贝里索庇隆工会主义的起源，已经和雷耶斯熟络了。他还把我介绍给了他在工会和 laborista（劳动党）里的几个老同事。有一天，他宣布说，我们要见斯威夫特工

从纽约路大杂院楼顶所见的斯威夫特肉类加工厂外观，贝里索，1996 年
（图片由诺贝托·古亚里提供）

厂"第一个工会女代表"，这个人在贝里索工会成立过程中起过重要作用。雷耶斯家前厅的这次会面稍微有些正式。玛利亚女士显然已被告知，这个英国教授正在研究贝里索过去的黄金时代、肉类加工厂工会的出现、1945 年 10 月 17 日的动员、劳动党的形成，当然，还有西普里亚诺·雷耶斯的作用。虽然我不认为事先正式安排好了脚本，但很显然，在我们会面期间，就像其他类似会面那样，雷耶斯无疑是这类场合的主人，而玛利亚女士也自愿地、令人信服地扮演了她的角色。会面大概持续了 40 分钟，然后我把它作为一次有意思的会面归了档，也把玛利亚女士归了档，把她作为贝里索社会史、劳动史潜在的未来信息来源。

再次见到她是在 18 个月后，当时我回来做一个更长时段的研究，开始寻找信息提供人，希望他们能为我提供贝里索过去历史的相关口头证词，特别是肉类加工厂的劳动史和作业史方面。虽然上次会面她明显遵守了雷耶斯的脚本，但我还是对她的表达能力和极为协调的记忆留下了深刻印象。她是斯威夫特的首批工人代表，这个事实引起了我对她的注意。她还是40年代斗争的积极参与者，是工会和劳动党的斗士。1987年1月我第一次去了她在贝里索的家，主要目的是想从她的经验信息中获得我在重建工厂内部工会化进程时所缺少的信息。我自己也希望能够找到一些很难界定但总归是抢手的好东西，即通过一些适当的逸事找到对那个时期的"感觉"，玛利亚女士或许能为我回想起一些逸事来。本以为我们的谈话——我是准备要录下来的——只需要几个小时。结果，我用了九个月的时间录了约30个小时的访谈，平均每周去她家录一次，但实际上去她家的次数更多。

我改变主意的一个原因显然不言而喻，因为我发现玛利亚女士的证词很有意思。尽管这不是我最初想要访谈她的主要原因。她的证词，打印稿有600多页，是一种丰富的、多层次的、常常让人迷惑的叙述。其中有些段落，确实大大增加了对很多基本问题的理解，这些基本问题都是我想记录、想加深认识的问题。例如，玛利亚女士对活动家们在1944—1945年工会化进程中遇到的困难的描述，对她自己的经历、对她那个车间其他女工经历的描述，还有对泰勒制作业流程和"标准"的描述，都大大增加了我们对这些问题的客观认识。对于建构贝里索这样的工人阶级社区史来说，采集口头证词确实会有莫大帮助。

在某种程度上，口述史能为我们提供从报纸、市政档案、公司记录这些更传统来源获取不了的基本经验信息。例如，在贝里索，就很难从工会报等来源获知肉类加工厂工会运动的早期历史，原因很简单，40年代以前没有这种东西。只是到了40年代，才有了定期的工会报。因此，很多传统上可以用来对工人阶级社区进行历史研究的资料来源，在贝里索这里是没有的。

在这种情况下，似乎也就没有必要讨论口述史是不是可以作为历史知识领域的重要入口这个问题了。而书面文献在客观性和经验有效性上是不是具有明显优势的相关争论，用老办法也难以为继。论争的转向，举例而言，可以追溯下面这两本书之间的不同：一是保罗·汤普森的《过去的声音——口述史》，本质上以防守的姿态关注客观性、记忆和代表性的缺陷这些问题；一是十二年后拉斐尔·塞缪尔、保罗·汤普森主编出版的《我们赖以生活的神话》，开始明确推崇口头来源所产生的知识的独特地位。[1]

口头来源也能让我们超越现有经验数据的局限。从公司档案这类来源，我们确实可以充分了解工厂内部合理化方案的实施情况，但从这类材料却很难推断工人对这些变化的感受。玛利亚女士的描述谈到了历史行动者如何经历、应对这些方案的问题。就工人阶级的经历这个领域而言，口头证词要直接得多。口头证词的用处，当然也不限于工作场所。例如，我们在交谈中偶尔说起，在20世纪20、30、40年代的贝里索，如果男性周六晚上不带左轮手枪出门社交，就是不可想象的。这不过是他穿着打扮的一部分，是一种标配。这就打开了一个远远超出官方统计领域的社会、文化世界。这类统计数据确实见于报纸、警局和司法档案等来源，指的是基本的犯罪指数，或更确切地说，指暴力发生的那些时候。但口头陈述，如果

---

[1] Paul Thompson, *The Voice of the Past: Oral History* (Oxford: Oxford University Press, 1978); Raphael Samuel and Paul Thompson, *The Myths We Live By* (New York: Routledge,1990).

把它语境化,涉及的就是平凡得多的、被视为理所当然的经验层面。同样,当我开始向罗多尔夫·卡里德先生(Don Rodolfo Caride)提问时,他用的是地道的牛津调BBC英语,这种英语完全是他在斯威夫特"工效部"(the time and motion department)工作时从他的英国老板那里学来的,这显示了一个服从和家长制、文化权力和符号暴力的世界。

就玛利亚女士的叙述而言,随着我们的交谈,我越来越清楚地意识到,尽管她的证词是经验信息的丰富潜在来源,但在这个意义上它也是有局限的,同时还涉及其他一些别的东西。当然,这种局限性,部分与记忆问题有关,记忆的局限,记忆的缺点,记忆的歪曲。记忆问题无疑将会是后面几章的一个焦点。但我凭直觉感到的玛利亚女士叙述所涉及的"别的东西"是什么呢?在把这个叙述主要用作一种经验知识的来源时,之所以会面临这些问题和局限的一个原因,就在于让玛利亚女士扮演了一个相当被动的角色,只把她当成一个多多少少有条理的、多多少少可得的历史数据资料库。不过,我很快就发现,就算是回答我那些最"事实的""信息求证的"问题,玛利亚女士也是在叙述,在给我讲一个关于她人生的故事,她有选择性地重建她的过去,既让我觉得这个过去是合理的,对她自己来说也是有意义的。

当代口述史如今很少援引这类主张了:在某种"朴素现实主义"(naive realism)实践的基础上,口述史有权进入迄今为止被人忽略的那些历史事实和经验。由于受到文学批评潮流强调叙述重要性和文本建构——甚至进而倾向于把历史事实视为另一种文本——的影响,口述历史学家越来越意识到口头证词作为扩大我们最近历史事实库存来源的局限性。如今,一般认为,口头叙述的形式,也和它的内容一样同等重要。

越来越多的口述历史学家，如路易莎·帕塞里尼、罗纳德·格雷里、亚力山德罗·波特利，开始敦促我们把口头证词的主观性、文本性视为一个独特机会，而不是像上一代实践者那样视之为历史客观性、经验严谨性的障碍。[1] 如《我们赖以生活的神话》的两位主编所说："与此同时，每一个人生故事的个性不再是普遍化的尴尬障碍，而是成为意识建构的重要文献。"[2] 波特利的态度也同样直接。在某篇文章的开头，他既有所让步，也有所肯定："本文使用的口头来源在事实方面不总是完全可靠的。但这并不是缺点，而是它们的长处：错误、发明和神话，带着我们穿越事实，来到它们的意义。"[3] 特别是，口头证词使得我们有可能触及历史中的行动（agency）和主体性问题。

不过，再一次，我们必须小心，不能退回到素朴现实主义的假定上来，不能预先假定口头叙述在表达意识和感觉时具有模仿性。利用口头叙述来切入意识领域和"生活经历"（lived experience）领域时遇到的问题，就是把口头证词作为叙述来重视时所复杂化的问题之一。如果口头证词确实是了解历史中的主体性——历史行动者的文化、社会、意识形态世界——的一个窗口，那必须要指出的是，它所提供的视图，并不是简单反映思想和感觉本身的透明视图，

---

1 Luisa Passerini, *Fascism in Popular Memory: The Cultural Experience of the Turin Working Class* (Cambridge: Cambridge University Press,1987); Ronald Grele, "Listen to Their Voices: Two Case Studies in the Interpretation of Oral History Interviews", *Oral History* 7, no. I (1979): 33–42; Alessandro Portelli, *The Death of Luigi Trastulli and Other Stories: Form and Meaning in Oral History* (Albany: State University of New York Press, 1991).

2 Samuel and Thompson, *The Myths We Live By*, 2.

3 Portelli, in *Death of Luigi Trastulli and Other Stories*, 2.

至少，图像是扭曲的，窗户玻璃是模糊不清的。

因此，个人叙述与历史的关系，确实就像普通自传与历史的关系一样，是复杂的、成问题的。人生故事是文化建构，利用了由阶级和性别惯例结构而成的公共话语，还利用了各种各样可能的角色、自我呈现和现有的叙述。这样一来，如果想要关注这些故事的深层意义，公正对待讲述这些故事的人的生活和历史经验的复杂性，我们就必须要学会阅读这些故事以及嵌入其中的符号和逻辑。

我们还要意识到，作为经验信息收集手段的口头证词，以及作为访谈人和受访人共同叙述产物的口头访谈，这两个概念之间存在紧张关系。这种"会话性叙述"（conversational narrative）产生的文本，不仅仅是由文化惯例构成的。它本质上也是一种社会建构，既渗透着访谈人与他的对象的交流，又渗透着其他公共叙述和国家叙述。此外，它还具有深刻的意识形态性（ideological character）。[1] 如果说文学批评有助于滋养口述历史学家提高对其所研究文本的叙述性的感受力，那我们还必须要感谢后现代人类学的影响，因为它强调了口头文本生产过程中所涉及的复杂权威关系。民族志叙述中作者的赋形能力（authorial shaping），其所使用的相应的文本手段和修辞手段——用这些手段来建构对他人生活和社会显系主观、权威的描述——已经被牢固地摆在了一个重要位置上，口述历史学家如果

---

1 "意识形态性"这个说法，出自 Ronald Grele, "La historia y sus lenguajes en la entrevista de historia oral: Quién contesta a las preguntas de quién y proqué", *Historia y Fuente Oral* 20, no. 3 (1989): 63–83.

忽视相关警告，就要承担风险。[1]

　　会话性文本产生过程中潜在的紧张关系，确实会让人质疑口述史项目的整个基础。随之可能出现的各种隐患，一方面是认识论上的，因为它们严重影响了这类访谈所生成的经验证据的地位，即便是那些"过硬的"经验证据，也确实存在着以过滤、抗拒、应付和坦白为目的的潜文本以及沉默、遁词和转义（tropes）。如果对这些叙述中所产生的"证据"作过于字面上的"现实主义"解读，就会视而不见、充耳不闻这些叙述策略潜在的细微差别。另一方面，这些隐患还涉及一个更个人化的领域：无疑会涉及访谈人和受访人的不同期待，涉及不同的地位和威望，涉及年轻人和老年人、受过正规教育的人和未受过正规教育的人、外地人和本地人在互动过程中文化资本分配的潜在差异。最后，这些隐患还涉及我们倾听的能力、天赋、意愿和努力程度。

　　我这里谈到的很多问题，已经越来越多地出现在了口述史写作中，这一点前面也提到过。但1987年开始访谈玛利亚女士和贝里索的其他人时，我还只是隐隐约约感觉到其中的大多数问题。我自己作为口述历史学家在贝里索的实践所遇到的诸多情况，让我越来越意识到方法论和认识论上的问题。在这个意义上，理论显然后于实践，我不得不去理解与信息提供人打交道时每天都会遇到的问题。但理论似乎也不是口述历史学家热衷的东西。确实，体裁的直接性，交流和知识在口述史文本中所明显具有的不言而喻性，都有很强的

---

[1] See James Clifford and George Marcus, *Writing Culture: The Poetics and Politics of Ethnography* (Berkeley: University of California Press, 1986); George E. Marcus and Michael M. J. Fischer, *Anthropology as Cultural Critique: An Experimental Moment in the Human Sciences* (Chicago: University of Chicago Press, 1986).

信念效应（doxic effect），这也强化了"口头形态是无中介地自知与知人的手段"这一传统看法。这类作品中最著名的那些文本，很大程度上都回避了对自身产生条件的自觉反思，这既源于又助长了这类作品的民粹主义魅力。[1]

目前，就拉丁美洲而言，当我在贝里索着手展开项目时，那里确实有越来越多的作品与口述历史学家潜在相关。testimonio（证词）研究领域如火如荼，它主要以墨西哥和中美洲女性口述文本为中心，对声音和行动、记忆和沉默、亚文化生产的性质等基本问题提出了质疑。但这些批判大多局限在文学批评和浪漫传奇（romance）研究领域，少部分涉及文化人类学。[2] 虽然出现了少数先知先觉的声音，但却很少影响拉美史学家。不管这些努力跨越了其他什么边界，各学科之间的边界依然格外难以渗透。[3] 这个所谓模糊文类、快乐地跨学科融合的时代，很大程度上仍然局限在文化研究的安全隔离地带。

1987年我在贝里索待到一半的时候，遇到了一个决定性的时刻。虽然我很想称之为某种"显灵"（epiphany），但我很清楚建构起源神话的诱惑是什么，寓言故事有助于回顾性地让我们最终所走的道路合理化。但至少我可以老老实实地说，那件事迫使我直面历史学家的常识性的实用主义在处理、理解我所面临的某些关键困

---

[1] See, for example, Theodore Rosengarten, comp. *All God's Dangers : The life of Nate Shaw* (New York: Knopf,1974); and Jacquelyn Dowd Hall et al., *Like a Family: The Making of a Southern Cotton Mill World* (Chapel Hill: University of North Carolina Press, 1987).

[2] See especially John Beverley and Marc Zimmerman, *Literature and Politics in the Central American Revolutions* (Austin: University of Texas Press, 1990).

[3] See Luisa Passerini, *Fascism in Popular Memory*; and Alessandro Portelli, *The Death of Luigi Trastulli and Other Stories*.

境时的局限。事情发生在仲冬时节,与我长期访谈的一个中年庇隆主义斗士有关。玛利亚女士曾跟我提起过他,就像我结识的其他朋友和线人一样,他过去也是有名的斗士,在庇隆主义抵抗运动时期特别活跃,是阿莫尔工厂的青年领袖、煽风点火者,也是当时好几次最终以枪战和大骚乱收场的重要群众集会的主角。虽然他家庭的庇隆主义谱系无可挑剔,但除了我的信息提供人和玛利亚女士明说的东西外,还有一些更隐晦的东西,暗示他的个人史和家族史很不一般。后来我才知道,他的父亲也很有名,喜欢在街上拦住非庇隆主义者对他们高谈阔论;他有两个兄弟死得很蹊跷,但明显与他们的激进好斗有关;他本人在工厂活跃时,也与一个托洛茨基团体关系密切。经过午餐时的初次会面后,他邀请我下周六参观"正义党教育中心"(Centro de Adoctrinamiento Justicialista),他是这个中心的领导成员。我们午餐时的交谈吊起了我的胃口,显然,他可以告诉我抵抗运动时期和1955年以后庇隆主义内部斗争的很多事情,这些事情也都和肉类加工厂工会有关。于是我就去了。我们这次会面实际上也是在午餐时间进行的,地点就在他们靠自己的劳动白手起家建造的那个中心。吃着 *buseca*——热那亚炖牛肚——天气很冷,在这个毛坯的建筑物里,在有中心其他同事在场的情况下,他开始告诉我工厂历史的一个版本,他在其中扮演的角色,以及他对庇隆和正义主义的总体评价。那是一个奇怪的场合,不只是因为我冻坏了,吃着我不喜欢吃的东西,还因为在场的有一些被雇来修建这个中心的巴拉圭工人。吃饭的时候,他们有些人开始喝醉了,而且还经常是在我的东道主大谈特谈庇隆的时候。这直接加剧了一种潜在的紧张关系,这实际上是工人阶级内部不同群体地位之间的一种紧张关系:一方是贝里索的核心成员群体,另一方是贝里索的新移民，他们在地理上、社会上都在社区内处于边缘地带。录了几个小时他的独白，中间偶尔被巴拉圭人打断，我们分手时约定下周在他家中见面。

随后的这次访谈，证实了我的最初印象：我得到的是一个特殊的故事/叙述，是过去的一个版本，它透露的东西和它抑制的东西一样多，尤其是回避了内部斗争。在我看来，这明显是因为有外人在场，家丑不可外扬。有时候，我追问他相关争端的更多细节，他几乎难掩恼怒之情。他说："我不明白你为什么还要回去问那个，我已经解释过了。"但他也不能矢口否认，因为他知道我已经掌握了足够多的细节——实际上，我已经访谈了另一个主角。此外，他也要顾虑公众影响。他显然是这个团体的指定叙述人，是这个团体目前最会说话的成员，是它的知识核心，它的历史的守护人，它的官方发言人。正因为他地位特殊，他不能随心所欲地编造、涂抹和省略。在我看来，不管我怎么听这个独白，我实际上听到的都是他自己与他的听众/公众之间的一次对话，以及间接意义上与我这个外人的对话。他的故事必须要有可信度，这种可信度取决于几个因素，其中就包括"说实话"这个观念。就像亨利·格拉西在他的精彩著作《在巴利米诺消磨时光》中所说，学院派和地方历史学家做的是相同的事情："无论是在牛津教书，还是在巴利米诺用车拉草皮，历史学家都尽可能准确地掌握事实，但过去一去不复返，他们掌握不了所有事实，也不一定都能掌握得对。"[1]

在讲故事的人/地方历史学家与社区及其需要之间，还有某种

---

1 Henry Glassie, *Passing the Time in Ballymenone: Culture and history of Ulster Community* (Philadelphia: University of Pennsylvania Press, 1982), 620.

更重要的指涉契约（referential pact），这个契约超出了我对他不愿意家丑外扬的观察。他讲给我听的故事必须要以真相为基础，但和所有讲得好的故事一样，真相也是可以操纵的。讲故事，不是随心所欲、信马由缰，而是要基于听众和叙述人对当前需求、优先事项和必要性这些问题心照不宣、无须明说的共识。这些共识，又是与社区内其他不同叙述进行协商和让步的结果。因此，对于我想把叙述引回到过去的争端细节，想让他把他的回忆集中在内部斗争和贝里索肉类加工厂的悲伤衰落史，他对此感到恼怒。这是因为我们对历史的用途，以及对体现这个历史的故事的用途理解不同。他想用这个故事得出一些更广泛的结论，如社区力量的源泉、生存、克服分歧、庇隆主义的凝聚力，以及庇隆在成功做到这一点上的作用。我坚持"弄对事实"这种学院派态度，当然有可能揭开旧伤疤，暴露出庇隆工会主义极不体面的软肋，但我想，这不是他回避和省略的唯一原因，甚至也不是主要原因。

上面说的这些，大多是我后来反思的结果。当时我深信，坚持就有收获。和所有优秀的民族志学者、口述历史学家一样，有效的追问将会捕获历史客观性、事实这头野兽。逃避终究是没有用的。信息提供人可以逃跑，但面对我手上的各种办法——还有我比他聪明这个基本假定——他终将无处藏身。当时，我还没有接触后现代人类学对建构民族志知识和权威的相关思考。后来，当我在美国回顾这次访谈时，我读到了詹姆斯·克利福德的文章《民族志中的权力和对话》（Power and Dialogue in Ethnography），其中引用了马塞尔·格里奥（Marcel Griault）思考非洲民族志实践的一段话：

> 积极的民族志是成为助产士和预审法官的艺术，在接受盘

问的人面前,轮番扮演和蔼可亲的同事、远方的朋友、严厉的陌生人、有同情心的父亲、关切的恩主、挨个为揭露真相买单的商人、在最危险的秘密之门打开前分散人注意力的听众、对最平淡无奇的家庭故事表现出浓厚兴趣的热心朋友——民族志学者脸上陈列着各种面具,漂亮得就像博物馆的馆藏一样。[1]

我很震惊,这段话如此准确地描述了我在贝里索的遭遇。要是我能这么说就好了,我在他家访谈时,其中一个面具帮了我大忙。实际上,当那个关键时刻来临时,既让人深感不安和沮丧,又是一次令人自尊心受挫的教训,等着傲慢过头的口述历史学家落入陷阱。我试图让他回到工会故事上来,他不耐烦地重复了之前说过的精华部分。我打断他,要他澄清,他终于爆发了:"你只想从我身上得到一些东西,但你不跟我说你自己的任何事情,不说你的看法、你的观点。你看重什么?你怎么看庇隆?"我吃了一惊,倒也足够敏锐地意识到,我查找事实的逼问模式面临自毁的危险。我不得不尝试别的办法,哪怕只是为了维持交流渠道畅通。我不得不进入他想探究的领域——我慢慢地意识到,他的主要兴趣在我、在我们的关系上。他其实是在挑战我工作的整个前提,挑战我觉得理所当然的权力关系,而这些东西是我自我认识的基础,即我是我们打交道时所产生的历史知识的作者、建构者和编辑者。他想要某种真正的对话和交换,但除此之外,他还希望这是我倾听他最想说的那些话的基础。他想说的东西,当然与我一心想要

---

[1] 转引自 James Clifford, *The Predicament of Culture: Twentieth-Century Ethnography, Literature, and Art* (Cambridge, Mass. : Harvard University Press, 1988),75。

获得的大范围的社会史数据有关，但这个数据是以一种个人化的音调（key）为框架的，与他在大历史中的地位、他的自我认识、他的人生意义有关。

  我希望我能够说，随着我慢慢意识到所发生的事情，我建构了某种新的、更充分的"融洽关系的寓言"（fable of rapport），而且还选用了一个更合适的面具。但遗憾的是，接下来的对话是一次破碎的、极其尴尬的遭遇。他说起他的人生，如何在庇隆时期上大学，参加各种戏剧团体，写诗，庇隆下台后所有这一切又如何戛然而止，他失去了受教育的机会，只能进入工厂。由于庇隆下台，他如何失去了方向，对自己人生机遇中的各种变化感到痛苦，头脑发热，投入非庇隆主义的左派政治。如何被工厂列入黑名单，如何在60年代开始意识到自己错了，受了托洛茨基分子的操纵，低估了很多从前的庇隆主义对手。最终他想再次融入运动，开始搞些干部教育，后来在70年代初为"庇隆主义青年工团"（Juventud Sindical Peronista）工作，这个工会组织与庇隆主义右派和何塞·洛佩兹·雷加（José López Rega）关系密切。他还继续搞戏剧和诗歌，宣传官方的正义主义思想。他搞过几次露天表演，内容涉及庇隆、正义主义以及它们与基督教的关系。有一次，他还在舞台上朗诵过自己就这个主题所写的大型散文诗的长篇选段。

  访谈到了现在，我才意识到我完全错看了我的信息提供人，而且还根本就摸不着头脑。他讲给我听的这个人生故事，是一个复杂的故事，幻灭，年轻气盛的错误，最后的救赎，这些全都是用相当情绪化的语气讲出来的。很多时候，他看上去都要崩溃了。说起基督教的宽恕和爱时，说起庇隆并背诵庇隆主义的 *Veinte Verdades*（20

条真理）[1]时，他声音沙哑，眼里噙满泪水。这个叙述显然交织着与他兄弟的死亡、与六七十年代庇隆主义内讧有关的悔恨和痛苦。很明显，对他来说，重要的是，让我理解这一切，让我以对等的身份加入到这场讨论中来，讨论他人生的知识基础，他的道德选择，让他在其中度过一生的"小传统"（贝里索）变得有意义的"大传统"（庇隆主义）。[2]

问题是，我自己没有充分按照这里提出的潜在协议行事。虽然我知道，我最初想要揭露基层庇隆主义那些肮脏的、刺激的、不可名状的一面，这个借口再也行不通了，但我也没法让自己重新调整并快速进入角色。我希望我能够说，这是因为我在选用新面具时不愿意不诚信。不是。现在，我认为，是因为很多事情搅在了一起。部分是出于意识形态上的谨慎，特别是当他说起他与庇隆主义极右翼的关系时，还因为我自己不宽容，没有耐心，对他的核心信仰——"20条真理"及其所意味的一切——没有感觉。

我不愿意和这个人打交道，还有别的原因，我想，是一种强烈的不适感，从某种意义上说是一种生理上的不安。那天冷得要命，那种冬寒，甚至把贝里索与不到12公里远的拉普拉塔分成了截然不同的两个地方。那种湿冷来自河口，随风长驱直入，冷得彻骨。他的房子是庇隆主义执政时期贝里索修建了很多的那种典型房子，是混凝土建造的，混凝土板冰冷，只有一个燃气式小型取暖器散发出稀薄的热气。访谈是从气温开始下降的黄昏时分开始的。我很冷，

---

1 庇隆主义"20条真理"，指导庇隆主义成员社会、政治行为的一套基本准则。
2 "大传统""小传统"概念最初是由人类学家罗伯特·雷德菲尔德（Robert Redfield）提出来的。这两个概念在口头访谈文本中的应用，见 Barbara Myerhoff, *Number Our Days* (New York: Simon and Schuster, 1978), 256。

但这并不能完全解释我的不舒服。当时我已经习惯贝里索的冬天了，我也在同样条件下访谈过其他人。玛利亚女士的房子其实还要更冷些。我生理上的不适，还因为屋子里弥漫着的阴郁氛围加剧了，这与他夫人在场有很大关系，她人在家中，但没有加入我的访谈。他们两个明显关系紧张，她的身体语言，她的姿态、她的眼神，都流露出顺从和愤恨，我直觉这与家境贫困有关，从老式家具、墙上没有油漆、厨房没有食物就能明显看得出来。从她的在场，我读出了她对自己丈夫在外人面前表演的嘲讽。这个嘲讽说的是，就像她习惯了他的主张和他的情感那样，她也听命于这个事实：他那些东西绝不会转换成实质性的东西，不会带来最低限度的舒适和基本的希望。不管他是托洛茨基派还是庇隆派，他们的命运都不会有任何改变。

　　这种闯入私人戏剧的感受，加重了我本能的谨慎，对他用来浇注他的故事、他的讲述的那种情感，我做不到感同身受。我觉得自己像个偷窥者，这种感觉让我非常不安。他当然也注意到我有所保留，于是，访谈慢慢结束了。我再也没有正式回访过他。我们在街上碰到过，寒暄几句，但不管他的故事有什么深层意义，我都失去了解它们的机会了，我也没有机会通过他找到我最初迫切想要的经验信息的关键钥匙了。

　　我不确定我是不是从刚刚说的那次遭遇中汲取了什么直接教训。它作为一个道德故事的地位，很大程度上是事后之明的建构。我对玛利亚女士的访谈还在继续，我们在一起有融洽的时候，也有不顺的时候，但从没出现过这种几近崩溃的情况。我和一个年长女性的关系，显然要比和一个中年男性的关系舒服得多。我和她建立了一定的亲密关系，她的家人欢迎我，她对我的称呼也从"教授"变成了 *Danielito*（丹尼尔的昵称）。但那件事还是"半意识地"萦绕在我心头，我知道自己早晚都要分析它。当我终于开始让自己"大声"思考它时——总是在布宜诺斯艾利斯，和朋友们在一起，在酒吧，从不在贝里索——对于为什么在他那里我没能挽救访谈人/受访人关系这个问题，最简单的答案，是可以直接这么说的：我发现，他那种宗教色彩浓厚的右翼庇隆主义，是不可能引起我的共鸣的。不过，这个答案虽然让我得以享受我与玛利亚女士之间真正融洽的关系，但却不能掩盖这个事实：那次经历所提出的问题，远大于历史学家与信息提供人共情失败的极端个案。除了我不喜欢他的政治印记外，口述史实践是不是还存在其他一些更普遍的问题呢？

其中一个问题——当然后来反思时我也想到了——与"说实话"这个观念有关，那次经历有力地提出了这方面的问题。故事并不是事件实际序列的图示（iconic renderings），这种看法目前已成了叙述学的老生常谈；所有叙述，都涉及围绕叙述人的生活或更大的社区历史来重建事件。[1] 但这种重建的标准不是随心所欲的，在西方社会，这个标准还似乎压倒性地与讲求真相和真实性联系在一起。虽然我们有接受其他的文化可能性，但亨利·格拉西对北爱尔兰巴利米诺地方历史学家讲求说实话的观察，似乎同样也适用于贝里索。亨利·格拉西告诉我们，牛津的历史学家与他们那些在巴利米诺用车拉草皮的同道基本上做的是同样的事情，接着他进一步解释说："当他们把事实串成叙述时，他们就会创造出与真实的过去不同的东西来，哪怕是靠省略，靠呈现的动力机制；但他们这样做不是为了愚弄人，反倒是帮助人，目的是找到一个更大的真相，而不是陷

---

[1] See Barbara Johnstone, *Stories, Community, and Place: Narratives from Middle America* (Bloomington: Indiana University Press, 1990), 99–101.

在事实的碎屑里……他们的乐趣在于发现、掌握和操纵真相。"[1]
不管是在"正义党教育中心"的叙述,还是在玛利亚女士厨房里的叙述,我的信息提供人对真相都表现出了同样的尊重。

不过,事情看起来比格拉西所说的要复杂得多。首先,我们必须区分口述转录文本中产生的叙述的不同层面。在一个层面上,我们无疑可以说我们的对象能够并且愿意采用专业历史话语的主导叙述形式,把他们的叙述放在解说性叙述(expository narration)规范的框架内。[2] 从这个意义上说,他们大多采用了他们的访谈人那种正式的政治、历史话语。这种话语有多个来源,包括正规的学校课程、电视上播放的历史纪录片、嵌在政治传统中的历史叙述。在讲述庇隆主义历史上的重要事件或工会所发生的事件时,玛利亚女士就经常会切换到这种模式。这类叙述往往都有一个短语作为标志,如"不管我们喜不喜欢,这就是历史,我们不能忽略它"。

在另一个层面上,我们可以看到,口头证词大多又是由极不正式的会话性叙述组成的,以个人经历、逸事、八卦为框架。这两个层面不能人为地区分开来。回忆历史最常见的方式,其实往往用的正是这种小调(minor key)。詹姆斯·芬特雷斯、克里斯·威克姆说:"不管一个人如何与历史文化进行调谐,他对重大事件的记忆,比如说第二次世界大战,都可以变成在家或在前线日复一日简单的生存练习,或是变成各种不相干的逸事的来源,这些逸事可以是可怕的、糟糕的,也可以是有趣的、肯定生命的。"[3] 不同类

---

1 Henry Glassie, *Passing the Time in Ballymenone,* 651.

2 See Gillian Bennett, "Narrative as Expository Discourse", *Journal of American Folklore* 99, no. 394 (October–December 1986): 415–435.

3 James Fentress and Chris Wickham, *Social Memory* (Oxford: Blackwell, 1992), 101.

型的记忆,集体的、个人的,也对应于这些不同的层面。但面对叙述和记忆的这些不同层面,我们应该用不同的评价标准来看待说实话这个问题。

尽量验证从其他来源的口头访谈中所得的历史材料的事实准确性,显然很重要。但我认为,总的说来,很大程度上这也是学院派历史学家职业荣誉上的一种训练。比起我们的信息提供人来,我们往往更清楚"事实"。咄咄逼人地逼问事实准确性,是要付出代价的。就像格拉西所说:"数据让人异化。它们的作用是杀死过去,把过去埋葬于细枝末节。"[1] 格拉西书中那些北爱尔兰历史学家们本能地知道这一点,他们的牛津同道是不是赞同这一点倒是值得怀疑。使用不同的标准,其实是我们身为历史学家的一部分,是我们专业思想的一部分。这些方面我自己的态度是倾向于积极干预的,我前面说的那次经历就体现得很明显。我不仅追查数据,还追查总体的"历史信息",这让我危及了整个关系。和玛利亚女士在一起也是一样,重读访谈转录本时,我才意识到自己总是一再打断她,坚持追问数据,或是执着于其他形式的归类。

这种坚持所造成的伤害,比把过去埋葬于细枝末节要严重得多。罗纳德·格雷莱认为,在口述史访谈中,叙述与分析之间存在根本的紧张关系:

如果说口述史是一种会话性叙述,这种会话往往也出现在对抗叙述力量的时候……只要我们破坏叙述,受访人就会立即试图重建叙述……访谈人的角色很重要,但我们是通过增加细

---

[1] Henry Glassie, *Passing the Time in Ballymenone*, 664.

节、把记忆逼到极限、破坏它的叙述能力来完成这个角色的。我们不是把它视为一个不断发展、裹挟我们往前走的故事,而是把它视为分析和解构的对象。[1]

如果再加上访谈所处的社会场域通常会涉及的文化、社会资本的巨大差异,我们就会看到历史学家坚持专业思想所造成的符号暴力的真正潜力。[2]

如果严格使用历史学家的专业思想标准会对这个层面的叙述话语所产生的知识造成严重影响的话,那它在会话性话语层面上的影响甚至问题更大。比较一下口述史和自传,可能会有助于我们理解这个问题。菲利浦·勒热讷在分析自传这个体裁时强调了他所谓的指涉契约(referential pact)对于自传的重要性,讲述人承诺在讲述自己的人生时"说实话,说全部实话,只说实话"。正是这一点,使自传和科学、历史话语一样,成为一种指涉文本,并与虚构小说区分开来。作为自传作者契约基础的这个誓言,大致是"说我认为的实话,说我知道的实话,为记忆的失误、错误、无意的曲解等等留有余地"。[3] 不过,勒热讷认为,历史学家或新闻记者订立的契约,与自传契约存在本质上的区别:"就自传而言,必不可少的是订立并遵守指涉契约,但结果不一定要达到严格相似的程度。按照读者的标准,就算没有很好地遵守自传契约,文本的指涉价值也不会因此而丧失(恰恰相反)——历史和新闻文本却不是这样。"(第

---

1 Ronald Grele, "La historia y sus lenguajes en la entrevista de historia oral", 74.
2 "符号暴力"(symbolic violence)这个概念,见 Pierre Bourdieu, *Outline of a Theory of Practice* (Cambridge: Cambridge University Press,1983)。
3 Philippe Lejeune, *On Autobiography* (Minneapolis: University of Minnesota Press, 1989), 22.

22—23页）我只想补充一点，口述史文本，或至少那些主要以会话性叙述话语为框架的文本，正是勒热讷所说的"恰恰相反"这种情况。我们想得出哪些核实手段能够用于这个层面上回忆出来的主观经验吗？如勒热讷所说："自传恰恰告诉我们，这就是它叙述的优势所在，只有它才能告诉我们。"（第22页）这里我们说的不是根据外在的可验证指示物来衡量相似度的问题。和自传一样，与口述史文本联系在一起的指涉契约，很可能是以忠实于意义这个观念为前提的，而不是以信息的严格准确度标准为前提的。

我们或许还可以把我对围绕人生故事越来越多的研究工作所做的这种区分，视为一种基本的社会文化实践，其重点是关注叙述对个人经历的塑造。较之于"在自然主义或现实主义的人类学传统范式下侧重于历时性变化"这一更传统的生活史模式，人生故事研究"侧重于个体用来理解经历的那些文化脚本和叙述手段。（它）强调'真实地讲'（the truth of the telling），而不是'说实话'（telling the truth）"。[1] 夏洛特·林德，人生故事研究最重要的理论家之一，把人生故事定义为包括"一个人在他/她一生中讲述的所有故事与诸如解说、编年等相关话语单元，以及这二者之间的关联"。[2] 这再次明确把我们带到了作为叙述的口头来源以及阐释它们的适当分析步骤上来（这将会是第二章的关注重心）。

口述史文本在不同程度上是由这两种模式组成的，每种模式都

1　Gelya Frank, "Anthropology and Individual Lives: The Story of the Life History and the History of the Life Story," *American Anthropologist* 97, no. 1 (March 1995): 145–149.

2　Charlotte Linde, *Life Stories: The Creation of Coherence* (Oxford: Oxford University Press, 1993), 21. See also George C. Rosenwald and Rochard L. Ochberg, eds. *Storied Lives: The Cultural Politics of Self-Understanding* (New Haven, Conn.: Yale University Press, 1992).

需要仔细倾听，需要对真相和准确性问题慎重使用评价标准。信息提供人自己往往意识得到这种区别，由此而生的不同期待是任何访谈情境下都要协商的一部分，这种协商往往是潜在的。在贝里索那个寒冷房间里改变并最终拆散我们关系的那个突兀插曲，我想，很大程度上是因为我的信息提供人发现我没能意识到这些区别。在"正义党教育中心"这个公共场所，他已经跟我讲了贝里索、工会、他在其中的作用的"真"历史。现在，在他家，他期待他的人生故事能够引起我的另一种关注和评价。

因此，口头证词中说实话这个问题，与口述历史学家和他对象之间关系的性质密切相关，与这种关系所产生的知识的地位密切相关。我和玛利亚女士关系融洽，但就基本动力而言，我想对她做的事，难道就全然不同于我想对那个男性信息提供人所做的事（最后失败了）吗？尽管那个寓言的教训是等着傲慢过头的口述历史学家落入陷阱，但我的做法，用一个基本的比喻来形容，还是继续当侦探，试图揭开秘密，破译密码，对玛利亚女士人生的隐藏意义追根究底。后面几章的内容就是这种持久激情的证明，这种激情从某些根本方面来看是历史话语分析功能的基础。历史学家就是干这个的。但这种做法的预设和相关的表述策略是什么呢？

首先，当口述历史学家制作一个声称要谈论他人、为了他人的文本时，重要的是意识到发生了什么事情。要弥缝截然不同的两个经验领域之间、历史学家与另一个人之间、我自己与玛利亚女士之间的鸿沟，就会涉及阿尔贝托·莫雷拉斯所说的代入法（prosopopeic representation）问题。莫雷拉斯在一篇讨论证词自传的文章中把代入法定义为"一个面具，通过这个面具，一个人自己的声音被投射到另一个人身上，那个人总是遭受不能说话的痛苦"。莫雷拉斯接着还说:"因此,就算在最有救赎可能的情况下,相关中介也总是不平等的,有等级的。"¹这似乎在所难免,民族志学者或口述历史学家的任何移情认同都不能完全抵消这个事实。近年来,已经出现了各种形式的"救赎的民族志学者"(redemptive ethnographer)形象,在互惠文本制作过程中为受压迫的他者发声。²无疑,口述史借以标榜自身为无声者发声、为不能进入主流历史叙述的人发声的根本性主张,同样也有这种救赎冲动。

这种修辞的一个隐含部分,还主张民族志关系中双方的"横向亲和力"(horizontal affinity)。就我自己而言,很难想象我与玛利亚女士之间会有这种亲和力。我们显然没有共同的性别基础。或许我可以主张一种以阶级为基础的亲和力。我父母都是矿区工人。我在一个弥漫着工会和左翼文化的家庭中长大。我总是震惊于玛利亚女士与我母亲之间的相似之处。但我成年时代的生活远离了那些根基,社会流动性的文化疏离也完成了它的任务。我钦佩玛利亚女士,深爱她、尊重她,但这与把一个自我明显投射到另一个自我身上的那种情感融合还相去甚远。就像克利福德·格尔茨提醒我们的那样,不管这种天生的吸引力——"在他们(土著)的经验之流里游泳的热情"——是什么,终究是幻觉。³

当然,这也可能是一种必要的、有生产力的幻觉,一种富有启

---

1 Alberto Moreiras, "The Aura of Testimonio", in *Testimonial Discourse and Latin America*, ed. Georg M. Gugelberger (Durham, N.C.: Duke University Press, 1996).

2 "救赎的民族志学者"这个说法出自 Ruth Behar, *Translated Woman: Crossing the Border with Esperanza's Story* (Boston: Beacon Press, 1993), 269。

3 Clifford Geertz, "From the Native's Point of View: On the Nature of Anthropological Understanding", in *Local Knowledge: Further Essays in Interpretive Anthropology* (New York: Basic, 1983), 58.

发性的强大武器。纪录片《数我们的日子》里有一幕很不寻常，人类学家芭芭拉·迈尔霍夫说起她在加州威尼斯犹太文化中心那些老年人中间所做的工作时，对于自己的研究为什么从墨西哥北部的修伊科印第安人（Huichol Indian）转向了老年犹太人，她解释说："毕竟，我永远也成不了修伊科印第安人，但我会是个犹太小老太婆。"很有可能，正是这种态度才使得她在与纪录片同名的著作中做出了深刻的民族志表述。这种姿态至少有可能为有效的"团结的阐释学"（hermeneutics of solidarity）奠定基础，这当然要比更传统分析方法的对象化挪用（objectivizing appropriation）更可取。对于代入法的等级性、不平等性，或许我们也有理由质疑过分强调它的可怕后果。虽然我们可能会同意，在抽象的层面上这是难以避免的，但就访谈情景这个具体层面而言，我们或许可以看到一些足以抗衡的倾向。

很多后现代民族志在思考表述手法时出现的感伤的悲观情绪，是因为预设了受访人/信息提供人的受害人形象，认为他们的记忆和身份受到了挪用和剥削。我认为，这严重低估了受访人在访谈情境下对沟通条件的协商能力。这里举个例子。在我们访谈的最早阶段，玛利亚女士和我曾有过这样的一次交流：

丹尼尔·詹姆斯：96天罢工是怎么发生的呢？

玛利亚女士：因为这个女人，这个人，每个人都跟他们自己说……比如说我，哪个教我的？是生活这本书，不是大学，原谅我，教授，大学是人类最好的东西，因为你在那里学习，心里的阴影没了，智慧显现了，你当然知道大学生活是美好的。晚上我把孩子哄上床，很多时候都只有一杯热茶和一片面包，

> 我枕头都哭湿了,我丈夫就跟我说,会好的,别哭了,我就是从那里学会的……痛苦教我解放自己。

接下来几个月,她经常重复这个说法。对此,我们可以从好几个方面来解释。这个说法肯定是想确定一个立足点,好填平一个大学教授与一个肉类加工厂工人之间的文化地位差距。近年来,人生故事建构的相关研究提醒我们注意这个事实:通过讲述人和接收者的通力合作来获得人生故事的一致性,总的来说是一种潜在的规定。[1] 这个问题我们放到后面几章再详细讨论。这里我想强调的是,我问玛利亚女士问题,她是我们关系中的最终接收方。首先,她必须要假定,我,和很多局外人一样,就算不敌视庇隆和庇隆主义,也是持批评态度的。她的很多故事,她已经在心里和贝里索内部的其他接收者协商过了。这不一定是一种障碍。实际上,这正是各种可能性的先决条件之一,历史学家/访谈人因此才有可能在后来的分析中从个人的行动和意识问题转向集体的行动和意识问题。

此外,她的这个说法也是一种断言,她断定有些层面的经验和知识是我无法获得的。因为有些事情我没有经历过,也缺乏对那些事情来龙去脉的了解,而往往这些事情是截然不同的。它们来自内心,来自一个人的情感核心,来自生活的痛苦,它们的标准截然不同于大学教授从书本上学来的标准。玛利亚女士不知道,也不关心,但她这里表达的正是主客(emic/etic)之间、认知的近经验与远经验(experience-near/experience-distant)之间的不同。[2] 当然,她告

1　See Charlotte Linde, *Life Stories*.
2　See Clifford Geertz, "From the Native's Point of View".

诉我的还有共情和代入法的局限性,这里有些事情我是理解不了的,或许也是不该知道的。就口述历史学家而言,怎样才能最充分地回应她的这种说法呢?多丽丝·萨默在一篇很有影响的证词批评文章中提出了一种可能的答案,她告诫读者/批评家要尊重秘密,要视之为不可逾越的伦理界限,任何形式的阐述都不应试图跨越这个界限。用她的话来说,面对这种"抵抗的文本"(resistant text),读者要保持"无能"。[1]

不过,我不认为玛利亚女士说的是一种绝对跨越不了的鸿沟。我们可以把她的这个说法理解为对沟通条件进行协商的第一步,而不是什么根本性的沟通问题。在理想情况下,这些条件既能让她安置她的秘密,她受苦经历的独特性,又能安置她对自己生活和世界观的看法。访谈情景下能不能谈妥足以带来这些结果的条件,是不确定的。我在贝里索的经历无疑是个警示,提醒我们博弈时不能过于自信。但这个经历也留下了一些线索,告诉我们可能需要些什么。我在那个寒冷房间里遭遇失败,我想,最根本的原因是我没有倾听,我没有掩饰自己和我判断事情的标准,虽然我本该用这种掩饰的姿态,来传达出我愿意按照对方条件来打交道的信号。

虽然我们可以用符号学术语来表达这一点,但我认为,从根本上说,最好还是把它看成一个伦理问题。实际上,值得注意的是,对这个问题最深刻的一些思考就是用伦理术语来表达的。马克·卡明斯基,芭芭拉·迈尔霍夫身后出版文集的编辑,谈到过她对她所说的"缺席的听众的伤感"这个问题的重视。填补这种缺席所留下

---

[1] Doris Sommer, "Resistant Texts and Incompetent Reader", *Latin American Literary Review* 4 (1992): 104–108.

的空白,是民族志学者的基本职责之一。卡明斯基以迈尔霍夫本人为例,对我们保证说,倾听是"世俗职业的神圣化",它基于一种独特的"作为倾听者的天赋":

> 沉浸在这种全神贯注、异常强烈的关注之中,被一个甘当"安全伙伴"的倾听者所接受……此外,遇到一个总是保持注意力的人,不时充当柔和的、接纳的、清醒的、出色的听众,迈尔霍夫的对话者们觉得可以自由地思考和感受他们此前不曾有过或联系起来过的各种经验维度。第一次大声说出经常下意识感受到的某些东西时,她总在场。访谈让人觉得解放。采集来的材料具有一种发现的意味。[1]

这段话的语气,与皮埃尔·布尔迪厄据访谈集《世界的苦难》对访谈实践的思考惊人相似。尽管布尔迪尔认为"我们想得出来的缩短"访谈人和受访人之间"距离的程序和招数有限",但他最后还是主张任何"真正的理解"都必须建立在"对他人的关注和开放"这个基础上。这种关注是社会交流中常见的"走过场式的闲聊"和"漫不经心的倦怠"的反面。在布尔迪厄看来,能够实现真正理解的访谈"可以视为一种精神锻炼,旨在通过忘记自我,在日常生活中实现我们对他人的看法的真正改变"。他总结说:"友善的性格能让人把受访人的问题当成自己的问题,像她本人一样按照她的特

---

[1] Marc Kaminsky, introduction to *Remembered Lives: The Work of Ritual, Storytelling and Growing Older* (Ann Arbor: University of Michigan Press, 1992), 13.

殊需求接受她、理解她的能力，是一种知性的爱。"[1]

50年前，詹姆斯·艾吉有本书的语气也与此类似。这本书以一种独特而有力方式与表述问题做斗争，我们对目前这个问题的思考却奇怪地遗忘了这本书。虽然《现在，让我们赞美伟大的人》的"名词性主语"是"从三户有代表性的白人佃农家庭看北美棉农"，但艾吉进一步明确说："实际上，这种努力是想确认那一部分难以想象的存在的模样，设法找到合适的技巧来记录、交流、分析和辩护。更重要的是，这是一次对人类神性某些特定困境的独立探究。"[2] 艾吉试图把"那一部分难以想象的存在"转译给他那些受过教育的北美听众，他的这种痛苦努力中有爱、激情、愧疚和愤怒，还有倾听的非凡耳朵。

口述史项目中始终绕不开记忆问题，但记忆在口述史文本中主要被视为一个难解的问题，其有害影响必须要最小化。人们很少把记忆作为集体和个人在当下表达过去的一种独特来源而加以把握和逼问。亚力山德罗·波特利在一篇文章中评论说，记忆根深蒂固地与口头形态（orality）联系在一起，总是试图对抗口头形态固有的暂时性和不可重复性。因此，口头形态重视记忆，但其实践却受制于回忆的困难，既要让过去保持不变，又要让它敞开。讲故事是个办法，或许是最常见的办法，通过讲故事，我们"拿起武器对抗时间的威胁"。[3] 确实，就保存记忆和传统而言，录音并转写这些故事往往是

---

1 Pierre Bourdieu, "Understanding", *Theory, Culture, and Society* 13, no.2 (1996): 24. Translation of Bourdieu, *La Misère du Monde* (Paris: Seuil, 1993), 903–925.

2 James Agee and Walker Evans, *Let Us Now Praise Famous Men* (New York: Houghton Mifflin, 1988), xlvi.

3 Portelli, *Death of Luigi Trastulli and Other Stories*, 59.

必要的，否则记忆和传统就会成为口头形态的暂时性的牺牲品。虽然我们承认口头访谈的作用是提供了一个找回个人和社会记忆的空间，但还应考虑其他记忆场所的存在，它们也需要其他的纪念方式。叙述可能是个人和社区可用的主要助记手段，但却不是唯一的手段。

80年代初，贝里索本地的一位摄影师奥斯卡·梅拉诺（Oscar Merlano）听说了60年代以来早已关停的阿莫尔工厂即将被拆除的消息。众所周知，多年以来，人们一直都在洗劫这座建筑，拿走水槽、瓷砖和其他很多东西。梅拉诺决定偷偷进去，用一组照片记录剩下的东西。当时，他的动机不外乎记录一些他觉得有必要保存的东西，他直觉对社区很重要的东西，只是跟着生态环境保护主义者的直觉走而已。在军事独裁的鼎盛时期，对这些照片的公共作用，不能抱什么期望。1983年阿根廷重回民主制后，梅拉诺和他的一个朋友——劳尔·费尔盖拉（Raúl Filgueira）——贝里索最著名的诗人之一，制作了带有配音的幻灯片，以纪念工厂及其工人。

幻灯片题为《冷冻厂安魂曲》（*Requiem for a Frigorífico*），1984年底在肉类加工厂工会大厅向公众放映，大厅里挤满了从前工厂的工人，玛利亚女士也在其中。幻灯片描绘了工厂各个车间，由于废弃了十多年，大多数车间已经开始散架了。配音脚本由费尔盖拉执笔[1]，既利用了又有助于建构这样一种叙述：一个移民工人阶级社区，面对工业劳动的艰辛，克服重重困难，建设体面而有尊严的朴素生活。我和当时在场的很多老一代人谈过话。所有证词都强调这次纪念活动的情感冲击。很多人当众洒泪；还有人似乎惊呆了，默默盯着那些荒凉的图像。我曾在梅拉诺家里看过这个幻灯片，

---

[1] 《冷冻厂安魂曲》脚本蒙作者劳尔·费尔盖拉惠赐。相关引文由笔者翻译。

废弃的阿莫尔工厂,不久后被夷为平地,贝里索,1980 年
(图片由奥斯卡·梅拉诺提供)

劳尔·费尔盖拉作陪,我在贝里索的时候经常待在他家。这个事件值得思考,因为它可能会告诉我们关于记忆和纪念的一些东西。特别是,我们或许可以问:体现在阿莫尔工厂纪念活动中的记忆,对于那些亲历者来说,为什么是一次如此深刻的情感经历?

首先,尽管这次纪念活动的视觉内容很引人注目,但我们还需要意识到结构这些图像的叙述。费尔盖拉的脚本实现了很多功能。在一个层面上,他做了社区主要历史学家该做的事,铺排贝里索过去的基本编年史,从 1774 年基尔梅斯(Quilmes)、圣文森特(San Vicente)和马格达莱纳(Magdalena)这些行政区的成立,到 1957 年贝里索成为自治市。作为这个编年史的一部分,还包括了从 1871 年胡安·贝里索创办第一家腌渍坊到 20 世纪头十年成立两家冷冻厂的牛肉加工业历史。所有这些,他的观众都很熟悉,也熟悉他根据这个编年史讲述的故事——贝里索是作为一个移民社区建设起来的:"几乎和你那令人惊奇的外表相一致的是,移民潮来了,镇上充满了新的音乐声,充满了新生的词汇,混合了本国语和外国语,但无论如何,却使你的巴别塔的居民们能够理解他们自己。"这些来自世界各地的移民将和当地的阿根廷人一起建设一个劳工社区:"这些移民把他们对进步的渴望和对工作的精神需求结合起来,与土生土长的阿根廷人一起前往招工办,共同分担勇气和恐惧。把他们的未来和他们家庭的未来押在一个'是'或'否'上。"我已经说过,这是一个熟悉的故事,利用了根深蒂固的公共叙述和国家叙述。图像让人觉得舒服,唤起了怀旧感。重要的是,费尔盖拉不关注其他叙述,如社会、政治冲突、争取工会化的斗争、庇隆主义的兴起。他本可以轻松做到这一点。他知道这些事情,也曾参与其中。但作为社区历史学家,用亨利·格拉西的话来说,他"思考的是生死问题,从过去历史的海量事实中选择少部分事实安排好,让人去看、去听"。格拉西强调了这种选择所依据的标准:"选择和安排依据的是历史学家对社会需求的理解:人们应该知道哪些过去,这样他们才能生活在未来?"[1]

但劳尔·费尔盖拉也是诗人。虽然他钻研过贝里索历史的很多话题,它的音乐家,它的足球队,它的俱乐部,但他更喜欢写诗。作为诗人,他知道自己要做的不只是让人怀旧。他把记忆和伤悼作为自己的中心主题。这一点明确体现在纪念活动的标题上:这是写给冷冻厂的安魂曲,这首安魂曲是"让死者灵魂安息的弥撒"。[2] 这一点还体现在他建构这首安魂曲所用的主要诗歌手法上:文本大量使用了呼语法(apostrophe)。从字面上看,呼语法是一种转移、偏离,是对(通常)不在场的人或物说话;用芭芭拉·约翰逊的话来说,呼语法还是"一种口技形式,说话人得以把声音、生命和人的形体赋予接收者……以唤起并激活缺席者、迷失者和死者"。[3] 这种手法能把无声者、无生命者人格化。脚本第一句话就明示了这一点:"在我们开始我们的对话以前,你和我……"冷冻厂成了一个活生生的人,呼吸着,痛苦着,最终还受到了死亡的威胁。不仅如此,它还被描绘成了一个亲密朋友,因为诗人用了阿根廷熟人之间才用的第二人称单数 *vos*(你):"都过了这么久了,我结实的、吵闹的小兄弟!至今我都还记得你的机械心脏和你的动脉管道。"

诗人很清楚,这种生命活力将会引发极大的痛苦。一开始,他

---

[1] Henry Glassie, *Passing the Time in Ballymenone*, 707.

[2] *Webster's New World Dictionary of the American Language*, 2nd ed. s. v., "requiem".

[3] Barbara Johnson, "Apostrophe, Animation, and Abortion", *Diacritics* (spring 1986): 30.

就警告说与冷冻厂的对话会激发"情感、愤恨或忧伤","会失控爆发,就像动脉破裂大出血一样"。他知道如何找出这些情感的来源。冷冻厂是很多东西的一个隐喻:

在那里,我开始明白,在你表面的冷漠下,除了生产蛋白质外,你还生产了工友之间的团结……你不是只有冰冷水泥墙的建筑物,没有哪家工厂只是这个样子,因为它还包含了住在墙里面的人的意义和卡路里。

146

他明确要求冷冻厂调动它的记忆——"你还记得那次吗?"——接着就开始细数他这个恢复了生气的朋友所唤起的团结事例:"同伴像兄弟一样拍着你的肩膀祝贺你女儿满15岁""那些认为生活不该只有汗水的人召集的跨车间足球赛或剧团""始于生产线上的浪漫故事最后组成了新的家庭""为争取更好的生活水平而举行的工会抗议"。费尔盖拉这是在号召他的观众回忆并重温所有这些经历。

更重要的是,他是在召唤死者的亡灵,这些亡灵,"尽管他们有些人的病态激情可能会摧毁你,但却依然在你老朽的体内徘徊",就像"不愿彻底抛弃你的影子"。这个召唤,有力地拨动了他的观众的心弦。杰米·特克西多(Jaime Teixidó),工厂里长期的共产党斗士,在回忆阿莫尔工厂纪念活动时对我说:

有一次,我坐下来写一份传单,呼吁斯威夫特国有化。但我不想只谈四面墙壁,只谈机器……我想的还有所有那些死在那里的人。我开始列出我知道的人的名单……因为他们在那里不只宰杀牲口,他们还杀人,……天哪……我姐姐48岁时死于肺结核，那是在碎肉车间上班后，我过了一遍名单，某某人从楼梯上滚下来了，某某人撞到头了……总之，他们该给所有这些人立块碑，这是很残忍的事情……我看的时候心里想的就是这个。

玛利亚女士也有个人原因要哀悼冷冻厂的死亡。她丈夫的死，就是与在工厂劳作受的伤有关。在她看来，参加纪念活动，带来的是对死者的忘恩负义：

> 那次放映是个大事情，没有人不哭……他们把阿莫尔推倒了……这不该发生在我们身上，感情当然不算数，精神上的东西不在那里，因为这是我们的第二个家，那里的很多男人、女人已经离开我们了，他们把命留在那里了，他们在那里面工作了三十年，真正的工作，流干了他们的最后一滴血，这样，公司才成了千万富翁……对那些建筑做这种事，太忘恩负义了。

费尔盖拉利用了一种极其矛盾的情感反应。这不是什么对一个黄金时代的挽歌式地追忆。冷冻厂是一个团结的场所，那里可以找到深厚的人际关系的记忆，但同时它也是"吞噬了很多人的怪物"。在幻灯片结尾的诗歌中，诗人拨动了另一根琴弦，徘徊厂内的一个幽灵说起冷冻厂濒临死亡："你看起来像是一具不想死的尸体""走向你自己的安魂曲，嘎嘎地呼出你最后一口死亡的气息"。但这个被呼语唤出来的朋友不只是一个垂死的人，它还是一个伤筋断骨的存在：

我看着你折断的骨骼，

你的骨头露了出来

你断裂的肌腱

是无力痉挛的象征

那种磨难告诉我们：

当一座工厂关闭时

很多人死了

很多街道死了

很多人垂死挣扎

在前往不发达的路上

所有这一切的冲击，还因为下面这个事实加剧了：纪念活动举行时，阿莫尔旧址已经空空如也，被遗弃在野草和风中，几乎没有一块砖头留下来。公司差不多是一夜之间就停了工，开始了长达十年的废弃。所以，这首安魂曲本身已经就是在记忆中修复的一种尝试，试图召唤出某种在物理上已被根除的东西。记忆的空间坐标，对个人、社会记忆来说都至关重要，它们为安放、绘制记忆提供了一种网格。继莫里斯·哈布瓦赫（Maurice Halbwachs）之后，保罗·康纳顿也认为："我们通过把我们的记忆指向我们周围的物质环境来保存记忆……它指向我们的社会空间……要想重现我们的记忆，我们就必须把我们的注意力转向……我们总能进入的（那些社会空间）。"[1]因此，与这次纪念活动联系在一起的伤悼是复杂的。伤悼失去所爱的人，在工厂里虚掷的时光，快乐的时光，友谊，团

---

[1] Paul Connerton, *How Societies Remember* (Cambridge: Cambridge University Press,1989), 40.

结，玩笑，爱，恨。但同时也伤悼失去一个物理和社会空间，或许，与此相伴随的，还有通过记忆来找回这种伤悼所唤起的身份和经历的可能性。安魂曲最终动摇了试图唤醒、激活过去的纪念过程本身，被废弃的记忆场所本身成了悲痛和伤悼的来源。

摄影图像强化了这个纪念和伤悼的过程。人们已经多次谈到了照片和记忆之间的关联。如约翰·伯格所说，"相机从不可避免地遭到取代的外观中保存了一批外观。"[1]这种取代的另一个名字就是遗忘，而摄影从根本上说抗拒这一点。但摄影的抗拒有自己的特殊方式，以一种强化伤悼的方式。克里斯蒂安·梅茨认为，摄影使记忆永存，但它是"通过从外观上抑制生命活力的主要标志，同时把拍摄对象令人信服的印记保留下来"来做到这一点的。梅茨把这个令人信服的印记称为一种"过去的存在"。在这个意义上，他认为照片类似于葬礼和其他仪式，因为它们都有双重功能，既让人想起死者，又让人想到逝者已矣、生者如斯。因此，梅茨认为，摄影是从悲伤、失落这些情感入手的健康疗法，这正是弗洛伊德对伤悼的定义。[2]从某种意义上说，在肉类加工厂工会大厅参加这次纪念活动，也类似于参加葬礼守丧仪式，或是保留一张照片以纪念所爱之人。

与这些照片所引发的回忆联系在一起的这个伤悼过程，既有集体的意味，也有个人的意味。作为照片，梅拉诺拍摄的这些图像，完全符合纪实摄影的惯例。这些照片本身，可以登在杂志上，可以

---

1 John Berger, "The Uses of Photography", in *About Looking* (New York: Pantheon, 1980).
2 Christian Metz, "Photography and Fetish", 51 *October* no. 34 (fall 1985): 85; Sigmund Freud, "Mourning and Melancholia", in *The Freud Reader*, ed. Peter Gay (New York: Norton,1989), 584–589.

在画廊里展出，可以脱离诗人的评论，表达一种泛指的、没有时间性的工业衰落形象，这种形象可以匹兹堡、圣保罗为代表，也可以贝里索为代表。它们或许可以提供信息，但却触及不了意义和经历。但梅拉诺的照片避免了这种命运，还获得了自己的力量，因为它们被语境化地展示在了舞台上，被叙述架构在了时空里。因此，它们有力地从集体的维度勾起了记忆。肉类加工厂的关闭，阿莫尔工厂物理场所的摧毁，是贝里索记忆肌理上的一个伤口，此前从未在任何公共场合展示过。那天晚上工会大厅的一个短暂时刻，这个伤口在回忆和纪念的酣畅表演中得到了展示和照料。

这个社会记忆的轮廓体现在劳尔·费尔盖拉的叙述中，不可避免地框定了纪念活动所引发的个人记忆。我们可以说，在某种意义上，肉类加工厂工人的个人记忆和经历只有在这个更大的社会叙述内发生共振时才能获得自己的意义。但这么说的时候，我们还要注意有学者所说的"记忆的个人时刻与记忆的社会时刻在制造/记忆化时存在的紧张关系"。[1] 我们经历的记忆，终究都是我们自己的独特的记忆。诗人让我们看到这些照片所引发的个人记忆与集体记忆的辩证关系。他告诉我们，冷冻厂的图像勾起了他心中对自己的移民父亲的记忆，中午父亲从加工厂出来，从小儿子手中接过午饭，坐在把牛运进工厂的那些铁路线边的草地上开始吃：

> 我父亲一边狼吞虎咽，一边盯着我看。或许，他想要告诉我很多事情。告诉我他的西班牙，他那个名叫埃尔费罗尔的村子，在那里他是个捕鱼的渔民；对我解释说，他来这里后只能

---

[1] Annette Kuhn, *Family Secrets, Acts of Memory, and Imagination* (London: Verso, 1995),13.

吃别人捕的鱼。或许，他想请我原谅我们过的穷日子，他几乎不能为这个家提供些什么。但他什么都没说，也没告诉我任何事情，大概是觉得我理解不了他。可惜他没有抓住机会。

这段回忆，或许，我们从中可以看到瓦尔特·本雅明所说的"幸福的双重意愿"（dual will to happiness）的相互作用。不用说，我们从中可以认出普鲁斯特的时刻，以深深的怀旧之情回忆往事的挽歌时刻（elegiac moment），这让年长的诗人回到了他的童年时代。这里还有本雅明所说的赞美诗时刻（hymnic moment），这个时刻是灵光闪现的认识时刻，由于受到"那些在记起来之前我们从没见过的图像"的触发，那些记起来的事件或经历的意义第一次变得明晰起来。诗人可能经常回想起午饭时和父亲见面的场景，但或许直到现在，直到他晚年，由于废弃工厂这些荒凉图像的触发，他才得以意识到与他过去和现在生活共振的那些记忆的深层意义：父子交流的失败，未曾坦言的贫困耻辱，对另一种不同的、更好的生活的向往。[1]

这段回忆，也涉及获取和转译这类记忆的困难，让我们面临最感性的"团结的阐释学"的局限。那天晚上肉类加工厂工会大厅的纪念活动，表达了一种充满活力、充满情感的集体记忆。但肯定还有一些个人记忆是这种集体记忆无法获取、无法转译的。斯图亚特·霍尔（Stuart Hall）认为，照片的特点是历史留下的多个重音痕迹（multi-accented traces）。他说，阐释的困难在于"这些痕迹

1　John McCole, *Walter Benjamin and the Antinomies of Tradition* (Ithaca, N. Y.: Cornell University Press, 1993), 253–279.

是没有存货清单（inventory）的"，至少只从照片画面上看不出来。在某种程度上，"有特权的"阐释者可以根据自己手上的非视觉框架为这个存货清单提供某些要素，比如说诗人的叙述框架。但这个存货清单也有自己的局限，我这里遇到的情况无疑也是一样的，所以我才经常诉诸"或许""潜在"这些限定词。这里的有些意义，可能甚至超出了最有同情心的观众或听众的阐释范围。

确实，借用本雅明的术语，我们或许可以说，只有当集体记忆和个人记忆、意愿记忆和非意愿记忆结合在一起时，才有可能触及部分意义。对于这种情况可能发生的条件，本雅明在一篇论波德莱尔的文章中这样说道："[非意愿记忆]是在很多方面孤立着的个体的存货的一部分。哪里有严格意义上的经验一词，哪里就有个人过去的某些内容与集体过去的素材相结合。他们庆典上的仪式，他们的节日……一次次不断制造出记忆这两种要素的混合。它们在某些特定时刻触发了回忆，并在一生的时间里把握住了记忆。"[1]

本雅明认为，以前充当这个记忆的理想化载体，是讲故事的人。讲故事的人转译个人的记忆和经验，提供给社区："故事的目的，不是报告所发生的事情本身，那是信息的目的；故事的目的，是把自己嵌在讲故事的人的生活之中，以便作为经验传递给听故事的人。"（第59页）但本雅明意识到，这充其量也是一种不稳妥的赌注，他引用普鲁斯特的话来形容这样做的效果："能不能解决问题，根本就是个运气问题。"如果说普鲁斯特的八卷著作"表明了他想在现在这一代人面前重新树立起讲故事的人的形象的意图"

---

[1] Walter Benjamin, "On Some Motifs in Baudelaire", in *Illuminations: Essays and Reflections* (New York: Schocken, 1969), 159.

（第59页），那么，口述历史学家或民族志学者似乎理应以适当的谦虚态度来对待这个问题。[1]

一方面，这种谦虚必须被看成是口述历史学家找回的记忆的地位的一种反思，就像我们前面说过的那样，这种记忆是一种复杂的混合体，部分对应于访谈情景下产生的不同叙述话语。这种记忆结合了不同层面：情景性的、以现在为基础的记忆，附着于日常生活和世俗事物；以刻板套路为中心的表演性记忆，体现对世界的一般看法；最后，还有"赞美诗时刻"的深刻记忆，与人生经历联系在一起。口述历史学家能不能获得、识别并进而转译这些记忆，是个运气问题，也需要一些技巧，但正是靠着这种满怀希望的但多半是虚幻的"显灵"（epiphany），我们才能继续前行。当然，我们还可以把访谈时激发出这种深刻记忆的能力与作为"出色的听众"所展示的技巧联系起来。在这个问题上，值得注意的是，卡明斯基对迈尔霍夫访谈实践的描述，几乎与本雅明对那些与非自愿记忆联系在一起的深刻回忆的描述如出一辙："[她的]对话者们觉得可以自由地思考和感受他们此前不曾拥有或联系过的各种经验维度。"

口述历史学家应当保持谦虚，另一个原因在于意识到很难回答下面这个问题：根据谁的命令来找回记忆？对这个问题的悲观回答认为，体现在口述史文本中的记忆是一种去语境化的、不充分的记忆痕迹，是按照历史学家的需要回想出来的。它纯粹是一种替代品，"对回忆的人来说毫无用处，即便它引发了怀旧之情"。书写/转录这个行为本身，"说明这种记忆活动不是有创造性的活动"。[2] 不

---

1 鲁思·贝哈尔（Ruth Behar）把自己视为本雅明意义上的讲故事的人，见 *Translated Woman*, 13。

2 See Philippe Lejeune, *On Autobiography*, 210.

过,再一次,这种看法似乎意味着过分简单化地看待访谈会话的动力机制。

口述史项目找回的记忆,不是历史学家的发明,尽管历史学家帮忙塑造它,也有可能完全破坏它。对很多被调查对象来说,记忆问题不是一个无趣的问题;实际上,这往往还是他们想要参与进来的根本原因。特别是对老年人来说,回忆往事可以同时是道德上、精神上的优先事项。在6月中旬一个寒冷、明亮的日子里,当时我们已经访谈了六个月,玛利亚女士和我坐巴士来到纽约街,这条街可以通往两家肉类加工厂。我们沿着两家工厂旁边的码头散步,可以看到斯威夫特工厂的空壳子,也可以看到阿莫尔工厂旧址长满了杂草。在长时间的沉默后,玛利亚女士开口说道:

要知道,这里过去就像是城中城。一天24小时灯火通明。我在那里工作了很多年,我丈夫也在那里工作……但那天我孙子跟我说:"知道吗?*abuela*(奶奶),爷爷一辈子都在那里工作,现在那里一块砖头都没剩下来。如果他们把斯威夫特推倒了,也就没有什么东西可以让我们想起你们在那里做过什么了。"知道吗?他说得对……等我死了,我的重孙子们也就记不得我们的斗争和我们的生活了。

我认为,这既是陈述事实,也反映了一种潜在的渴望。这是距离我们讨论她想从我们的访谈中得到些什么最近的一次。

还没有人像芭芭拉·迈尔霍夫那样充满激情地谈到过老年人的"再次融入"(re-membering)过程问题。"再次融入"的意义,马克·卡明斯基代为总结说:"通过'再次融入'老年人的仪式,讲故事和其他文化表演就成了建构一个集体主体的一种形式，先辈们在这个社会主体身上重获新生。"[1] 这种强有力的救赎主张，侧重于"再次融入"不同于普通回忆的记忆实践，而是体现为讲故事等文化实践，这些文化实践对老年人的心理健康来说至关重要。"再次融入"生活的重要性，没有人能比《数我们的日子》里的裁缝、中心人物希姆尔（Shmuel）说得更明白了。在最后一次和迈尔霍夫谈话时，希姆尔哀叹说，他的村庄和东欧犹太文化都被大屠杀和其他历史暴行抹掉了。过去的生活，他所爱的人们，如今都只存在于他的故事里——"所有那些人，所有那些地方，我背着它们到处走，直到我的肩膀断了。"但这个重担也还远远不够：

>就算有那么多的贫穷和苦难，如果地方还在，还有像我这样的老人在，过完一辈子也就够了。但每次我从这些故事里面出来，想到他们的生活方式永远消失了，被抹去了，就像你抹掉你写的一句话一样，那接不接受离开这种生活，对我来说就完全是另一回事了。如果现在我就这么活下去，那就什么意义都没有。但如果我活下去，带着我的记忆，带着所有那些失去的东西，那就有其他别的东西要承担。[2]

有可能，迈尔霍夫夸大了她的主张。[3] 毫无疑问，我们需要意

---

1 Marc Kaminsky, introduction, 66.
2 Barbara Myerhoff, *Number Our Days*, 74.
3 见卡明斯基对迈尔霍夫"Life History as Integration"一文的批评，收入 Barbara Myerhoff, *Remembered Lives: The Work of Ritual, Storytelling and Growing Older* (Ann Arbor: University of Michigan Press, 1992), 254。

识到，对口述历史学家来说，遗忘过程，与迈尔霍夫推崇的再次融入生活的文化创造过程一样有意思。实际上，任何记忆过程，都会不可避免地受到那些被遗漏、被消声、未被唤起的东西的影响。除此之外，还有一点很显然，对有些老年人来说，不能忘记的伦理道义，往往会被某些记忆所引发的痛苦所抵消。有位女性，在阿莫尔工厂工作过，观看了幻灯片，拒绝了我的访谈请求。她在工厂的生活是"一段非常悲伤的时光"，她不愿意"被迫回想起那些让我痛苦的事情"。后来证明，她倒是很乐意谈论她在乌克兰人协会中的社会、文化生活。对她来说，阿莫尔工厂纪念活动，只是唤起了她不愿意分享的记忆，她不愿意讲述的经历。

在某种程度上，希姆尔的遗产——他的记忆的命运——取决于迈尔霍夫，他的出色听众，他"再次融入"生活的共同作者。同样，玛利亚女士的记忆能否存活，也取决于我作为听众的诚意和技巧。我怀疑，记录这类长篇人生故事的我们所有人，在某个层面上都和迈尔霍夫一样，都相信"这类再次融入的生活是一种道德文献，有救世的作用，这难免意味着，'所有一切并非全无是处'"。[1] 这种信念为我们所从事的项目奠定了伦理基础。但是，还有一个因素不可避免地逃脱了个体倾听者的维度，逃脱了叙述人/倾听者关系的效力和伦理意蕴。这个因素，与现代记忆的棘手状态有关。

在某种程度上，我们已经提到过了这种棘手状态的一个根源。我们说过，对过去的伤悼不可避免地会悄然流逝，口头形态试图阻止它自身的暂时性，它可以通过调动摄影图像和书面叙述中的各种助记资源来做到这一点。但这两种资源都意味着一定程度的距离

1　Barbara Myerhoff, *Remembered Lives*, 240.

化。口头形态预设了一定层面的公共、社会协商和意义控制,但这肯定也有局限性。书面文献——转录的口头文本——和视觉形象,最终会被其他人控制,逃脱社区阐释的控制。除此之外,集体记忆传播还存在更大的问题。如安德烈亚斯·胡伊森所说,后现代西方的一个核心悖论在于,"记忆痉挛"(mnemonic convulsions)的社会也是一个渗透着"文化失忆"(culture of amnesia)的社会。[1]一定程度上,这种文化失忆正是社会记忆集体传播的危机。这层意思,我们可以通过提出下面这个问题来表达:在当今这个时代,有哪些记忆场所和记忆的社会实践可以承担记忆的社会传播?本雅明和迈尔霍夫都面临过这个问题,也都在集体领域寻找答案。本雅明给了我们一个简短的提示,即个人记忆和集体记忆可以由社会制造的仪式、庆典和节日所触发。迈尔霍夫则认为,"再次融入"的能力可以通过社会空间来培育,个体在这些社会空间中可以进行触及深层记忆的文化实践。在某种程度上,工人阶级社区中当代记忆的危机,正是这些社会空间的危机,它们已经沦为去工业化、社会失序这些破坏性力量的牺牲品,变得无关紧要。在贝里索,我们或许可以说,记忆的命运依然悬而未决。它当然还拥有足以为社会记忆背书的资源。但如果忽视其他倾向,就是愚蠢的。即使是以肉类加工厂这些 *lieux de mémoire*(记忆场所)为中心的对劳动生活充满活力的记忆,对于赢得当代记忆来说也是微不足道的,因为一代代肉类加工厂工人的人数已急剧萎缩。

---

[1] Andreas Huyssen, *Twilight Memories: Marking Time in a Culture of Amnesia* (New York: Routledge, 1995).

第二章 "玛利亚·罗尔丹和那个有钱女士的事情说得很清楚了,那就是个寓言"——玛利亚女士证词中的故事、逸事和其他表演

> 一个故事或逸事,是一次重演,而不仅仅是讲述一个过去的事件。在最充分的意义上,它是一个实际的或潜在的参与者从个人角度做出的陈述,参与者的这个位置使得所讲事件的过程从一开始就有了某种时间上的、戏剧化的发展。因此,重演不经意地就成了听众可以共情地代入其中的某种东西,替代性地重新经历发生过的事情。
>
> ——欧文·高夫曼《谈话方式》

我们谈论人生故事时,很大程度上取决于我们谈论的是"人生"还是"故事"。我们可以坚持认为这些故事是真实的——这些人是存在的,他们讲的事情是实际发生过的——因此,访谈可以让我们瞥见真实的经历(人生)。或者,我们也可以这样假定:我们面对的是由叙述人的自我认知、由他与访谈人的接触、由访谈人对叙述人及其所说的话的理解和阐释所共同塑造的口头产物(故事)。获得绝对"真实性"和"鲜活经历"这个不可能实现的梦想,让我们看不到这个事实,即我们手上的东西至少与主体的经历存在着一种形式上的联系。毕竟,讲述一个人的人生,正是他人生的一部分。套用瓦尔特·本雅明的话来说,问题不在于人生与故事之间的关系,而在于故事在

人生中处于什么位置。

——亚力山德罗·波特利《路易吉·特拉斯图里之死：口述史的形式和意义》

玛利亚女士证词的转录本，是一个600页左右的书面文本。这份材料，时而引人入胜，时而错综复杂，时而自相矛盾，时而感人至深，时而让人困惑不已，时而又特别清楚明白。过去十年来的大多数时候，我时不时地对这个丰富的、多层次的文本感到困惑。它还继续困扰我，以某种方式萦绕在我心头。当然，它也继续逃避分析结论。除了我自己的愚钝外，还有什么可以解释这个文本的棘手状态呢？从把口头证词视为经验信息的来源，到承认玛利亚女士的叙述者地位，做法上的这个转变很重要，但也留下了很多问题没有解答。就像"人生故事"这个概念所意味的那样，如果把这个证词视为一个故事，或是视为人生的一系列故事，那我们必须要问的是：这些故事是如何建构的？用了哪些手法和惯例？应该如何解读这个叙述？

在某种程度上，想要解决这些问题，困难在于作为话语的文本形态的复杂性。虽然我们可以把分析重点放在叙述/讲故事方面，但从本书上编部分的证词可以明显看出，这里还有其他的话语表现形式。在我们的访谈中，玛利亚女士使用了大量的描述、论证和劝诫。文本还在很多方面违背了既定的叙述惯例，特别是自传中常见的那些惯例。这方面最明显的就是打破正常的时间顺序。文本前100页，从玛利亚女士的童年，到她成年时的关键事件，主要是40年代的政治和工会活动，再到对庇隆主义发展轨迹的思考，我们始终在她童年时代和日后发生的各种事件之间兜来转去。这个模式持续贯穿了整个转录文本。此外，文本充满了矛盾，既有事实上的矛盾，也有意图上的矛盾，叙述者的看法经常在情节紧张的关键时刻摇摆不定。所有这些方面都提出了叙述一致性这个明显问题，而这个问题对于建构可行的人生故事来说非常重要。

当然，解读这个叙述时遇到的各种困难，要玛利亚女士来承担责任，是毫无意义的。这个叙述的"抗拒"性，不是因为她的有些叙述不充分。实际上，其中很大一部分要怪我自己的访谈框架，访谈时间过长，执着于确认时间线或经验细节，不断用问题打断叙述流，鼓励她长篇大论，而所有这些，大多是我对优先事项有所设定的结果。过去十年来，我多次回到这个文本，重新审视它，经常对自己的充耳不闻和缺乏判断力感到惊讶，我发现自己不是掐断了一个潜在的好故事，就是没有鼓励对方给出一个尝试性的答复。

这样一来，我凭什么还要期待我们合作的这个文本能够被人轻易挪用呢？近年来，学术界总是强调讲故事和叙述在赋予未经中介的经验的无序状态以秩序时的认知重要性，但我们也要谨记民俗学家理查德·鲍曼的警告："[叙述]也可能是一种工具，用来掩饰、规避、模糊、探究或质疑发生的事情，也就是说，以让所叙事件在面临问题时保持它的一致性或可理解性。"[1] 这句话涉及的阐释问题，在人生故事中尤其复杂，因为在人生故事中，尽管"在场的形而上学"（metaphysics of presence）的吸引力根深蒂固，但叙述的功能

---

[1] Richard Bauman, *Story, Performance, and Event: Contextual Studies of Oral Narrative* (Cambridge: Cambridge University Press,1986), 6.

正是一种距离化的、编辑的手段,通过区分叙述者和事件主角,把自我创造为另一种形象。[1]

本章我详细说明了我所用的一些分析方法,这些方法有助于我作为倾听者理解这个人生故事的讲述。解读这样的个人叙述,在分析法和方法论上会涉及哪些问题呢?更具体地说,玛利亚女士在描述她的人生故事时,是如何解决一致性这个问题的呢?我把重点放在了贯穿整个文本的一组个人经历故事上,这组故事在个人层面和社会—历史层面都承担了意义建构的很多叙述功能。这种阐释意味着好几种分析方法,这些方法目前在对口头叙述的文学分析中已经确立起来了。首先,需要注意鲍曼所说的口头叙述"本质上的艺术性"(essential artfulness),即文本的创造性建构。[2] 与此相关的是,分析时要认真对待对话及其相应的叙述组织方式所产生的对象的鲜明文学性。[3] 最后,还要分析人生故事中口头叙述的表演性,要分析被叙述的事件与叙述本身之间的辩证关系,分析表演对叙述意义生成的重要性。

在开始分析具体的个人经历故事前,我们需要先来看看玛利亚女士证词中所谓的"叙述结构的关键模式"。玛丽-弗朗索瓦丝·尚弗罗-迪什把这个模式定义为"在整个叙述中复制一个可识别的行为矩阵,这个矩阵赋予讲述人的人生经历以一致性,赋予自我以

---

[1] Charlotte Linde, *Life stories: The Creation of Coherence* (Oxford: Oxford University Press, 1993), 99–127.

[2] Bauman, *Story, Performance, and Event*, 8.

[3] Marie-Françoise Chanfrault-Duchet, "Narrative Structures, Social Models, and Symbolic Representation in the Life Story", in *Women's Words: The Feminist Practice of Oral History*, ed. Sherna Berger Gluck and Daphne Patai (New York: Routledge,1991), 77–93.

一致性"。[1]这个模式从根本上反映了叙述人与主流社会模式的关系，也包含了叙述人为理解自己的人生而采用的重要价值判断。这类模式体现在好几种可能的叙述模式和叙述手段上，也受这些叙述模式和手段的调节。一般认为，这些叙述模式出自可见于各种大众文化和文学作品的文学形式和体裁。有学者认为，从根本上看，某些基本叙述形式的库存（repertoire）是个人社会经历的重要组成部分。用肯尼斯·格根、玛丽·格根的话来说，"最低限度的社会化应该能让一个人把人生事件理解为稳定、改善或倒退。略加训练，个体就应具备把他/她的生活想象为悲剧、喜剧或浪漫史诗的能力"。[2]

玛利亚女士证词中的关键模式是追求更好的生活，其语境框架不是一个社会流动性的故事，而是反抗社会不公，以及相应地投身于社会、政治活动。这个明确质疑主流社会秩序的关键模式，是围绕40年代社区的几个核心发展变化讲述出来的。40年代中期在西普里亚诺·雷耶斯的领导下工会的出现，1945年的96天大罢工，同一年劳动党的成立，10月17日事件，1946年2月庇隆赢得选举，艾薇塔扮演的角色，工厂和社区内的相应变化，都是这个故事的中心内容。它们具有集体神话的某种意味，有刻板套路，可以预测，还多次重复。我们可以数出这些神话类型：黄金时代，堪称典范的罢工，穷人的领袖，革命性的剧变，失落的天堂，它们反复出现在各种工人阶级叙述中，可见其原型地位。[3]虽说这些事件在漫长的

---

[1] Chanfrault-Duchet, "Narrative Structures, Social Models, and Symbolic Representation in the Life Story", 80.

[2] Kenneth J. Gergen and Mary M. Gergen, "Narratives of the Self", in *Studies in Social Identity*, ed. Theodore Sarbin and Karl E. Scheibe (New York: Praeger, 1983), 263.

[3] Chanfrault-Duchet, "Narrative Structures, Social Models, and Symbolic Representation in the Life Story", 79.

一生中只占了十年时间，整个人生故事却都围绕它们展开。而且，这也是一种可识别的叙述组织形式。亚力山德罗·波特利在意大利特尔尼市（Terni）和肯塔基州哈兰县（Harlan county）的工人中间遇到过这种形式，他把它比作"轮子，有圆轮和辐条，核心意义四处辐射"。[1]

玛利亚女士用来表达这种"核心意义"的主导叙述模式是一种史诗模式。她沉浸于这些历史事件，坚持把它们描述为她人生的基础性时刻，这使得她经常采用史诗的腔调和措辞。她对1945年10月17日事件的描述，就是史诗模式的一个典型："那就像是攻占阿根廷的巴士底狱。我从没见过法国革命，但在我看来，那就是攻占阿根廷的巴士底狱。"这个类比常常贯穿整个叙述。史诗英雄，当然非庇隆莫属，他将拯救他的人民，他是 *tabla de salvación*（救命稻草），会带来物质福利和尊严。她强调："对我们来说，庇隆就是上帝。"10月17日的独特性，部分就在于它的史诗性：

> 不，你想象不了，丹尼尔你根本就不知道10月17日是个什么样子……大家都没有意识到，阿根廷人上街了，所有人，就连病人，都上了街，住院的人离开他们的病床跑出来，唯一留下来的只有疯子和犯人，你想象不了17日是个什么样子，那是很大的事情，人的鞋子飞上了天，鞋子、帽子、衬衫，那是大事情，经历过的人都知道，你可以看到一队队的人，一队队的人从阿根廷北边过来，他们一直来，庇隆已经来了，他们

---

[1] Alessandro Portelli, *The Death of Luigi Trastulli and Other Stories: Form and Meaning in Oral History* (Albany: State University of New York Press, 1991), 65.

还一直来，持续了整个晚上……我不知道，我一辈子都没见过那种场面，只有那一次。

这个事件的独特地位，也使得它被描述为一个关键转折点，一个 *un vuelco*（转折点），把玛利亚女士的历史、阿根廷人的历史、贝里索人的历史分成了前后两个阶段。一切都和从前不一样了。这个史诗故事的其他关键内容，也以同样的方式描述出来：工会和工作条件的改善，劳动党和1946年的选举，庇隆执政和相关的社会、经济改革。体现在这个故事中的价值观是超历史的、公共的：尊重、和谐、正义和幸福。这个叙述的基调是以集体和阶级为取向的。生活是艰难的，多亏了这些史诗性事件，情况才有所改善，但社区必须团结一致，保持警惕。

史诗形式意味着个体认同社区，认同社区的价值观，几乎没有表达个体身份的空间。因此，这个基本模式需要辅以另一种叙述结构，即浪漫传奇的叙述结构，才能讲述自我更独特的个人故事。浪漫传奇意味着在一个堕落的世界上追求价值，通过克服障碍和困难的能力来确立个人的道德生涯。体现在这个叙述模式中的历史观，允许主体"用进步、个人挑战这些观念"来看待"变革的可能性"。[1] 玛利亚女士讲述自己的人生故事，一定程度上就是以她对自己能力的认知为框架的，她有能力超越自我，有能力迎接一个劳动女性普通日常经验以外的挑战，例如，她在工会和政治活动领域遇到的挑战。这个故事的主导性母题是意识的获得。尽管玛利亚女士把自己

---

1 Chanfrault-Duchet, "Narrative Structures, Social Models, and Symbolic Representation in the Life Story", 80.

定义为"总是个叛逆者",但她也强调工会和劳动党的经历塑造了这种反叛。通过这些经历,她就可以把某些基本的政治、宗教价值观放在她人生故事的中心位置。

我想强调的是,在玛利亚女士的人生故事里,社会与个人之间,史诗与浪漫传奇的叙述模式之间,并没有必然的矛盾。她的个人发展与工人阶级的发展之间反倒存在明显的平行关系。通过40年代的经历,通过她这样的激进分子的活动,工人受到了教育,也改造了自身。在更具体的公共层面上,四五十年代贝里索发展成了一个繁荣的工业和劳工社区的故事,与玛利亚女士的个人发展之间,也存在同样的平行关系。社会心理学家凯文·穆雷曾用"社会身份投射"(social identity project)这个概念来表达社会发展与个体身份之间的这种关联,通过社会身份投射,个人在社会秩序中谋求受人尊敬的地位。虽然我们必须警惕很多这类著作中顽固不化的欧洲中心主义倾向,警惕它们顽固不化地忽视阶级特殊性,但穆雷的这个概念还是有助于我们理解玛利亚女士的文本。穆雷认为,通过浪漫传奇来表达的社会身份投射,是基于个人"风险测试的成败史,蔑视他人是为了获得他人的尊重"。[1] 尊重是玛利亚女士叙述中的一个基本母题,尊重既是一种个人价值,也是社会价值,体现在私人交往和社会环境中。下面这段对工厂内部尊重的重要性的思考,可以明显看出二者的联系:

尊重,还有什么比尊重更值得的呢,一个工头先生过来跟

---

[1] Kevin Murray, "Drama and Narrative in the Construction of Identities", in *Texts of Identity*, John Shotter and Kenneth J. Gergen (London: Sage,1989), 176–205.

我说："女士，我要把那个女人从那个位置调走。"你知道这是什么意思吗？我，那个地方一个可怜的小女人，也有说"是"的权利，工会给的，但你知道这代表着什么吗？*jefe*（上面的人）过来跟我说："我要调走那个女人，可以吗？""可以，没问题。"说明社会进步了，他们知道这一点，他们也必须要尊重这一点。

尊重也是相互的。"所以我们在工会经常说，那我们必须要尊重老板，因为如果明天他们把冷冻厂关了，怎么办？"此外，玛利亚女士还反复强调自己在工会里面受人尊重，在社区和本地庇隆主义内部也普遍受人尊重。"与其说人们喜欢我，不如说尊重我。"

因此，我们可以说，这个关键叙述模式能让玛利亚女士在自我呈现的连贯性、自我叙述的持续性的基础上赋予自己人生故事以一致性。这种一致性和持续性体现在她坚持认为事情变好了，工会和庇隆主义取得的成就在某些基本方面得到了延续。在更个人的层面上，这种持续性体现在她把自己表现为始终都是一个叛逆者，强调自己的身份始终都是一个庇隆主义者。

与此同时，她的人生故事又复杂得足以抗拒任何轻率的阐释，因为还存在另一个叙述模式，这个模式充当了不和谐的舞台背景，不让她的故事像典型的传记体教育小说（bildungsroman）——这类教育小说在阿根廷以及其他地方的工人阶级传记中有很多种模式——那样几近于平稳地线性发展。这个叙述模式要黑暗得多，主要集中于她人生中的各种失望和背叛。首当其冲的是庇隆先后用独立党（Partido Único）、庇隆主义党（Partido Peronista）取代了劳动党。紧接着这次背叛的是1948年雷耶斯被捕入狱。几年后，在庇隆主义者省议员候选人名单上,一个有钱女人取代了她的位置,玛利亚女士继续从政的希望破灭。最后,随着1955年庇隆下台、雷耶斯获释出狱,她重新加入她寄望能够重获新生的劳动党,结果投身公共事业的希望又再次破灭,因为她发现雷耶斯背着成员出卖了该党。

用来处理这个黑暗故事的叙述手法,可能最好是把它比作悲剧性反讽,悲剧性反讽关乎"对比,一方面是个体以及她的希望、愿望和行动,另一方面是命运那黑暗强蛮力量的运作"。[1]确实,顺应命运是玛利亚女士故事的一个基本修辞。她的生活、希望和渴望往往被表现为受制于命运、宿命。这既有积极的一面,也有消极的一面。她在公共场合的演讲能力,就是她命中注定的一部分,她自己也解释不了。同样,从更悲观的一面来看,上帝的意愿也被用来解释她的诸多失望。对于为什么没能实现自己的抱负,在更广阔的舞台上成为一个政治家,她解释说:"上帝知道原因。"于是,就像我们下面将会看到的那样,有时她还把自己的失望归因于身为穷人和工人阶级,这个宿命逃避不了,必然限制了她的抱负。最后,从现在的有利位置回顾过去的事件,凭着对人类、对人类各种计划的弱点的长期体认所获得的智慧来评论和解释过去的事件,也含有一种反讽的语气。

显然,黑暗叙述威胁了玛利亚女士人生故事的凝聚力。我们可以说,从形式上看,这些不和谐因素部分被归入、重置在了浪漫史诗这个主导模式下。但这会是一种过于规整的解决方案。如两位格

---

[1] *The New Princeton Encyclopedia of Poetry and Poetics*, ed. Alex Preminger and T. V. F. Brogan (Princeton, N. J.: Princeton University Press, 1993), 634.

根所说，"人生叙述，不仅仅是重组的艺术形式"。[1]虽然一个人对自己的行为和周围社区所发生的事件的描述可能往往以文化所提供的叙述形式为框架，但人生不一定要以直接模仿的方式模仿艺术。

实际上，就像我们在本章和第三章将会看到的那样，人生故事研究可以开发的最丰富的阐释方法之一，就是探究旨在创造一致性和持续性的关键叙述模式与其他要素之间的关系，这些要素能够澄清、遮蔽、复杂化人生叙述中的矛盾主题和暧昧意义，或者只是让这些矛盾和暧昧紧张共存。确实，面对如此错综复杂的存在，我们不应该感到惊讶，它可能也根源于西方叙述传统某些根深蒂固的要素。例如，人们经常指出，西方情节的一个必然特征就是张力往往出现在事件正常叙述流受到干扰、常规叙述模式遭到违背的时候。这种有可能急剧加速"叙述滑坡"的戏剧张力的源头是多方面的，包括个人面临的生命危险、制度和社会领域存在的威胁。情节张力的另一个源头，而且对于含有这类黑暗叙述的故事来说也是特别重要的一个源头，在于一位学者所说的"认识论危机"（epistemological danger），当一个人的世界观面临无法解释的东西的威胁时，就会出现这种危机。[2]现在，如果我们把注意力转向分析构成玛利亚女士人生故事核心的那些故事，或许就能更好理解上面这些抽象而论的要素的含义。

---

[1] Gergen and Gergen, "Narratives of the Self", 269.
[2] Barbara Johnstone, *Stories, Community, and Place: Narratives from Middle America* (Bloomington: Indiana University Press, 1990), 34–35.

故事一
玛利亚女士和 *subprefecto*（次长）

我发现我这边有一个水兵，那边也有一个，那我当然就停止工作了嘛。

"怎么啦？"我说。

他们说："女士，你要跟我们走一趟，放下你的刀子和磨刀石，收起来，跟我们走。"

"但你们来找我，是哪个的命令？"

那是海军次长官署的命令，因为那一带都归他们管。

我对他说："但理由呢？"

"我不知道，次长会告诉你理由。"工头就过来说："女士，跟这些人走吧。"我说："不派一个担保人，一个女的，同我一起去，我就没有理由跟这两个人走。他们要把我带到哪里去？"

"去见次长，女士，"其中一个说。

我对他说："这就是为什么公司要派个女的跟我一起去，我不跟你们两个走。"

这样才合乎逻辑嘛。于是，他们就对那里的一个女工头说，她人很坏，"和这个女士一起去。"她把她的工装脱了，交给工头，把帽子摘了，稍微理了一下头发，就跟我来了。他们要带我去次长官署，当时我得脱下我的工装换衣服，他们想跟进来，进更衣室来，因为我们每个人都有自己的储物柜和挂锁，放我们的东西，我就说："不，先生，你待在外面，女工头可以看着我，我又不跑，先生，因为我知道我被寡头控制了，无耻的寡头们，手上大把美元，所以我让步了，但你不能进来这里，我是不会在你面前换衣服的，不，先生，所以我要穿着我的工装走。"

他走开，下楼，但只有这样才是合乎逻辑的嘛，我是个年轻女人，而且就算我是个老太婆，那个人看着我换衣服是啥意思？我就换了衣服下来，他们就把我带走了。

次长对我说："坐下。"

我对他说："下午好，先生。"因为，"坐下"，他都没有自我介绍。

"你是哪个？"

"阿根廷人。"他没说清楚"哪个"指的是啥。

"我问你的是，你是哪个党的？"

那时我们刚开始为劳动党工作。

"啊，先生，既然你问我我是哪个，我生在阿根廷，所以我就跟你说我是阿根廷人。我是个劳动党党员。我有劳动党党员证，西普里亚诺·雷耶斯是领导，我们为一个更大的劳动党奋斗，为贝里索的工人们，我想，还为整个阿根廷人民，其他你还想问啥子，其他信息？"

"是的，女士。你为什么要当劳动党党员呢？"

"哎，先生，你问得太多了，这就好比我问你为啥要当次长。我是个劳动党党员，你知道为啥，因为我们成立了肉厂工会（Sindicato de la Carne），现在我们只想通过一个工人的政党来表达我们自己，来解决我们这些工人遇到的所有那些忘恩负义的事情，不只是肉类加工厂工人，还有整个阿根廷共和国遇到的事情，所以先生，我可以给你的信息就这些，是的，我是个劳动党党员。"

"阿根廷从什么时候开始有了劳动党的？"

"哦，大概两个月了吧，"我对他说，"英国工党时间长得多，但阿根廷劳动党，才两个月；可能我们阿根廷公民没有权利组建政党，如果法律允许的话；就这些，次长先生，你对我想做啥就做啥，因为你让我在这里像是从印度来的一头猪崽子，但我这里和这里的东西是我的，先生，不是你的。还有其他事吗？"

"是的，听着，女士，我要给你一些建议。他们跟我说你是个聪明女人，你为什么不参加学校合作社，做其他事情，而不是搞政治和工会呢，这个你应该交给男人去做。"

我对他说："不，先生，我也有话要说。你会让我说话的吧，次长先生？我家里没有一分钱，没有钱，你有钱给我吗？有就给我，但不要给我建议，我活到现在，有三个孩子要养，家里又穷，我不接受任何人的建议。"

他不出声了，我就又对他说："还有其他事吗？"他是哪里冒出来的，要给我建议？我把家里的锅弄得砰砰响，好让邻居以为我的孩子们在吃东西，因为我们没有东西给他们吃。竟然要我听一个穿靴子的笨蛋的话。

丹尼尔·詹姆斯：但当时家里的情况有那么糟糕吗？他们为什么没有食物呢？

玛利亚女士：但还是有些时候，我说的是困难的时候，我儿子病了，我们把钱都花在他身上了，我们找医生，每个医生都跟我们收费，总有些时候我们手头不足，那是真的，我跟他说的是实话。

他就对我说:"那好,女士,你不能回去上班了。"

"很好,你都这么说了,就这么办吧。"

"你要在家里待十天,警察会守在你门口。你不能去上班,因为你那个车间听你的,你用手比画一下,女人们就不工作了。"我过去喜欢这样(她举起她的手),然后她们就都停下来了,她们所有人。

丹尼尔·詹姆斯:这个你是怎么做到的呢?

玛利亚女士:我不知道。上帝知道答案。

故事二
火鸡车间与 *La Intrusa*(闯入者)

有时候我笑我自己,因为我觉得自己这么渺小,但又这么强硬;有些事情,你一辈子做过一次就再也不做了,那是命运的力量给你的机会,就像那些大音乐家说的那样。工会下了命令,要我这个车间罢工,我手下的女人,我是代表,我们必须要说够了就是够了!我们就不工作了。但我想,那些给火鸡拔毛的女人怎么办?她们没有代表。她们没有一个工会代表,那个时候他们出口了很多火鸡,有很多女人工作。她们经常要把半死不活的火鸡丢到装满开水的大铁锅里,然后再捞出来拔毛。

我就起身到那里去,我进去的时候,有个工头对我说:"你是个闯入者。"

我对他说:"这个我同意,是的,我是个闯入者,但姑娘们，我们走，到外面去，肉类加工厂停摆了。"

话还没说完，她们就全部都出去了。

"他连我们上厕所都不准，那个王八蛋，"她们说，"我们都等不及要小便了。"

他不准她们上厕所，因为怕她们丢下工作。同样是这个人——生活让我们遇到的这些事情，有时候就像是不可能会发生——有一天，我要在马德普拉塔（Mar del Plata）讲话，庇隆主义的一个政治活动，我们那里都准备好了，漂亮的舞台，各种鲜花，灯到处都亮起来了，旗子，庇隆的照片，艾薇塔的照片，西普里亚诺·雷耶斯在场，他可以告诉你，有个人在舞台上装电器，我看他，他看我——这肯定是超过三十五年前的事了，是的，超过了——然后他对我说："你是玛利亚·罗尔丹。"

"没错，你就是说我是闯入者的那个人。"

"生活真奇怪啊。"他说。

"你知道哪里不一样吗？他们没把我当成小偷赶出去；我离开工厂有我自己的理由，而你，他们因为你偷东西把你赶走了，因为你偷了两台打字机。看，多不一样，我是一个可敬的工人，你是一个小偷。"我跟他说这些说得很慢，因为那是公共集会，有很多人。那个人站着不动，不知道是继续修电器呢，还是做点啥。

他说："女士，过去的事就不要再提了。"

"但我还记得他们撵狗一样把我撵了出去，你说，'滚出去，闯入者'，但我捍卫的是我在工会承诺要做的事情，如果再来一次，我还是会那么做的。所以，你现在也卷进政治了？"

"是的，女士，我现在住在马德普拉塔。"

"好吧，愿上帝与你同在。我想要你长点记性，就这些，这样你在生活中就不会再那么做了，你要做的只是说，'女士，请离开这里'，你没有必要侮辱我，或者碰我，因为你不该碰女人，就连警察也不能碰女人。"
　　因为他当时推了我。他在修我的麦克风，这样我好讲话，后来他就没有露面了，派了另一个人来。

　　这两个故事，是玛利亚女士整个人生故事中有代表性的个人经历叙述。从体裁上看，可以把它们界定为逸事。一般说来，逸事是"对事件简短、有趣的记述，这些事件通常是个人的或传记性的"。[1] 说得更具体些，最近已有研究指出了逸事体的几个突出特征：聚焦于一个片段或场景，往往把行动限制在两个主要人物身上。由此可以推知，逸事的结构往往具有很强的对话性，高潮通常是直接对话中出现的一个警句（punch line），引人注目，很值得讲给人听。[2] 玛利亚女士讲述的这些逸事，也属于在各种工人阶级文化中广泛流传的故事类型：权威故事（authority stories），详细描述叙述者如何与社会地位更高、权力更大的某个人打交道。

　　从形式上看，上面这两个故事体现了逸事的很多特征。"次长"故事，主要是大段转述玛利亚女士和长官的直接对话；"闯入者"故事，主要是她和火鸡车间工头的口头对话，直接引语明显构成了叙述的核心。实际上，这两个故事，叙述的评价部分——说话人用

1　*Webster's New World Dictionary of the American Language*, 2d ed. s. v., "anecdote".
2　See Bauman, *Story, Performance, and Event*, 54–78.

来表达故事重点的部分——基本上也都是由对话组成的。[1] 两个故事的结尾——对叙述重点做道德强调，总结并结束故事——也都用了警句形式。"闯入者"故事，实际上有两个警句："我是一个可敬的工人，你是一个小偷""你没有必要侮辱我，或者碰我，因为你不该碰女人，就连警察也不能碰女人"。"次长"故事，真正的高潮也出现在一个警句中，这个警句是间接陈述："竟然要我听一个穿靴子的笨蛋的话。"

就"次长"故事而言，在我们后来的访谈中，玛利亚女士还讲过一个不那么详细的版本，结尾也不一样。软禁结束后，玛利亚女士回来上班，与她那个车间的工头对质：

我回到我的车间，我的工作台，还是回到那个小地方。把我移交（turn over）水兵的那个工头过来说："你怎么样，女士？"

"entregador（举发人），"我说，"你是个 entregador，你也有妻子和女儿，总有一天，他们也要你交出（hand over）你的妻子和女儿。"

"好啦，我只是完成我的任务，就像你。"

"是的，皮条客的任务。"

---

[1] See William Labov and Joshua Waletzky, "Narrative Analysis: Oral Versions of Personal Experience", in *Essays on the Verbal and Visual Arts*, ed. June Helm (Seattle: University of Washington Press, 1967), 12–44; William Labov, "The Transformation of Experience in Narrative Syntax", in *Language in the Inner City* (Philadelphia: University of Pennsylvania Press, 1972), 354–396.

反复使用动词 entregar（交付）的各种形式，最后两句话围绕"任务"一词构成一种平行关系，这些都有助于在"是的，皮条客的任务"这个反讽、尖锐的警句中叙述。这个结尾，无疑很接近于理查德·鲍曼在西得克萨斯州逸事的经典研究中的观察：故事注重警句形式。[1]

不过，除此之外，这些逸事的深层意义是什么呢？故事的形式特征又是如何与意义相关联的呢？首先，我们不能只看这些看起来随意的、相对简短的体式的表面价值。逸事本质上具有一元性。例如，文学批评家弗兰克·伦特里奇亚就认为，逸事是"一种文化想要讲述的它自身的理想化故事的集中体现"。[2] 研究人生故事形式的学者都沿用了这个普遍的分析思路。逸事反映了个人与主流的社会模式和态度之间的关系。它们以一种综合的方式在地方层面上表达了对支配性价值观的违抗或接受。与此同时，我们还可以说逸事有很强烈的个人印记。它们戏剧性地塑造了玛丽-弗朗索瓦丝·尚弗罗-迪什所说的"自我的基础性神话"（foundational myths of the self），塑造了叙述人"个性化过程"中关键的某些"初始场景"（primal scenes）。[3] 就此而言，我们可以说，逸事在整个人生故事中具有重要的评价功能，证明说话人就是他/她自称的那种人。因此，从根本上说，逸事是具有社会、个人印记的道德故事：它们涉

---

[1] Bauman, *Story, Performance, and Event*.

[2] Frank Lentricchia, "In Place of an Afterword—Someone Reading", in *Critical Terms for Literary Study*, 2d ed. Frank Lentricchia and Thomas L. McLaughlin (Chicago: University of Chicago Press, 1990), 429.

[3] Chanfrault-Duchet, "Narrative Structures, Social Models, and Symbolic Representation in the Life Story", 81.

及得体、不得体的举止，负责、不负责的行为，这个世界的现状以及它应有的样子。

这些道德故事的运用是复杂的、微妙的。从故事一和故事二，我们可以清楚看到常见的"自我的基础性神话"的详细体现，玛利亚女士把自己呈现为一个叛逆者，*la impulsiva*（冲动的人），这个人随时会站出来反抗权威，捍卫自己和工友的权利。如果看得更仔细些，我们还可以看到道德问题放在了这些故事的中心。故事一有相当长的一段背景交代，说的几乎都是工厂内两性之间，特别是男性权威人物与女工之间的举止得体问题。玛利亚女士不厌其详地演示了自己的坚持，坚持要得到水兵和工头的礼遇与尊重。与这种道德主张相呼应的更大语境，显然是主流文化内部对赋予工厂女工以合法性的疑虑，当然还有对赋予工会和政治活动以合法性的疑虑。那个想给玛利亚女士提建议的次长，其实就是这个标准道德版本的具体体现。在这个语境下，我们就可以把玛利亚女士对自己受人尊重的详细说明理解为工人阶级和精英文化对女性出现在公共领域这个问题的一种紧张指数。

在故事一后来的另一个版本中，新的结尾让道德对比变得更加尖锐。玛利亚女士把自己的行为和工头的行为进行了对比，工头是"举发人"和"皮条客"。就像我们说过的那样，一个警句就突出了这种对比的分量。在故事二中，我们也看到了体现在警句中的同样的对比。玛利亚女士是"一个可敬的工人"，而工头是个"小偷"，这个工头甚至还违背了更重要的伦理规范，他碰她，还侮辱她，"就连警察也不能碰女人"。同样，比较一下故事二不那么详细的另一个版本也是有好处的。在这另一个版本中，对工头行为的批评，主要是说他不准女人们上厕所。玛利亚女士对他说："罪犯，

imbecile（蠢货）。你会对你自己的母亲、你的姐妹、你的妻子做这种事吗？这些女人怎么就不能上厕所了？败类。"这当然也是很严厉的批评，但缺乏与玛利亚女士自身行为的对照评价，正是这种对照评价才让故事二的道德分量更重。

下面，我想通过其他三个故事来扩充这种分析。这三个故事都属于逸事体中的权威故事。

故事三
没有用的人

有一次，我在一个老板面前停了下来，当时工会制度已经在我们中间扎了根，我们可以保护我们自己了，这个老板跟一个女人说："女士，你没有用。"

我看她没有回答他，我就说："这个女人有丈夫，她是位女士，是家里面的母亲，你有什么权力说她没有用？"

"嗯，她不知道怎么工作。"他对我说。

"礼貌点，老板先生，把她叫到你办公室那边，好好跟她解释，但不要在大家面前侮辱她，要记得，你是女人生出来的，不是工厂生出来的，难道你不是女人生的吗？"我这么对他说。他们过去经常说我是个冲动的人。

丹尼尔·詹姆斯：*La impulsiva*（冲动的人）？

玛利亚女士：冲动的人，因为我冲着他们的脸大吼。他是哪里冒出来的，当着所有工友的面说她没有用？这个女人待在那里，像是她杀了人一样，像是被定了罪的人一样。

我说:"把头抬起来,亲爱的,我们知道我们中间有能人(Fiends),但你不是没有用的人,你只是刚来没几天,还没有适应,很快你就可以像我们一样工作了。"

但这是因为我们已经可以说话了,我们有工会保护我们,所以我们知道我们不会无缘无故就流落街头,因为他们会抓着我的头发,每天把我扔出去10000次,因为作为工会代表,我有责任保护我的工友。

故事四
玛利亚女士与妇女投票权

我记得我和维乔利(Vechioli)教授去找庇隆谈话,庇隆身边有个保镖,一个黑人,有色人种。西普里亚诺·雷耶斯,庇隆上校,阿尔弗雷多·梅坎特(Alfredo Mercante),在台上站着。我们在座位上坐着。于是,庇隆上校说:"我想知道这些女士来这里的原因是什么。"他知道我们为什么在那里。他们给我安排了发言。

我就对他说:"听着,上校,我们想多了解你,想靠近点听你说话,因为你从马丁加西亚(Martín García)来的那个晚上,当时你还是个囚犯,原谅我提起这些不愉快的事情,当时人太多了,我们基本上听不到你的声音,现在我们可以听清楚了。我们也想请你帮个大忙,我甚至想说这是世界上每个政府的责任。"

"当然,女士,请讲。你是谁?"

"我的名字是玛利亚·罗尔丹,我从贝里索来,我在冷冻厂工作。"

"好吧,你想说什么?"

"我想对你说,我们,维乔利教授,和我们一起来的诗人,丰塔纳(Fontana,属于查科省)的女孩,还有罗尔丹女士,现在说话的就是这些人,非常感谢你接待我们。我们是来请求你批准妇女的公民权的,我们想投票。因为我很多时候都觉得很受伤,选举日我丈夫回来跟我说,'人民投票了'。我一般都这么跟他说,人民没有投票,是一半的人民投了票,因为女人也是公民,因为如果明天天启四骑士——贫穷、苦难、瘟疫、毁灭、饥荒、痛苦——来敲祖国的大门,那她也是保卫自己孩子、保卫自己国家的打不倒的战士。她是人民的一部分,如果人民在这个世界上有权选举他们的政府,那庇隆上校,我们就不能再让酒鬼投票了,不让疯子投票,也不让死人投票——他开始笑——因为你知道死人投票了,上校,保守派管事的时候,死人就投票了;僧侣也要投票,他们值得尊重,我对他说,我们只能听着我们的丈夫、兄弟、叔伯跟我们说人民投票了。难道我们不是人民吗,上校?"然后我看了他一眼,站在他旁边;他们要我上那里去讲话。

丹尼尔·詹姆斯: 他说什么了,他同意吗?

玛利亚女士: 他问雷耶斯我是不是 *doctora*(医生)。雷耶斯捧腹大笑,不不不,她是肉类加工厂工人,他说。

故事五
玛利亚女士与弗朗西斯科·曼里克的来访

对了，我还在我屋里头，不是这里，另一个屋子，见过弗朗西斯科·曼里克。他和两个女士一起来的，她们都是议员，那时我还年轻，这是他参加的第一次选举。

"罗尔丹女士，"他说，"我们考虑过你，说了你很多事情，如果你不介意离开庇隆主义的话，我们希望你加入我们党，我们会把你安排在名单最前面，你会有辆车，有个司机听你指挥，照顾你，等等。"我们谈了很多事情。

然后我就跟他说："你看，弗朗西斯科先生，我不能给我的孩子们留下任何东西，因为我什么都没有，但我给他们留下了一些很有价值的东西，价值大得很。我留给我孩子们的是光荣和体面。我在1945年10月17日那天，受我这里这颗小心脏的驱使，在五月广场要求释放庇隆，因为情况糟透了，我家里的情况，我认识的很多工人家里的情况，因为贝里索是个 *paño de lágrima*（泪田），因为我们有些工友被他们用子弹杀了，因为家里的父亲们必须出去钓鱼才找得到东西吃，因为我看到他们让一个工友穿着她的工装就下葬了，因为我们没有钱给她买寿衣——为这个，我还写了首诗——因为从我年轻时起我就吃过很多苦，流过很多泪，所以，弗朗西斯科·曼里克先生，听好了，那个是我的，我这里和这里的东西，是我的，没有人可以从我这里买走。你可以给我你想给我的所有东西，我谢谢你记得我这个小人物，但我始终是正义主义运动的女人。"

"但是，你看不出来吗？"——他说——"它走歪路了，一切都颠倒了，庇隆主义里面有些人不属于庇隆主义。"

"我看到了很多事情，但我也看到庇隆没有让他们那么做，那些人是忤逆老父亲的坏孩子，但到了那一天，等这些另一个阶段的年轻人做出反应了，庇隆主义就可能比激进党还要强大。听着，弗朗西斯科先生，我很谢谢你的来访，但不要指望我。"

这三个故事也体现了逸事体的突出特征。分析故事一、故事二时我们已经说过这些特征。例如，它们旨在具体表现一个道德故事，这个道德故事既关乎玛利亚女士的自我投射，也关乎更大的社会道德问题。故事三"没有用的人"，重复了故事一、故事二中出现过的基本的"自我的基础性神话"。她是 *la impulsiva*（冲动的人），敢于对抗权威，冲着他们的脸大吼，保护自己的工友，因为自己的冲动，冒着"每天一万次"被赶出工厂的风险。但故事三也出现了其他一些有意思的要素，让我们超出了直接的"对抗权威"叙述。

很明显，故事三中的自我被呈现为一个叛逆者，一个异端。不过，我们从这个异端形象身上还看到了一种强烈的母性。她不仅保护工人，她还保护其他女人，她的主要姿态是一种母性保护的姿态。如果说这种自我投射有神话原型的话，大概就是尚弗罗 - 迪什所说的"养母"（Foster Mother）了，这个形象是融入集体社会神话的各种"母亲和女性的社会象征形象"中的一个。[1] 这种保护性的、母性的语气，在故事二"闯入者"里也很明显，玛利亚女士只用了

---

[1] Chanfrault-Duchet, "Narrative Structures, Social Models, and Symbolic Representation in the Life Story", 81.

一句"姑娘们我们走"就扭转了局势，她的这些姑娘们本来连厕所都不准上。这种女性的女保护人的榜样，显然是艾薇塔。

故事三还有另一个原型，更具《圣经》渊源的原型。这不只是一个在不断否定女工尊严的权力关系面前坚持主张女工尊严的故事。这个故事的后半部分，在详细说明前半部分的基本信息的同时，还增加了一个关键的叙述意象，这个意象不是出自社会主义—无政府主义传统的世俗库存，而是出自大众宗教意象。玛利亚女士的行为，让人联想到基督式的姿态，保护那些没有能力自卫的人，靠个人干预来拯救受苦的同胞。那个女人低头站在那里，"像是被定了罪的人一样"，默不作声，孤立无援，直到玛利亚女士叫她抬起头来，这个场景有力地复制了基督教图像学（iconography）的一个基本意象。

这里，我们还要注意个人叙述投射与逸事所唤起的更大的社会世界之间的联动（interlining）。这个逸事的基督教意象，还有我们提到的那种母性语气，可以看成自我呈现的形式，用路易莎·帕塞里尼的话来说，这些形式可以"用来揭示文化态度，揭示对世界的看法和对历史的理解"。[1] 实际上，玛利亚女士很清楚这个更大的语境；她说"当时工会制度已经在我们中间扎了根"，这样她就框定了故事，把自己的个人行为定义为工会代表的一种责任。面对这些自我呈现，我们要做的事就是追问这一时期工会组织和活动得以发生的心理、文化结构。

故事四、故事五是权威故事的一种变形。这里没有直接对抗权

---

[1] Luisa Passerini, *Fascism in Popular Memory: The Cultural Experience of the Turin Working Class* (Cambridge: Cambridge University Press, 1987), 29.

威，而是表现那些社会、文化地位更高的人对玛利亚女士的尊重。这里呈现的自我，不是对抗性的叛逆者，而是一个赢得上级尊重、受到他们平等对待的人。尽管没有对抗性行为，这两个故事还是说明玛利亚女士乐意强调自己的人生和经历中与那些权威人物打交道时的艰难事实。她不屈不挠地讲述这些事实，这两个故事也对我们在其他故事中看到的道德上完整的自我意识投射表现出了同样的关注。它们都有一个基本的道德要素。特别是故事五，通过细数自己的苦难和贝里索其他工人的苦难，她奠定了自己作为庇隆主义者的政治身份的情感基础。这些苦难，与她的对话者弗朗西斯科·曼里克先生的特权地位形成了含蓄的对比。玛利亚女士还确立了自己的道德地位，因为曼里克试图用物质利益换取她背叛自己的政治身份，对此她表示了明确的拒绝。她抗拒的诱惑，不只是物质上的。曼里克，就像是山顶上的魔鬼，还想让她怀疑自己的信仰："你看不出来吗？它走歪路了，一切都颠倒了。"当然，这种诱惑，她也是抗拒得了的。

这后三个故事也具有逸事的另一个基本特征：主要以对话体结构而成，以作为主人公的叙述者与她的主要对话者之间的会话交流为中心，用直接引语进行描述。确实，直接转述对话内容，是玛利亚女士所有人生故事中的一个主要特征。实际上，这组故事中的第一个权威故事，即玛利亚女士和次长的故事，就以详细转述她和次长的对话的方式确立了一种她在对话中始终占据主动的模板（prototype）。我们应该如何理解这个主导模式呢？一方面，我们或许可以从有些学者所说的男女两性使用的话语策略不同这个角度做出解释。这些学者认为，除其他明显特征外，比起男性来，女性更常见的是直接转述自己和别人说过的话。[1] 这种不同背后的一个主要因素，一般认为是因为男女两性自童年时期以来在社会化、个性化过程中逐渐形成的对自我的不同定义。[2]

不过，我也想提出另一种解释，这种解释来源于这些权威故事背后男女经历的性别特征。考虑到工厂的现实环境，以及社区中存在的权力关系，玛利亚女士对抗权威，确实不能选择这种表达方式，即对不公正的上级采取直接行动或进行身体上的反击。她对抗权威，更多是语言上的，对话的作用重要得多。这里，对比一下玛利亚女士的故事和那些男性工人讲述的对抗权威故事是有好处的。讲过这类故事的一个典型男性，是亚历杭德罗·奇布尔（Alejandro Chible）。他描述了40年代中期他18岁刚进冷冻厂时发生的一件事。他这个故事的基本背景，是说工头因为他上班时抽烟解雇了他。他说的第一句话，同样也可以明显看出自我呈现的基础性神话："我是个强硬的年轻人……我生来就强硬，在工作上。我骨头都是硬的。"但这个逸事的重点不是他自己的强硬，他承认自己很天真，故事的重点是工会代表的强硬，那个代表是个"怪物……在厂里待了很多年，受过很多打击"：

他就对我说："你去哪里，孩子？"

"工头让我回家，他们要解雇我，因为我带烟来了。"

---

1 Barbara Johnstone, *Stories, Community, and Place*, 66–67.
2 See Carol Gilligan, *In a Different Voice: Psychological Theory and Women's Development* (Cambridge, Mass.: Harvard University Press, 1982); Nancy Chodorow, "Family Structure and Feminine Personality", in *Women, Culture and Society*, ed. Michelle Z. Rosaldo and Louise Lamphere (Stanford, Calif.: Stanford University Press, 1974),43–66.

"不,你哪里都不去,穿好衣服鞋子待在这里,你哪里都不去。"

他就去和工头说:"罗萨斯(Rosas),这个孩子怎么了?"

"没怎么,我把他撵了,因为他抽烟。"

普泰罗(Putero),那个代表,就说:"别胡闹,你还没有孩子。"然后他用这么大的一把刀砰砰砰地拍桌子边角,车间都安静了。工头是不会惹这个家伙的。

尽管转述对话在这个叙述中起到了部分作用,但却不是体现故事重点的基本评价的组成部分。这里的对话,不能体现出我们在次长故事中所见的那种对权威的复杂的口头质疑,表面上彬彬有礼,但却暗含了一种反讽、尖锐的语气。奇布尔这个故事的高潮是一个动作,不是一句话。亚力山德罗·波特利在他对特尔尼男性工人的访谈中也谈到类似现象,即注重身体上的对抗和行动。[1]

这里,显然,在一个层面上,我们可以说,直接引语在玛利亚女士故事中的不同作用,反映了工厂内部性别化的阶级现实。女工,就算是工会代表,在面对权威时也不会像男性那样采用攻击性的身体对抗方式。但我们也要小心,不能只从字面上看待这些自我呈现。路易莎·帕塞里尼就特别谈到了都灵女工自我呈现时所用的反抗套路(rebel stereotype)。她说:

> 反抗套路……主要不是为了描述事实和实际行为,而是有明显的讽喻目的,这些目的通过接触不同的生活经历而不断发

---

[1] Portelli, *Death of Luigi Trastulli and Other Stories*, 134–135.

生变化。它是在压迫女性的社会秩序这个语境下表达身份问题的一种手段，但同时也是传递压迫意识和他者意识的一种手段，因此也是引导自身改变现状和未来的手段。[1]

我们还应注意的是，玛利亚女士转述的对话，是她在多年以后讲述这个故事时建构的。在会话性叙述中使用直接对话，就像很多相关研究指出的那样，这种建构并不是原样复制说过的话。口头叙述者把建构过的对话作为一种资源，以实现更大的目标；他们很少能够准确回忆出原话。[2] 关键在于，这些逸事所用的套路涉及复杂的自我呈现方式。使用套路并不意味着对话是编出来的，叙述者放在别人嘴里的话也必须要保持真实性。但这确实意味着这些对话的作用绝不是简单地直接转述。这也解释了权威故事中对话的公式化特点。让权威人物"用公共的声音说话"是为了说出事实、主流社会价值观和传统看法的一个权威版本。故事一中的次长形象，就是这样的一个典型。确实，他的言语明显定型化，我们可以把他在这个故事中所说的话用在其他故事中的其他权威人物身上。同样，玛利亚女士自己的回应有时候也是定型化的，可以重复用在她所讲的自己对抗权威的其他故事里。[3]

这样一来，这些逸事作为历史文献的地位显然是成问题的。当然，文献真实性问题不限于女性的权威故事。很有可能，很多男性在面对权威时的做法，并不像他们的故事想要我们相信的那样更有

---

1 Passerini, *Fascism in Popular Memory*, 27–28.
2 See Barbara Johnstone, *Stories, Community, and Place*, 77.
3 Barbara Johnstone, *Stories, Community, and Place*, 77.

攻击性；而有些女性的做法，其实要比她们故事所说的那样更有攻击性。不过，考虑到制约女工公共活动范围的那些准则，她们也不一定觉得自己有权直接表达这一点。实际上，情况很有可能是这样的：玛利亚女士在工厂对抗权威时，如执行纠察任务或开展其他直接的工会行动时，比她在这些逸事中所讲的更有攻击性。这种可能性指向另一个重要的阐释变量。和所有逸事一样，这些故事是以一个更大的公共话语为框架的，这些故事的形式和内容很大程度上受到了玛利亚女士所在的特定话语共同体的期待和准则所产生的迫切需要和压力的影响。（这个问题的讨论详见下）

181

因此，玛利亚女士与权威人物进行口头交流的本领，就成了这些故事的主要特征。她的自我认知，她的自我呈现，与她的能力密切相关，由于她的口头和语言技巧，她在这些故事中证明了自己的价值、证明自己值得受人尊重。在这个意义上，这些故事说的是符号、文化资本的积累。这个资本最终不是取决于所讲的具体行为，甚至也不一定取决于故事的道德效果，而是体现为语言互动本身。在这个意义上，这些故事中直接对话的主导地位，正说明了语言本身的重要性。类似的看法，也体现在了欧文·高夫曼的"立足点"（footing）概念之中，即通过驾驭语言互动来表现自我投射。[1] 玛利亚女士在这些逸事中对对话的驾驭——她占据主动权的立足点——使她能够证明：尽管她是"小我"，尽管从传统意义上说她无权无势，但她也有能力对抗厂内的权力，或是赢得厂外权贵的尊重。

故事五中她转述的自己与弗朗西斯科·曼里克的对话就是一个例子。我们已经说过，这个故事具有明确的道德信息。玛利亚女士

---

[1] Erving Goffman, *Forms of Talk* (Philadelphia: University of Pennsylvania Press, 1981), 128.

关心的是创造并展示"一个完整的自我形象,足以比肩权威"。[1] 这个形象,其实可以说是绝大多数人生故事的目的,在这个意义上,这个逸事——与其他逸事一样——关注的是在微观层面上投射并维持她宏观叙述的整体一致性。她对弗朗西斯科·曼里克先生说,物质上她没有什么可以留给孩子们的,她能留给他们的东西只有"光荣和体面""价值大得很"。她留给孩子们的还有她说过的话,这些话通过"光荣和体面"这个说法表达了出来,这个工人阶级女性用言语行为让弗朗西斯科·曼里克知道了自己的分寸。她归因于语言的这种能力,部分是上帝的礼物,超出了她的理解能力;从社会层面看,部分也是工会和 40 年代社会、政治变革的礼物,玛利亚女士把这些逸事的整个时间框架定义为这样一个时代:*cuando ya teníamos la palabra*(我们已经可以说话了)。不管这个礼物究竟是从哪里来的,都不能否认它的力量;在这个意义上,我们或许可以说,这些逸事与鲍曼的西得克萨斯州故事一样,最终都"关乎话语的改变能力"。[2]

这些逸事的最后一个特征是渴望关注。它们的表演性很强。表演型故事,意味着说话人把故事演出来,好让听众有机会经历事件本身和她对事件的评价。这种表演通常是戏剧化地讲述事件,差不多相当于戏剧重演,有舞台布景,有角色分配。欧文·高夫曼等社会语言学家认为,叙述的表演性这一面,其作用不只是增加所讲故事的真实性和生动性。高夫曼说:

---

[1] Penelope Eckert, "Co-operative Competition in Adolescent Girl Talk", *Discourse Processes*, 13 (1990): 92–122.

[2] Bauman, *Story, Performance, and Event*, 77.

说话人所做的事情，不是向接收者提供信息，而是在听众面前演戏。确实，看起来，我们的大多数时间都不是花在了提供信息上，而是演戏上……重点是，通常说来，当一个人说事的时候，他不是从自己的角度出发作枯燥的事实陈述。他是在讲述。他是在梳理一系列已成定局的事情，好让他的听众参与进来。[1]

表演型故事有几个突出特征。其主要特征，也是直接引语。叙述者，在扮演戏中的各个角色时，引用其他人的话来突出真实感。其他特征，还包括使用旁白、重复、身体的动作姿势。一个常见的句法特征，则是用动词现在时来表现连续的历史存在，以增强叙述的生动性，突出特定的交流内容。[2]

玛利亚女士的故事具有很多这些特征。最受转录过程影响的，正是叙述的表演性这一面。把口述转变为打印文本，扁平化、最小化了很多这些特征。实际上，这些故事，很多都是玛利亚女士站在她厨房桌子旁边讲的，她充分利用了各种姿势，用身体语言为她的叙述加标点，做额外强调，派给不同角色的声调口吻也不一样。转录文本也留下了一部分表演痕迹。如故事一，她对次长说"我这里和这里的东西是我的，不是你的"这句话时，她做了摸心口、摸头的动作，转录文本可以明显看出这一点。她对曼里克说"我这里和这里的东西，是我的"这句话时，差不多也做了同样的动作。有些

---

1 Erving Goffman, cited in Nessa Wolfson, *CHP: The Conversational Historical Present in American English Narrative* (Dordrecht: Floris Publications, 1982).

2 See Wolfson, *CHP*.

逸事显然是以戏剧表演为框架的,玛利亚女士用旁白明确地提供了舞台指导和舞台背景。最明显的例子是故事四。作为叙述背景交代的一部分,她设置了这个场景:"西普里亚诺·雷耶斯,庇隆上校,阿尔弗雷多·梅坎特,在台上站着。我们在座位上坐着。"到了故事结尾,她又重新讲了一遍主要人物即她和庇隆的位置:"我看了他一眼,站在他旁边;他们要我上去那里讲话。"

我们已经说过,表演型叙述的一个主要作用是突出故事的生动性,从而增强所叙事件的真实性。因此,重演这些事件,用高夫曼的话来说,"听众可以共情地介入其中,替代性地重新经历发生过的事情"。[1] 一般认为,这些表演的戏剧性能够增加观众的共情性认同;但除此之外,我还想说的是,它们也是文化表演的重要方式。这类文化表演可以有很多功能。芭芭拉·迈尔霍夫认为,老年人和边缘人中的文化表演源于隐身的危机（crisis of invisibility）。在迈尔霍夫看来,文化表演可以包括讲故事、公共仪式、壁画、抗议游行,特别是"现身的机会"（opportunities for appearing）,她说,"是存在本身不可或缺的组成部分,因为我们在其他人眼中是没有用的存在,我们甚至有可能开始怀疑自身的存在"。[2] 就玛利亚女士来说,既因为年龄,一定程度上还因为她在社区内的个人历史,她被边缘化了,这些表演——无论是1987年在她家厨房对我讲述,还是多年来参加本地庇隆主义的集会——一定意义上就成了对"在场"的一种确认。但这些表演出来的故事不只是为了确认能见度。它们也可以说是在表演"地位提升的仪式",玛利亚女士通过这些仪式来

---

1 Wolfson, *CHP*.
2 Barbara Myerhoff, *Remembered Lives: The Work of Ritual, Storytelling and Growing Older* (Ann Arbor: University of Michigan Press, 1992), 233.

提高自己在社会等级中的地位。这种地位提升,是用各种方式象征性地实现的。一方面,通过展示和调动语言文化资本,即通过公开展示她的演说和表演技能,提升她的地位;另一方面,这种提升还源于她把对自我的定义表演为一个道德高尚的人,那些社会、文化的上位者给予她的尊重和平等就明确证明了这一点。迈尔霍夫认为自我定义可以通过表演而得以实现,她说:"这相当于成为自己所说的那个人。"[1]

我们从玛利亚女士在庇隆面前谈论妇女投票权问题,就可以清楚地看到这一点。除了讲述自己对庇隆做了如此一番演讲和通过演讲的修辞表演获得地位外,故事结尾附加的舞台提示也象征性地强化了这些说法。结尾,她看着庇隆的眼睛,站在他身边。这样一来,她就象征性地反转了庇隆和自己的空间距离,她的位置从坐在台下变成了和他平等比肩,站在他身边。雷耶斯讽刺地捧腹大笑,澄清说:"不不不,她是个肉类加工厂工人。"这在一定程度上削弱了这个说法的重要性。但这种澄清是必要的,因为庇隆问雷耶斯她是不是 *doctora*(医生)。如果这些表演可以视为对提升地位的一种主张,那它们也确实意味着戳破了官方所说的地位。在某种程度上,这种反转在所有权威冲突故事中都是有效的,但最微妙、最有效的莫过于把海军次长形容为"穿靴子的笨蛋",这里,地位的反转,对狂妄自负者的贬损,几乎可以说是狂欢式的(carnivalesque)。

我们上面讨论的这些故事,其基本任务是维持玛利亚女士人生故事的关键模式。这些故事通过特定的叙述模式体现了她对自己人生的基本认知。特别是,通过展现道德正气,通过肯定关心、团结、

1　Barbara Myerhoff, *Remembered Lives*, 235.

尊重这些基本价值观,这些逸事还谈到了如何在社会上获得可敬地位的问题。这些构成了我们所说的关键模式的一部分,这个关键模式利用了浪漫史诗的叙述结构,展现了一个迎接并克服挑战的过程,一个可敬的人生故事就在这个过程中塑造成形。与这个人生故事相共振的社会语境,则体现为对主流社会秩序的根本质疑,以及对另一种选择的肯定。

在逸事层面上,人生故事的关键模式是通过详细展示自我呈现的某些特定套路而体现出来的。这些自我的基础性神话,最突出的是叛逆女性的神话,其功能是作为一种稳定的叙述,为更大的人生故事提供时间上的基本连续性。如夏洛特·林德所说,创造并维持自我历史连续性意识的能力,既是正常人格的基本成就,也是讲述人生故事的基本目的。[1] 上面分析的这些权威逸事是承担这个叙述功能的重要手段。我们还应指出的是,这些逸事使得玛利亚女士不仅可以表达贯穿自己一生的某些心理上、情感上的一致性,还可以表达她政治身份的一致性。例如,故事五的另一个版本,她在对曼里克说了"我始终是正义主义运动的女人"这句话后还补充了一句:"环绕我的是我自己的信念,是我父母传给我的东西,做一个始终如一的人,只坚持一个真理。"同样,在前面没有提及的另一个故事里,她对前总统阿图罗·弗朗迪西(Arturo Frondizi)说:"我本质上必须是个庇隆主义者,我们这些卑微的人归那个伟大的军人领导,胡安·庇隆。"虽然在个人和政治身份层面上这些故事体现了一种基本的稳定性,但在社会和政治层面上,这种稳定性是与进步叙述(progressive narrative)联系在一起的。从工厂和社区的生

1　Charlotte Linde, *Life stories*, 98–127.

活条件来说，事情改善了。所以，再强调一次，我们可以说这些故事支持并补充了主导的叙述模式，它们不挑战人生故事的根本基础。

下面，我想讨论我前面提到过的那个黑暗叙述模式，它充当了这个关键模式的舞台背景。为此，我需要分析另外两个故事："大幻灭"和"马格达莱纳之行与西普里亚诺·雷耶斯被捕"。这两个故事比前面那些权威故事长得多，有大量源自叙述核心的解说性内容。我想说的重点是，这两个故事可以告诉我们一些很有用的东西，只要我们把它们分析为玛利亚女士用来表达和避免所谓"认识论危机"的叙述手段。阿利斯戴尔·麦肯泰尔认为，一旦解释上的支撑体系受到质疑，就会出现这种危机，并威胁人生故事的一致性。[1] 就玛利亚女士而言，这种危机源于西普里亚诺·雷耶斯与庇隆决裂、压制劳动党，以及所有这些对她在地方、国家层面的政治抱负的影响。因此，这种危机反映了个人与公共、意识形态与道德、地方与国家各种因素的复杂串联。

这两个故事是在我们的访谈临近尾声时讲述的。这里，我保留了故事讲述时的原有顺序。

故事六
大幻灭

丹尼尔·詹姆斯：你从没觉得自己被人骗了，被庇隆主义

---

[1] Alisdair Macintyre, "Epistemological Crises, Dramatic Narrative, and the Philosophy of Science", *The Monist* 60 (1977): 453–471.

的某些方面欺骗了吗？政治的某些方面？

玛利亚女士：有一次我觉得很失望，本来我是要当省议员的，一个女人来了，这个女人有很多钱，有辆漂亮的车子，几件好看的外套，他们就把我从名单上拿掉了换成她，因为她给整个竞选活动付了钱，玛利亚·罗尔丹什么都没有，她只会说。就因为这个，他们在蓬塔拉拉（Punta Lara）给了我一块地。很替我着想的两个人给我的，我不能说不，不，我不想要，因为不是他们对我做错了什么，错的是艾薇塔。

丹尼尔·詹姆斯：我没明白，这是怎么回事？

玛利亚女士：如果一个人去，是因为会上他们投票给她，然后另一个人来了，去了，是因为他们还没有弄好名单，怪哪个？管事的人。当时还有其他这种事情，有个女人本来也是要当图库曼（Tucumán）议员的，他们把她免职了，换了一个男的上去，那个女人在外面哭得像个小娃娃。

丹尼尔·詹姆斯：那你对此有何反应？

玛利亚女士：我的反应很糟糕，我退休了一阵子，我不敢相信这种事会发生在我身上。我研究国家劳动法，我把所有时间都花在拉普拉塔，花在布宜诺斯艾利斯，我住在圣马丁我姐姐家里，这样，我就可以离所有那些东西更近一些。我实际上抛弃了我的家庭和工作。我要了特别许可，他们也给我了。但事情就是这样。四面八方都隐藏着背叛。那些有两三栋房子的女人，这个嘛，我都说了，我只有一个房子，我住在这里……

因为我们真该问问胡安娜·拉劳里（Juana Larrauli），现在她和我都老了，问问其他那些议员和参议员，他们留给后人的是什么，他们留给年轻人的是什么，他们当立法者的时候他们都做了些什么？换上他们的漂亮袍子，去招待会，去马德普拉塔旅行，去见教皇，然后再回来。这帮不了阿根廷人民，亲自帮助受压迫者的是艾薇塔，我们就别自己骗自己了。我从没在任何大的杂志报纸上见过胡安娜·拉劳里走访棚屋、治疗伤者的一张照片。这就是说，我们这些贝里索女工，高贵的人，因为我觉得我自己是个高贵的人，但贝里索这里还有很多其他女人像金子一样贵重，我们奉献了我们人生中最美好的时光，我们知道怎样熬过长期罢工，制止不公正，所有那些事情，我们都被利用了，我们被用来把庇隆抬得更高，这个地位也是他应得的。但上面和他在一起的那群人先来，因为他们是拍马屁的人，白天黑夜都在艾薇塔身边，挂在她领口上。现在你明白我了吧？很容易就明白的事情。我抱怨的是发生在很多人身上的事情，但你必须要明白，也有庇隆发不出钱的时候，没有钱搞政治宣传，要成千上万个比索，哪个拿钱出来，哪个就是上帝，那些有能力有才华的人，比如说演讲家，我们有很多，不只是我，就丢到九霄云外去了，出去到处找资金……那些管事的人很坏，他们是真正能干的人的敌人，因为政治很肮脏，只要有人成了出头鸟，我在公共场合讲话的时候，我生活中有那么多束鲜花，一想到这个，我就真的觉得幸福，穷人，他们每个人顶多凑一个比索来买花。但另一方面，他们可能是觉得罗尔丹女士要当候选人了，因为她那样说话，但我从没走到那一步，因为这样或那样的原因，因为上帝不想这样，他知道原因。政治里面有那么多的嫉妒和邪恶。我可以给你讲个故事，一次，我要去贝尔格拉诺电台（Radio Belgrano）代表劳动党讲话。有个名叫戈麦斯（Gómez）的男人，绰号"啾啾鸟"（Churrinche），但他就是那种人，不是吗？他来党部说，小心罗尔丹，因为她是不会去贝尔格拉诺电台讲话的——因为他知道贝尔格拉诺电台的信号到不了那里——我觉得她要去代表激进党讲话。那天晚上我和我丈夫回来，我们去了劳动党党部，我发现所有这些奇怪的表情都在看我。

"晚上好，如何，你们从哪里来？"

"从布宜诺斯艾利斯，"我丈夫告诉他们，"从贝尔格拉诺电台来，我妻子去贝尔格拉诺电台讲话了。"我丈夫说。啊，他们说，因为某某人过来说她代表激进党讲话去了，因为激进党找我谈过话。

丹尼尔·詹姆斯：那我想问的问题是，如果有另一种庇隆主义，更工人阶级的庇隆主义，你会不会觉得好一点？

玛利亚女士：那是我们想要的，但不幸的是，它变得越来越资产阶级了，玛利亚·罗尔丹和那个有钱女士的事情说得很清楚了，那就是个寓言，一百年里可能有四个，那个人带着钱来了，进了议院，开始立法。啥？如果她从来都不缺食物给她的孩子们，如果她总是和两三个仆人住在一起，如果那个女人有财产，租金，车子，官殿，如果她有所有一切，她说得出来我说的那些话吗？她说得出来我经历过的那些痛苦吗？我带着孩子在冷冻厂经历过的痛苦，我童年时候经历过的痛苦？所以，它是变成资产阶级了，还是没变？因为他们在立法机关安排了一个有钱的女人，不安排贝里索来的女工？这里你就找到原因了。因为她带了她的美元来，罗尔丹女士什么也没有，只会讲道理，凭高贵和能力获得的权利才是她这个穷女工的。这就是庇隆主义变成资产阶级的原因。

对玛利亚女士来说，这个故事不好讲。早前有一次访谈，在回答有没有觉得庇隆和艾薇塔做错了什么的问题时，她很简略地提过这件事。当时她的回答，一开始是断言自己没收过庇隆任何东西，接着就说："有一次我本来是要当国家议员的，一个有很多钱的女人来了，把钱放在桌子上，罗尔丹女士就不是议员了。这个没关系，但我是罗尔丹夫人（*Señora de Roldán*），她是个人人都搞得定的可怜女人，因为她有三个家；发生了很多事情，我不能说，也不能让你记录，因为我不想说这些，更何况是说一个女人了。非要说的话，我用我的裙子遮住了一个女人的过错。"她坚持认为，用来衡量自己留给孩子们的遗产的，是别人的记忆和尊重，而不是政治职位。

对于庇隆和艾薇塔可能犯下哪些错误这个问题的回答，结果变成了一个有点隐晦的道德故事，玛利亚女士开始把自己评价为一个道德上正直、廉洁的人，没有从自己的公共活动中得到过任何东西。她的这个人格，是通过与一个富有的、性道德可疑的女人相比较而建立起来的，那个女人"人人都搞得定"，她唯一的优势就是有钱。至于这个道德故事与庇隆、艾薇塔错在哪里这个问题的关系，并没有明说。

几个月后再讲这个故事，也没有变得更容易。实际上，她第一段话就交代了基本叙述，也包含了她第一次说过的那些基本要素。但这次她增加了一个重要的总结评价："错的是艾薇塔。"在我请她详细解释这个评价的推动下，大概还因为她终究要面对这个困难主题，她开始了长篇解说。在后来数个星期的多次访谈期间，她还会不断回到这个解说的很多基本要素上来。从形式上看，这个故事是个混合体，其中包含的要素既有个人经历，也有解说性叙述。这

190

个故事的体裁不同于前面分析过的那些逸事,转述对话不占突出地位,也不注重对话中包含的警句。我们或许可以说,解说性部分的重要性在于,玛利亚女士觉得必须要直面这个故事的简短叙述核心提出的自己人生故事中那些成问题的方面。这个故事涉及失败和失望,事业上的阻滞(这个事业本来有可能让一个女工的人生脱离贫穷的肉类加工厂社区),以及这个失败该由谁来承担责任的问题。之所以成问题,是因为这个故事与进步叙述背道而驰,而进步叙述奠定了玛利亚女士人生故事的基本模式。我自己在核心叙述后插入的提问"我没明白,这是怎么回事",也证明了这种问题状态。确实,夏洛特·林德认为,在人生故事里,把解释说明用作一种话语手段,正是为了"确定说话人自己觉得不舒服的命题的真实性,或是捍卫他们觉得接收者在某种程度上质疑的那些命题的有效性……一旦事情在某些方面出了问题,我们就会靠解释说明来补救"。[1]

尽管一开始责备艾薇塔要为发生的事情负责,批评后来也波及了庇隆,但故事主体还是免除了他们的责任,没有谈他们具体错在哪里。责任主要落在了他们身边的随从身上:"拍马屁的人,白天黑夜都跟在艾薇塔身边,挂在她领口上。"庇隆和艾薇塔的功绩没有受到质疑:庇隆的地位是他应得的,"亲自帮助受压迫者的是艾薇塔"。政治本身也受到很多指责。在政治领域,管事的是嫉妒的庸人,他们是"真正能干的人的敌人"。贝尔格拉诺电台这个次要叙述,就是为了说明这一点才讲的。最后,还对所发生的事情给出了一种实用主义的解释。竞选活动缺钱,"哪个拿钱出来,哪个就是上帝"。

---

[1] Charlotte Linde, *Life stories*, 93–94.

重要的是，这个故事是通过把它的主要意义建立在抽象的政治层面上混合而成的。亚力山德罗·波特利在他对路易吉·特拉斯图利之死的杰出分析中指出，大多数叙述人试图通过把他们故事中的事件放在一个特定的记忆"模式"中来获得一致性。他确定了三种基本模式：政治模式，属于政府、政党、工会、选举、意识形态领域；集体模式，涉及社区生活、街坊邻居、工作场所、像罢工和自然灾害这样的事件；个人模式，处理私人和家庭生活，以及个人在其他两个领域的活动。波特利认为，面对成问题的事件，要让它们在记忆和叙述中具有一致性，一个办法就是把它们从一种模式转换为另一种模式。像路易吉·特拉斯图利之死这样的事件，最合适的模式本来是集体模式，但为了避免痛苦，为了不影响社区自身故事的一致性，就有可能转换为其他两种记忆模式中的一种。[1]

"大幻灭"这个故事基本上属于记忆和经历的个人领域。这个故事说的是幻灭和背叛，渴望和成就的挫折。但显然，从这个层面来讲这个故事是很痛苦的。实际叙述部分的简洁性，正说明了这一点。一方面，这个故事讲起来也很难，因为它涉及个人抱负，对于一个抱负超越了家庭和家人的女工来说，这是一个很难触碰的主题。此外，这个故事还涉及个人背叛，艾薇塔·庇隆的背叛，玛利亚女士自己的事业和抱负都以她为榜样。要讲这个故事，玛利亚女士就必须用另一种模式来讲，即政治模式。这样，她就可以把这个故事的本质意义塑造为一个政治寓言（fable），她甚至称之为 *fábula*，即庇隆主义在政治上的变质。庇隆主义变得 *aburguesado*（资产阶级化），她的这个大幻灭故事，被表现为对这个更大过程的一个转

---

[1] Portelli, *Death of Luigi Trastulli and Other Stories*, 21.

喻。她自己的个人抱负被最小化；她自己是"高贵的人"，是贝里索"像金子一样贵重"的很多女性中的一员，她们在把庇隆抬得更高的斗争中付出了那么大的牺牲。

但这个叙述策略所取得的一致性是暂时的、脆弱的。部分是因为有些解释根本就不可信。把自己被另一个有钱女人取代这件事解释为竞选需要钱，影响了可信度。庇隆主义在1950年几乎垄断了国家和政治进程，基本上不需要女富豪的金钱来资助竞选活动。更重要的是，这件事触及的情感深度看起来排除了任何稳定的结论。接下来几个星期的访谈，她多次回到这个主题上来，尽管她试图把这个故事维持在一个普遍的政治寓言的范围内，这件事所造成的个人痛苦还是经常掌管了她的讲述：

> 我要当议员了，一个很有钱的女人出现了，这个我啥都不知道，我是个为自己家庭福利奋斗的人，当然了，我们都想生活得更好，但我从小心里就想着要为弱者奋斗，因为我父亲就是这么教我的，因为生活这所大学就是这么教我的，这些东西书本上没有，但打动你的心。另一方面又有谎言，有背叛。这个人撕心裂肺地又喊又说，有人却在幕后说："让她说，反正最后我会出现在候选人名单上，因为我会出钱。"

这是她在她的人生故事中最后一次提到这件事，我们可以看出，讲述这个故事所引发的问题，其解决方案是多么的脆弱。她还是关心个人抱负问题。她觉得有必要为自己"想生活得更好"辩护，因为她这个人的性格就是总想保护弱者。这里，她回到她基本的稳定叙述的安全领域，围绕从父亲那里继承来的、由"生活这所大学"

证明了的核心价值观,把自我投射为一个身份始终如一的人。但是,不管如何强调道德一致性的优点,不管如何肯定自己在更大的国家共同体中的价值地位,得到的回报却是挫败,是见利忘义的背叛。用来描述这种背叛的语言,不是抽象的政治意识形态的语言,而是用一种动情的、有深刻个人痛苦印记言说的语言,说的是灵魂深处关心的事情,那些事情"打动你的心",让你"撕心裂肺地发声"。 193

故事七
马格达莱纳之行与西普里亚诺·雷耶斯被捕

  关于雷耶斯被捕,这里有一些不同的看法。有人说把他关起来是有原因的,他们不会无缘无故逮捕他,因为有次他们开会他们在他屋里装了麦克风,他不知道,他们把记录拿给了庇隆,我们没有参加那些会议,上帝就是这么给我指路的,去马格达莱纳,反正我很相信上帝,可能这就是原因。我不是天主教徒,我不去教堂,我不跪在地上,我不点蜡烛,我不跟神父说"日安神父",因为对我来说他就是个穿黑衣服的人。但我坚定地信仰上帝。我丈夫对我说——我弄丢了一块地,那是我母亲传给我的,因为她小时候母亲和父亲就死了。在阿根廷,我的西班牙外祖父母和路易斯·蒙特维尔德,养大了三个孩子,我舅舅拉蒙(Ramon),我姨妈安德莉亚(Andrea),还有我母亲,娜塔莉亚(Natalia)。所以我母亲经常说她很小就失去了父母,是路易斯·蒙特维尔德把她养大的,我知道他在马格达莱纳给我们留了一些财产,火车站前面的一块地,带座房子。

但我姐姐和我都是年轻女人，都有自己的孩子和丈夫，我就跟我丈夫说："我们什么时候去看马格达莱纳的那块地？我母亲说是在那里，用她的名字问市政府就可以。"

我丈夫总是说："但是上帝的女儿呀，马格达莱纳的人都逃到拉普拉塔去了，因为他们在那里都要饿死了。"

你知道吗，那块土地上现在是一个军事基地，建了几座高楼？好吧，因为后面这些原因，我母亲这块地和这个故事是有关系的。他们逮捕雷耶斯那天，他们拿着他的一个塑像穿过贝里索的街道，这里挂了根绳子，大声喊，上绞架，上绞架，就是那天，我丈夫一大清早——就是那种一开始还有点冷的热天——就跟我说："我们去马格达莱纳吧，你觉得呢？"

我说："终于，原来你想过这件事呀。"

"我们走，"他说，"我们在那里吃午饭，下午晚些时候再回来。"

就是那天他们抓走了雷耶斯，当时有一个很危险的会，我在那里的话，我也会像他们那样关七年……雷耶斯是在他屋里被捕的，他们把他带到首都，带到拉斯赫拉斯（Las Heras）监狱，单独监禁，因为麦克风嘛，有人像好朋友一样进屋拿走了麦克风，记录，说了所有事情，如果不是这样，他们为啥关七年？

总之，我们到了马格达莱纳，去了市政厅；"好吧，"市长跟我们说，"我太惊讶了，住在贝里索，离这里三个小时远，你们竟然从没来过，你们已经失去它了，因为你们想失去它。"

我就对他说："我经常跟我丈夫说，但他说马格达莱纳那边穷得很，不值得交那些税。"

"但是，"他说，"女士，30年了，你没有交过一天的税。

你已经失去索要财产的任何权利了，市政府把它拍卖了。把它分成了很多块地。"你能想象一块块的地吗？我会很富的。这个不重要，但我们还是回到那天发生在我身上的事实吧。所以，中午了，我们觉得饿了，我们四处走，马格达莱纳有一个漂亮的广场，那里有个小伙子，是个士兵，坐在椅子上晒太阳，帽子拿在手上，我丈夫就问他："吃了吗？"

"没吃。"

"来和我们吃午饭吧，因为我记得我当兵的时候挨过饿，我们去吃饭吧。"

"好吧，"那个孩子说，"如果你坚持的话。"

我们就去了广场上的一家旅馆吃饭，我丈夫有个习惯，他付完账，会把账单折起来放在他夹克这里，过后再拿出来看，在家里，反正，就是一种习惯。看嘛，生活就是这样。那天晚上他们也来找我了，他们把我带走了。总之，我们快吃完了，他付钱给老板，一个男的进来说："发生了一场可怕的叛乱，他们把雷耶斯抓走了，他们要杀他。"

另一个男的走进来，"贝里索真是乱成一团了。"

"出啥事了，"我丈夫问，"我和我妻子在一起，我们就是从贝里索来的。"

"你们去不了那里了，他们把火车都停了，全部都停了。"

"好，好，"我们说，我们就到外面街上来，他把账单放好，这里。就是下意识那种。那个账单救了我，我才没有被抓起来。总之，如果我在马格达莱纳，我就不可能在那里，显然嘛。总之，一个开卡车的人把我们载到环岛那么远，拉普拉塔的另一边有个环岛，一个大花坛把这个区和那个区分开。

那个人说，"听着，先生，我不想惹麻烦，"就像是说你们去马格达莱纳是要逃跑，差不多就这个意思，"我把你们放在这里。"

我丈夫说："谢谢你，从这里我们就到得了贝里索了，我们走也要走过去，因为孩子们会害怕。"

你可以听到所有那些闹声，烟花放起来了。雷耶斯想杀了庇隆……我们怎么会不相信呢？如果联邦警察带着阿根廷警察部队总局长的命令来这里扣押一个想叛乱的人，他联合军人要推翻庇隆政府，大家怎么会不相信呢，我自己是相信的。

我说："viejo（老头子），雷耶斯出啥事了？他想做啥子？"他对我说："你，安静点，你要安静，你待在屋子里，等我打几个电话再说，明天我不上班，我陪你。"

早上3：30，他们来了，敲门，按门铃。我丈夫就问："哪个？"

"费尔南德斯是不是住这里？"我觉得他们是这么问的，我丈夫说："不是，这是罗尔丹家，我是罗尔丹。"

"你是玛利亚·罗尔丹的丈夫？"

"是，先生，我是。"他在里面说。

"这样，我们是来拘押女士的。"

我差不多是穿着衣服上床的，没有穿睡衣。我就拉起饭厅的窗帘边，妈呀，外面一群人，军人那种，灯都亮着，突，突，突。唉，我怕吓着孩子。我从窗户跟他们说，这样他们听得到我，"你们有法官的命令吗？"

"是的，我们有法官的命令。"

"给我看一下。"他就这样把它贴在玻璃上，灯笼照起。

上面说了原因，等等。我仔细读了一遍。上面说，拘押，联邦警察。

那里他们会跟我解释所有一切。雷耶斯已经在那里了。伊斯塔皮切（Estapiche）在那里，乔瓦内利（Giovanelli），死了，塞丹（Sedan），前不久刚死，都在那里。那里大概有一打人，还要更多，可能有四打。他们围捕所有人。

我就开门了，我看了法官的命令，法官的印章，我丈夫打开门，进来八个人，其中有一人，大个子黑人，帽子往下扣到这里，我看了他一眼，我啥都没跟我丈夫说，过几个小时他还要上班，起码让他睡一下。

我就说："听着，先生，如果你在这个房子里找得到东西，我会很感激的，因为你进来的这个家是个寺庙。"

他就跟另一个人说："她很坏，这个 gallega（加列加）。"

他们穿的都是便装，没有人穿警服，我知道他们是警察。

"听着，先生，不好意思，再说一次，我不是加列加，我母亲是，但如果我是加列加，如果你学过一丁点我们的历史的话，你就知道西班牙是我们的发源地，所以为什么要冒犯加利西亚人（Galicians）呢？算了，不说西班牙了。你为什么在这里？"

"来拘留你，女士，有问题吗？"

"绝对没有。如果你要搜查这个屋子，搜吧，每样都翻一遍。这里什么东西都没藏。"

"女士，"他说，"联邦警察收到消息说你这个屋子里开过会。"

那个屋子我是有个大房间，但我从没开过大的会议。有些时候和四五个女人开会。我是代表嘛,她们要来问我事情,我就要见她们。

"这里晚上有超过三四十个人,吧啦,吧啦,吧啦。"

我说:"这样,听着,先生,我们不要在这里讨论。你带我走,我要和马西拉克(Marsillac)局长先生讨论,等我到了联邦首都区再说。问啥答啥,但不是这里,因为我有两个孩子,我想要我的屋子保持安静,这里是家,不是警察局。"

"好吧,女士。"他们把所有东西都检查了一遍,连我们在贝里索缺水时接雨水用的罐子都检查了。他们用棍子在里面捅来捅去。我,还有我丈夫,对他们说:"你们好像没有发现,先生们,如果里面有机关枪,有武器的话,我们是不会把它们丢进水里泡的,火药湿了没用。你们这是在浪费时间。"他们打开橱子、柜子、检查刀子、叉子、书,我女儿有个托盘,上面有人造花,他们开始乱翻它的时候,我女儿说:"请稍等,搞工会的是我母亲,所以不要碰我上学的东西,我是永远都不会忘记的,碰我花的时候小心点,因为我用了几个小时才把它们放进去的。"

总之,我拿了一些保暖的东西,我的所有证件,我丈夫说:"等一下,*vieja*(老婆子)。"

"这位太太不能耗时间了。"他们有个人说。我丈夫就说:"我娶的是她,不是你,走之前我老婆都是要听我的,我有话要说。"

"拿上这个,"他说,走到衣柜那边,拿出夹克,取出账单,马格达莱纳那个账单,我们在那里吃的午饭,账单上面有一个标记,上面有三个电话。我就拿上了。

他们把我带到圣米格尔（San Miguel）收容所，在那里关了我三天。他们是用一辆车子把我带走的。我只求了上帝一件事，就是他们不要杀我，我还有孩子要养。我这样的一个女人，一个劳动党党员，差一点点就害得我们大家上了绞刑架，*hijo querido*（亲爱的孩子们）。三天时间，进来出去，睡一下，喝杯茶，吃点油蘸土豆，那油像是动物油脂，再回来审问。

最后，警察局局长对我说："女士，我要给你一些建议，你是个聪明的女人，能干，冲动，你很热爱工人阶级，我想你也是很爱孩子的，你为什么不让自己去学校做事，去合作社呢，做点这些事情，不要在工会做事，工会那里有很多武器，乱得很，胡闹嘛。"

"那里有很多正义，不是同一回事，"我说，"多亏工会我们才多了一点面包吃，多亏工会老板们才尊重我们，多亏工会我们的孩子才吃得饱饱地上学，穿上了白校服和新鞋子，多亏工会我们才有了很多东西，我们病了也有互助诊所，我也有话要跟你说，马西拉克先生，原谅我说这个，不要给我建议，我屋里头我们需要钱，如果你有钱，那你为什么要给我建议不给我钱呢，因为，你知道，我活到现在，我经历了这么多，我不需要的就是建议。"

他按了一个按钮，把我带走。又进来关起。他们把我关了三天。他们想要的是一个声明，说，是的，先生，我会抛开所有这一切，所有这些奋斗都是为了啥，看看我身上遇到的事情。所以，总之，我打开我的包包，他们让我随身带着，因为他们已经检查过了。昨天你在哪里？这里，先生。他按了另一个按钮。进来一个大个子，高，体型是一口气能吃一公斤肉的那种，那种骑在马背上的黑人,游骑兵。

"你认识这位女士吗?"

那个人说:"我还没有这个荣幸。"

"我也不认识你。"我说。

"这位长官先生负责贝里索,他和其他警察监视你家,他说昨天晚上你屋子里有个会议,不,是昨天你屋子里有个会,"就是下午我们在马格达莱纳的时候,"你屋子里有三十几个人,他们在会上说啥了?说实话。"

我说:"很简单——我没在那里,孩子们和邻居在一起,大的那个踢足球去了。这里,先生,有人撒谎了。"

那个人站在那里,在我身后,"这位女士家里有个会。"他说话时候的表情就像是个被告,他告的是他自己。

我对他说:"听着,长官先生,我不知道你是谁,如果你想这里多条杠,如果你薪水不够你养家,那就晚上出去洗盘子,像很多其他警察那样,但不要撒谎,因为我在马格达莱纳,如果不相信我,看一下这个,还不相信,这里有个电话,总局长先生,按账单上的号码打个电话,问罗尔丹两口子是不是在那里和一个小伙子吃的午饭,一个士兵,他在广场上来和我们一起吃饭。我还可以告诉你其他事情。下午我们参观了教堂和整个马格达莱纳市,一个男的用卡车把我们带回到拉普拉塔边上,因为如果不是他,我们就只好走路了。所以,看你是怎么撒谎的嘛。做人怎么样都行,就是不能撒谎。"

另一个人按了一下按钮,把我带走——因为我背后总是有人,又进来关起,过了两个小时,他们又把我带回来,每次都这样。

最后，他们对我说："女士，你这个声明有反抗和气愤的语气。"

"那你觉得我该怎么想呢，局长先生，如果我唯一做的事情就是有时候抛弃我的家庭去捍卫我的工友们吃得上一片面包的权利，你就把我抓来这里，像个罪犯，像个妓女，像大街上一无是处的人。你不会在凌晨3点带八个男人来抓我这样的女士，你会在中午来，因为我是个像你夫人那样的女士。这就是我生气的原因，先生，因为这太不体谅人了。我还有一件事要跟你说，我上警车的时候，装阿司匹林的瓶子掉了，我弯腰去捡，这些喽啰，有个人踢了我一脚；你们不能这样对待女人，叫你的人规矩点，因为你们不能打人，因为总有一天别人也会打你。所以，你们要我走，我就走，不要我走，我就不走，随便你们。"

遇到这种可耻的行为我该怎么办？待在家里哭？不，不是哭的时候，这个时候要让他们明白，土豆着火了，要有人把它们从火里抢救出来，我们做的就是这个，因为直到工厂倒了——有一天我遇到一个女人，她拿到了阿莫尔的补偿金，她收到了一个信封。所有这些胜利都还在。

他们把我送回了贝里索，用一辆大车子，黑色的，我看起来像个爪哇女王。带我走的时候，我坐的是一辆卡车，有格子间的那种，他们用来装所有那些一无是处的人，抢劫犯和杀人犯。

他们有个人对我说："原谅我们，女士，我们是在执行我们局长给我们的命令。"

"是，"我说，"你们生来就是打人的，我丈夫明天还要在冷冻厂拿把刀子工作,那是我们唯一的武器,真理和工作,但不要那么喜欢打人,事情会变的,因为你们也是穷人。我认识到处赊账为自己的孩子要一公斤肉、一升牛奶的警察,我也认识出来擦地板、洗衣服的警察太太。你们那样踢我一脚,知不知道给贝里索的女人们造成了多大伤害?那一脚倒是伤不了我了,那一脚是恶魔一脚,是撒旦的一脚。但你们知道有多糟糕吗?你们用手抓我就可以了,想把我扔哪里就扔哪里,为什么要给我一脚。"

"事情过都过了,女士,我们三天都没睡觉了。"

"那不是我的错,先生,但如果你妻子应该受人尊重,那我也应该。你抓女人的时候,就算是街上那些一无是处的人,你无论如何都不能对她动手。"

我自己就是这么对待人的。

这个故事是1987年我们访谈快要结束时讲的,是对我越来越想要弄清楚玛利亚女士与西普里亚诺·雷耶斯、劳动党之间关系性质的一种回应。当然,我知道,雷耶斯是她人生中的一个关键人物,我认识她最初就是雷耶斯介绍的,他也在她早年工会斗争和政治活动的叙述中占据了显著位置。我对她这方面人生故事的兴趣,起初只是单纯想要更好理解雷耶斯和庇隆决裂对这个社区的影响,这里是雷耶斯国家层面的事业生涯开始的基础。有几次,我想具体探讨这个问题,但玛利亚女士的回应都很模糊、混乱。这种混乱,部分集中体现在编年和标签问题上。她总说自己是一辈子的庇隆主义者,她叙述的早期部分也痛苦地谈到了雷耶斯应为取消劳动党负责这个事实。但我也发现,其实雷耶斯坐牢期间,她一直和他有联系,

1955年庇隆下台后雷耶斯重建劳动党，她也和他在一起。她给我看过一张剪报——她手上为数不多的文献之一——报道了1960年中期选举期间她代表劳动党所做的一次讲演。访谈了好几个月，她终于决定深谈这个问题，这可能与她刚刚讲了自己大幻灭的故事有关，而且她也觉得——个中原因下面会清楚看到——这两个主题是相互关联的。可能还因为她越来越信任我，觉得我是一个有同情心的听众。

这个故事有几个值得注意的特征。首先，这确实是她讲述的故事。对于我坚持要求澄清的问题，她的回应不是按照时间顺序来讲述她和雷耶斯的关系、劳动党出了什么事，也不是给出一种解释说明，而是退回到她最熟悉的体裁：以表演性很强的权威故事为框架的个人经历逸事。

我们还要注意的是，这是一个极其复杂、成熟的叙述。从形式上看，除直接转述对话外，还有下面这几个特征：插入几个次要叙述，不断通过元叙述（metanarrational statements）来确立这些次要叙述和中心叙述的相关性。她还用了旁白，对雷耶斯等人的被捕以及他们在这件事上是不是有罪做了同步评论，这些旁白是为了衬托她对自己的评价：她自己是清白的，自己比这件事上涉及的那些权威人士更好。不过，我的主要兴趣不是分析这个成熟叙述背后的形式因素，而是想知道这种成熟可以告诉我们什么。比较一下这个故事和"大幻灭"故事是有好处的。"大幻灭"是一个远远没有完成的叙述，它试图压抑其中的经历和情感。尽管同样也要面对痛苦和创伤问题，"马格达莱纳之行"作为一个故事却组织得更好，这很大程度上是因为它排练、表演过很多次。这里，语境化的叙述表演的重要性变得显而易见。

从一个重要的意义上说，叙述是社会建构，这种建构是由社会和话语共同体中各个行动者在意义方面的积极协商结构而成的。从根本上说，人生故事中的故事讲述，通常会遵守这样一个原则：说话人所讲的，不能直接挑战接收者一方人生故事的核心要素。当然，分析家提出这个原则，要比说话人遵守这个原则容易得多。尽管如此，如肯尼斯·格根、玛丽·格根所说，意义的合作协商"在一个人要为自己的行为辩护的情况下变得尤为必要，也就是说，在他的行为不符合共同的理解框架的情况下"。[1] 这种协商可以通过芭芭拉·迈尔霍夫所说的各种文化表演，通过家庭和社区内的其他社会互动来公开实现，但也可以通过两位格根所说的潜在的、预期的协商来实现。后者认为，"人们试图通过事先考虑公众对自己行为的理解程度来避免直接协商的威胁。他们提前选择那些可以由公众接受的叙述来证明其合理性的行为"。（第 269 页）

在贝里索，尤其是在她那一代人中，玛利亚女士是知名的劳动党党员。她自己告诉我说，甚至到了 80 年代中期，"庇隆主义者集会"上也经常有人提醒她说"过去你是怎样的一个劳动党党员呀，玛利亚"。我们很难断定这个说法的确切意义。她没有展开讲，但明显看得出来，这是需要她做出辩解的某种东西。雷耶斯和劳动党的地位，在贝里索的集体记忆中是个复杂的问题。作为公众人物，雷耶斯基本上已被这个记忆彻底抹去。就个人记忆而言，很多那些记得 40 年代中期斗争的人，特别是 1943—1946 年那些工会活动家，还是承认他是社区历史上的一个重要人物。但没有这方面的公开认可。贝里索纪念 1945 年 10 月 17 日五十周年的各种公开活

---

1 Gergen and Gergen, "Narratives of the Self", 269.

动，都没有邀请雷耶斯，也没有提及他。他本人的言行也加剧了这种沉默。1983年，他公开呼吁为激进党候选人劳尔·阿方辛（Raúl Alfonsín）投票，这次选举结束了军政权。1987年我访谈玛利亚女士时，他出版了一本回忆录，题为《庇隆主义闹剧》（*The Farce of Peronism*）。面对早期的雷耶斯和劳动党，玛利亚女士协商起来还是有很多困难。雷耶斯留在贝里索的集体记忆里，也留在国家庇隆主义的大叙述里，因为他不仅和庇隆闹翻，还密谋暗杀庇隆。1955年后，随着庇隆主义进入一个从工会上、政治上反对历届反庇隆政权的漫长时期，劳动党成了试图从取缔庇隆主义的各种政治活动中获益的诸多党派之一。雷耶斯入选了1959年的制宪会议，该会议起草的宪章取代了1949年的庇隆主义宪法。

现在，我们可以开始理解"马格达莱纳之行"这个故事形成的语境了。它的基本功能显然是想证明玛利亚女士的清白，证明她与针对庇隆的密谋没有任何关系。与此同时，用旁白评论雷耶斯的被捕时，她的声音是不加批判的民众之声（vox populi）："雷耶斯想杀了庇隆……我们怎么会不相信呢？如果联邦警察带着阿根廷警察部队总局长的命令来这里扣押一个想要叛乱的人，说他联合军人要推翻庇隆政府，大家怎么会不相信呢，我自己是相信的。"这件事上，她显然和雷耶斯保持了距离。"*viejo*（老头子），雷耶斯出啥事了？他想做啥子？"回到贝里索后她这样问她丈夫。她出现在马格达莱纳，是为了象征性地强调这种距离。地理上远离这次事件，似乎也隐喻了政治上的距离。她渴望证明自己在这件事上的清白，也解释了这个故事为什么会有那么多的细节，详细得超过了故事的直接需要。主题之外的细节通常具有评价功能，有助于在希望验证这些细节的观众面前证明叙述人的可信度和故事的真实性。¹最后,玛利亚女士还诉诸上帝的权威。"上帝就是这么给我指路的,去马格达莱纳。"她说。上帝救了她,意思很清楚,如果她不是清白的话,上帝就不会救他。

我们还可以说,除了确认自己的清白、强调雷耶斯有罪这个社区舆论外,她的叙述策略也服务于她自身的需要,即"合作建构"这些事件的"意义"。把这个故事当成个人经历逸事来讲,她就可以重新调音(rekey),把故事的基本意义建立在以自己被捕、受警察虐待为中心的个人层面上。故事结尾确立了她在与当局斗智的过程中取得的胜利。她坐了一辆黑色大车回到贝里索,"像个爪哇女王"。这个主题肯定会引起听众的同情共鸣。所以,个人层面的意义也在公共模式中表达了出来。故事结尾她对警察说:"你们那样踢我一脚,知不知道给贝里索的女人们造成了多大伤害?"这就明确把故事框定在了公共层面。她讲完这个故事后不久,我问她的工友们是如何迎接她回来的:

> 用那种说起穷人、人民、*chusma*(低贱者)的方式。"他们对你说啥了,那些一无是处的条子?他们对你做啥了,玛利亚?他们有没有打你?"人民就是这么反应的,它来自内心;这是个纯朴的问题,因为喝茶打牌的女人不会那样说话,但她这里面有魔鬼,那样说话的女人,是因为她保护了另一个做得好的女人,因为没有文化的人她们胸膛里有一颗心,那就是她们迎接我回来的方式。

---

1 See Barbara Johnstone, *Stories, Community, and Place*, 94–102.

这个故事的意义，因此也就建立在了社区层面上，即肯定女工之间的团结。

这里，我们看到了转换记忆模式在回忆重要事件时所起的作用。这一次，玛利亚女士明确避免把这个故事放在可能会给自己带来大问题的层面上来讲，即政治层面。通过用其他两个模式来确立故事的意义，她就避开了这个故事背后更大的政治背景所要面临的棘手问题。雷耶斯和其他劳动党成员的被捕，是庇隆两年前主张把劳动党并入一个由国家控制的新政党这个过程的高潮。这说明庇隆的决心很坚定，他不接受存在一个自治的工人阶级政党。1948年以前之所以没有逮捕雷耶斯，唯一原因是他身为议员，有豁免权。而在贝里索的工会和街头，这个过程早就开始了。到1946年底，那些忠于雷耶斯的工会主义者，已被他们过去的工友和劳动党同志赶出了领导层。街上已经开枪了，因为双方都想搞乱对方的集会。劳动党自己单独在拉普拉塔举办了10月17日一周年纪念活动。但这些政治背景，在玛利亚女士所讲的1948年抓捕的故事里不见丝毫踪影。确实，我们很难看出事情是如何发生的，如何还能在社区中作为一个可接受的叙述成功地发挥作用。

也就是说，多年来，通过调动不同的记忆层面，玛利亚女士已经成功地协调了雷耶斯被捕和自己逃脱的意义，有效地压制了这个故事的一些重要方面，使她能够把这个故事框定为一个个人经历逸事。在分析特定叙述的形式和内容时，注意到意义的社会协商十分重要，但我们还要意识到，叙述，骨子里也是极其个人化的文献。大的人生故事要成立，不仅要符合特定的社会标准，最终还要对叙述人自己来说是前后一致的。实现个人的一致性，避免认识论危机，这个过程几乎总是远比从分析从一个故事中所看到的东西要复杂得多。确实,像"马格达莱纳之行"这样一个很成功的故事,它在叙述形式上通过沉默、逃避和控制来强调自己的版本,往往取代了对一个更大过程的认识和分析。正是有了这个故事,有了这个人生故事的复杂文本,我们才有可能洞察这个过程。雷耶斯、庇隆和劳动党这个主题还会继续萦绕她人生故事后半部分的大多数时候,这后半部分,我们或可称之为"马格达莱纳之行"的延伸解说性结尾。

这个结尾,大多数时候都是在详细讲述她自己与事件的距离这个主题。她还把所发生的事情大部分归咎于雷耶斯,同时又再次最小化庇隆的责任。她这么做的时候,一方面是直接把危机归咎于雷耶斯的野心,"他想超过庇隆,那是不可能的"。也有些时候,危机被说成是两个固执的人之间的对峙,与她没有关系。可能最有意思的是,我们可以发现一个经常重复的模式,即以特定的方式改变历史的先后顺序。乍一看,这个模式是因为她的记忆出了问题。确实,访谈期间我们谈到这个主题时我的困惑大多都是因为这个模式,我以为是个人的回忆问题。事后来看,现在我认为,这是一种错误记忆的症状,符合她人生故事一致性的需要,但却不符合我身为历史学家讲求经验明晰性的需要。波特利在谈路易吉·特拉斯图利之死时注意到,除了把事件及其意义从一种"模式"转换为另一种模式外,记忆还通过"横向时间顺序转换"起到了治疗的作用。就路易吉·特拉斯图利之死这件事来说,"记错"它,就意味着可以把它放在符合社区尊严感和自尊感的公共模式里。

玛利亚女士在讲述雷耶斯-庇隆决裂、劳动党命运的相关事件时也出现过类似情况。例如,1947年雷耶斯逃过了一次暗杀,人们普遍认为事情背后有官方支持,标志着劳动党与庇隆主义运动之间的关系最终破裂。玛利亚女士实际上把这件事放在了1946年以前，把它说成是竞选期间反庇隆活动的一部分，目的是收买或除掉雷耶斯这样的工会领袖。改变事情发生的时间，她就可以把事情的意义界定为工会与老板斗争的一部分。相应地，她也就可以避而不谈庇隆的责任问题。

  混淆时间线这个模式最常见的例子，就是取消劳动党的问题。这个事件有两个历史时刻。一次是1946年，庇隆宣布取消所有支持庇隆的党派，全部都归入一个中央集权的、国家支持的新政党旗下；另一次是1960年，雷耶斯在成员的支持下废除了1955年重组的劳动党。玛利亚女士强调过很多次，除少数几个领导人外，圈外没有人知道发生了什么事。某天早上醒来，他们就发现劳动党和地方党部都关了。玛利亚女士总是把这两个时间段混为一谈，把两个阶段套叠在一起。讲了马格达莱纳那个故事后不久我们有次访谈，她又说起1946年劳动党活跃分子在接受庇隆命令时如何如何困难这个主题，接着就又补充说：" 但最终我们知道哪个是对的，党被出卖了，被接管了，这是个闹剧。" 还有一次，在说完庇隆主义扼制劳动党后，她又补充说：" 但是，受扼制是因为背叛，处理得当的话它可能还存在，但出了一些事情，我们永远都不知道的事情，那些主要领导人关起门来背叛了。" 通过改变时间线，她再次把庇隆对劳动党命运的影响最小化了。

  这些记忆机制提出了人生故事如何处理痛苦记忆这个更大的问题。"马格达莱纳之行"这个故事及其延伸结尾，我们面对的是记忆的痕迹，是多年以后在个人和集体记忆里的残留。从历史的角度看，劳动党是一次失败，是没有走的一条路。在80年代的贝里索，劳动党没有任何可以作为纪念场所的物理的、空间的体现。从工人阶级活跃分子的视角看，谈论失败、误判和没有把握住的历史时刻，都是相当困难的。在这个社区尤其如此，赢得历史竞赛的另一条路占了上风，成为如此强大的一种存在。我们已经审视了玛利亚女士处理这个问题、处理她自己的认识论危机的一些叙述手段。但这些叙述策略背后是一系列痛苦的个人选择。我猜测，她最终选择保险和舒适，用主流公共模式来重新定义自己的人生故事，意味着最小化她自己身为劳动党党员的作用。1946年雷耶斯当选议员后立即就离开了贝里索，但玛利亚女士在这个社区生活了一辈子，在这个社区所能提供的条件下追求自己的理想。只有这样，她才能协商历史失败的痛苦，维持身份和尊严的一致性。就像亚力山德罗·波特利在谈到意大利共产党激进分子时所说，"如果过去是为了合理化现在，那么，奋斗的一生，只有在这些奋斗被描述为一种成功时，才能找到自尊和个人身份……捍卫自己尊严和历史存在的必要性，往往是历史'共识'版本的根源"。[1] 寻求共识的这种努力，必然意味着要以一种总体的进步叙述为框架来讲述她的人生故事，要把她自己的人生轨迹与庇隆主义的轨迹结合起来。因为庇隆主义是成功的，所以，在某种终极意义上她的人生也是成功的。

但这个替代方案难以为继。就像波特利接着所说的那样，对于那些持不同政见的意大利共产党激进分子而言，"否定的话语背负了害怕遭到反对和孤立的压力"（第113页）。所有叙述在某种程度上都试图寻求共识。从根本上说，讲故事是为了社会化，为了达成共识。例如，维克多·特纳认为，社会戏剧——社会行为遵循的戏剧结构，奠定了一种文化在社会上认可的情节的基础——是在一个再整合的过程中结尾的。在特纳看来，这个过程可

---

[1] Portelli, *Death of Luigi Trastulli and Other Stories*, 112.

以描述为"把特定的价值观和目的转换为一个共识意义体系的过程"。[1]但是,否定的话语始终都是完全难以压制的。特纳自己也承认,共识的达成总是暂时的。协商过程中的张力可能导致在叙述上强调历史和个人的另一种事实。这种"乌托时想象"(uchronic imagination)——波特利的术语——有双重目的。一方面,这是记忆的治疗冲动发挥作用的一种方式,表达乌托邦式的得偿所愿,让历史事实更符合渴望和抱负。另一方面,这也是处理有可能威胁个人价值感和尊严感的痛苦的、让人不快的事实的一种机制。这类乌托邦式的表述通常表现为创造神话范畴。在玛利亚女士的叙述中,工会就是像这样被表现为一个和谐的终极神话世界,在这里,尊严总是有保证的,她把自己定义为劳动党党员没有任何代价,文明、教化的过程最终等同于耶稣的工作。与此同时,这些表述又是对一个理想化的社会世界应该是什么样子的有力主张,也是对世界现有样子的一种批评。

对于玛利亚女士和贝里索其他劳动党活动家来说,压制劳动党是一次深刻意义上的创伤经历。玛利亚女士回忆说:"大男人都哭了,不相信庇隆做得出这种事情来。"大多数人找到了新的妥协办法。对有些人来说,这不过是形式上换了个标签;对玛利亚女士等人来说,这是更复杂、更脆弱的调整。很多人认为,这意味着永远放弃政治活动。1995年,我访谈了贝里索的一个老劳动党党员,回忆起那个时期,他告诉我,庇隆时代他当了贝里索一家公共图书馆的馆长,这种安静隐退很不同于他1948年以前的行动主义,但

---

[1] Victor Turner, *Dramas, Fields, and Metaphors: Symbolic Action in Human Society* (Ithaca, N.Y.: Cornell University Press, 1974), 23–60.

这个职位让他可以"继续为人民服务"。1955年后,他重新参加了本地复兴的庇隆主义政治活动。和玛利亚女士一样,他认为自己是"一辈子的庇隆主义者",但当我问他1946年出了什么问题时,他只是摇摇头,眼里含着泪水,说:"那就不应该发生。"[1] 创伤也源于他们意识到自己没有得到普通成员的支持。那么多的牺牲,那么多的早期活动,普通成员却压倒性地支持庇隆取消劳动党的命令。阿尔弗雷多·帕内利(Alfredo Panelli),1946年时任所有劳动党工会组织的秘书长,对我说,那些工会组织,包括贝里索的工会组织,大多数都投票赞成取消劳动党,合并为新的民族解放独立党(Partido Único de la Revolución Nacional)。

对玛利亚女士而言,1950年发生在她身上的事情,也使得创伤具有强烈的个人色彩。她大幻灭的故事,是与马格达莱纳之行密切联系在一起的。虽然她讲这个故事的目的是要证明自己的清白,证明自己是个庇隆主义者,但事实是,她在庇隆主义内部一直受人怀疑。她不断把自己说成是一个忠诚度受到怀疑的人,我认为,这才是她在候选人名单上被除名的真正原因,而不是因为庇隆主义需要有钱人提供资金。而且,她只是在自己人生故事的最后阶段才谈到了这种可能性,这个人生故事留下了那些事件的创伤痕迹,创伤既表现又隐忍在这个复杂的叙述里。但这种隐忍是不稳定的。明显还存在其他要素。最值得注意的是,这些要素在文本中表达自身的时候,就是玛利亚女士最深刻的情感与这些隐忍策略相冲突的时候。每个人生故事的连贯图式与实际讲述的那种人生之间都有一个空间,这必然是一个表达情感、失落和伤悼的空间,在这里,正是

---

1 Haroldo Gutierrez, 1995年12月16日笔者在贝里索对他的访谈。

这个原因，最终的一致性难以企及。在"马格达莱纳之行"的一个延伸结尾里，在她叙述的最后时刻，玛利亚女士说出了怀疑、悲伤和愤怒的话：

> 1955年以后，我继续和劳动党在一起，因为我不相信庇隆就那么抹掉了劳动党，我不信，对我来说，这就是不该发生的事情，因为我在全国上下喊过很多次劳动党万岁、胡安·庇隆万岁。我知道很多人卖了他们的房子，很多人离开了他们的配偶，很多人卖票筹钱就为了买一张墙贴画，我跟自己说，他们怎么可以那样抹掉所有一切呢？……他那么做的时候，我哭了很多次，因为那是我们的，是我们牺牲来的……很多年，我们冒着生命危险，见过很多死去的同志，不是几个月，是很多年，所以我丈夫跟我说，"斗争就是那样，有时候他们给你鲜花，有时候给你荆棘"，事情就是这样。我这么能干的女人，不是吹牛，国家有很多像我这么能干的女人，尤其是肉类加工厂的女人，勤劳的工人，有能力做大好事，有能力为自己的工友斗争，女人可以当议员、参议员、市长，很能干的女人，但她们从来就没有过机会。

这些始终都难以消化的感受，就是我们所说的玛利亚女士人生故事黑暗面悲剧性反讽这个深层困境的根源所在，也是各种不可调和的叙述要素的根源所在，它们只能在故事里紧张共存。在她的讲述中，她一方面"始终是个庇隆主义运动的女人"，同时又是个始终无法让自己与历史、与庇隆所造成的东西彻底和解的人：

如果一个党，我在里面是个积极分子，这个党让一个人当上了总统，为此我在10月17日讲了话，为此我冒了生命危险，然后我发现，我说，他是不会忽视我们的，抹去我们的存在的，但他还是那么做了，庇隆那么做了，我崇拜庇隆，我相信没有哪个政府能比他的阿根廷更好，但我不得不承认，有些事情本来就不应该发生。

第三章 "在边缘地带述说的故事"：玛利亚女士故事的性别阅读

> 工人阶级自传——人的历史与工人阶级小说——的发展过程，不能表现为一种仅凭自身就能存在的正当有效的文化，而是藏在官方形式下等待揭示。对工人阶级生活的描述，是在边缘地带紧张、含糊地述说的。
>
> ——卡洛琳·斯蒂德曼《一个好女人的景观》

口述史早已在女性史实践中占据了一个特殊位置。通过口头证词找回被历史大叙述边缘化的女性历史经历，已成了女性主义历史学家分析手段库的一个标准组成部分。就最基本的层面而言，这类证词在建构琼·斯科特所说的"她故事"（her-story）时已被用来书写广泛的女性声音。过去30年来，出现在历史叙述中的女性行动者（actors）范围已大大扩展，特别是那些性别、阶级地位双重边缘化的劳动女性。但口述史的主张，通常不只是为了扩大历史行动者（agents）的范围。很多女性主义学者认为，口述史还是一种独特的女性主义方法论，它削弱了学者与信息提供人之间的常见等级关系。[1]

不过，悖论的是，女性在历史叙述中被书写得越多，找回隐藏

---

1 See Sherna Berger Gluck and Daphne Patai, eds. *Women's Words: The feminist Practice of Oral History* (New York: Routledge, 1991); and Personal Narratives Group, ed. *Interpreting Women's Lives: Feminist Theory and Personal Narratives* (Bloomington: Indiana University Press, 1989).

的声音、拯救女性主体性这个任务就越成问题。这个悖论，一方面是因为口头素材的使用者意识到很难假定这些证词能够让人无中介地进入主体的历史经验；另一方面，把口头证词的使用问题化，也是女性历史学家的一个普遍反应，她们意识到不管如何把女性写入历史叙述深处，女性的生活经历最终还是只能靠主导性的男性话语才能表达出来。如茱莉亚·斯温德尔斯、丽莎·贾丁在总结80年代英国社会史论争中出现的这个立场时所说，"这些女性主义历史学家想说的是，没有任何证据表明女性的生活经历是以历史学家可以获得的形式存在的，哪怕她是女性主义历史学家"。[1] 除了批判英国社会史实践及其特殊文本外，这个立场还指向了两个方向：对于斯温德尔斯、贾丁所指的那些女性主义历史学家来说，精神分析将会进入女性的无意识，这是女性主体性和行动的冲突场所；其他一些学者，则投身于更明确的后结构主义立场。例如，琼·斯科特会认为，"经历"作为一个分析范畴，本身是有问题的，将导致怀旧地追求真实性，妨碍分析那些造成差别的话语，妨碍分析不同的经历。[2] 同样，在与底层研究（Subaltern Studies）小组有关的那些学者身上，我们也能看到类似的问题化态度。现在，如果修改一下佳亚特里·查克拉沃蒂·斯皮瓦克的著名问题"底层能说话吗"，她会进一步主张"底层性别化主体并没有任何说话的空间"。[3] 吉安·普拉卡什，底层研究小组的另一成员，曾这样总结斯皮瓦克立

---

[1] Julia Swindells and Lisa Jardine, *What's Left? Women in Culture and the Labor Movement* (London: Routledge, 1990), 118.

[2] Joan Scott, "The Evidence of Experience", *Critical Inquiry* 17, no. 3 (summer 1991): 773–797.

[3] Gayatri Chakravorty Spivak, "The Rani of Sirmur: An Essay in Reading the Archives", *History and Theory* 24 (1985): 247–292.

场的意义:

> 如果不给女性一个说话的主体位置,就不可能找回她的声音。这个看法,与钩沉索隐的历史编纂惯例——恢复传统上被忽略的群体的历史,即女性、工人、农民和少数群体的历史——背道而驰。但是,斯皮瓦克的观点,不是认为不应该做这种找回工作,而是认为恢复工作本身取决于对底层声音的历史抹杀。[1]

214

本章我想坚持这种问题化的态度,以此作为一种认识论上的提醒,免得过于轻率地解读这个口头证词转录本上的底层女性的声音。尽管很显然,当代女工的口头证词与19世纪印度贱民的断裂文本,二者在形态上的区别是一眼可见的,但我想说的是,揭开这类转录本中性别化的声音依然是困难重重的复杂实践。特别是,我们必须谨记来自文本批评的这一原则:"必须进行性别阅读……性别问题很少在阅读中自动浮现出来。"[2]"阅读"问题再次让我们回到口述史转录本作为文本和文本阐释实践的条件问题上来。如果第一章的中心原则是倾听的重要性,那么,本章的核心焦点就是阅读的必要性。我想说的是,玛利亚女士这样的文本可能需要一种"症候式"(symptomatic)的性别阅读。

乍看起来,性别几乎不是一个有望与叙述剥离开来的主题,特

---

1 Gyan Prakash, "Subaltern Studies as Postcolonial Criticism", *American Historical Review* (December 1994): 1475–1490.
2 See Myra Jehlen, "Gender", in *Critical Terms for Literary Study*, ed. Frank Lentricchia and Thomas L. McLaughlin (Chicago: University of Chicago Press, 1990), 273.

下编 文本阐释

别是如果我们的兴趣在于通过这类个人证词找回真实的、被抑制的女性声音，从而揭示某种"反话"（counterdiscourse）的话。玛利亚女士人生的中心事件和经历，主要是从阶级角度讲述的。主要事件集中围绕的是她在肉类加工厂工会形成过程中的作用，她身为工会代表的活动，10月17日声援庇隆的示威游行，她在1946年劳动党竞选活动中的作用，以及后来她在贝里索地方正义主义党内的活动。虽然她很清楚工厂对女性的剥削，但这个认识的大语境是：由于工会和庇隆的出现，工人——无论男女——的生活水平有了重大的、基本的改善。

玛利亚女士还强调自己受到了工厂工会男性领导人的尊重和平等对待：

> 相反，我很受人认可，那些工会代表都来问我怎么解决问题。比如说，玛利亚，你是怎么想的，有个工人这样那样，我该怎么办，要不要采取行动，因为他来晚了，而且每次来他都是怒气冲冲的；现在不要管，上班的时候你不要理论，过后到外面喊他到工会来，我们就都来讨论一下这个问题……不，我相处得还可以，他们很喜欢我，我没什么可抱怨的。

同样，玛利亚女士描绘了一幅理想婚姻的画面，夫妻相互尊重，相互理解。整个叙述的不同阶段，她都既强调自己对阿根廷社会传统上定义的好妻子角色的接受，又强调丈夫对自己在家外活动的支持。谈到自己参加工作前和几户人家合住一个大杂院的早年生活时，她也强调说，不管环境多么逼促，自己从没遇到过不受男性尊重的问题：

我总是说，女人只要知趣，就不会得不到尊重。我身上从没发生过怪事情，但从没发生，是因为我从不自作聪明，不在院子里和男人乱开玩笑；我等着我丈夫，给他做饭，搞卫生，陪孩子。

她还用同样的语气描述自己是如何开始参加工会活动的：

雷耶斯来我车间找我，碎肉车间，"我来是代表你丈夫，他已经同意了，如果你想当这个车间的代表的话，因为你有这个本事，你丈夫说没问题……"我对他说："如果你和我丈夫谈过了，他说同意，那我也说同意。"

开始家庭以外的事业后，她会小心翼翼地强调说自己能够这么做都是因为丈夫的支持："我做啥他都支持，如果我丈夫不是他，我也不会做我做的这些事。"

如果说玛利亚女士用来建构自己叙述的一种自我形象是"好妻子"形象的话，那么，"好母亲"这个形象也很突出。这个自我呈现总是表现为强调为孩子提供良好福利和关爱的重要性，这是基本的社会优先事项，也是政治和工会斗争的终极理由："给我们的孩子一片面包"，"我总是听着我的孩子们哭着上床，因为他们肚子饿"。在玛利亚女士的叙述中，这个看法还被概括为一个指导原则，用来定义女性的社会角色。有次访谈时，她拿出了一份旧剪报，上面报道了她的一次演讲，明确号召女性参加劳动党集会。演讲开篇就肯定了一个基本原则：

> 家是国家大原则的滋养地……家是国家的形象，是祖国的根据地，母亲在这里对她们的孩子唱出美好世界的希望，家中不可战胜的力量是女人，正是女人默默牺牲，为了捍卫国家主权，献出了自己的血脉，她的孩子。她是直面各种迫害、恐怖和杀戮的人。

本着对母性和养育角色的这种普遍肯定，玛利亚女士在叙述中还表达了对离婚和堕胎的反对。

这种自我建构看起来相对没什么问题：在一定程度上，这是典型的庇隆主义女性的人生脚本，符合庇隆主义话语和庇隆主义意识形态正式倡导的主导的女性形象。但要小心，我们不能只看表面，因为叙述逻辑本身违背了这种主导形象；玛利亚女士用来创造她故事的其他要素和主题，涉及自我认同和故事建构更复杂、更矛盾的过程。工人阶级女性传记的典型要素与其他意象、角色和主题的并置叠加，让玛利亚女士的故事出现了不同的"扭曲"。

在玛利亚女士的人生故事中，很早就有明确的迹象表明，她的故事将会包含一些非常规的要素。说起童年时代，她说：

> 我让我家人很操了不少心，因为我有我父亲的那种叛逆，对我来说，用绣花针把自己关起来，缝纫啊，镶边啊，诸如此类，都是浪费时间，我觉得你该更进一步，做点别的事情。
>
> 还是孩子的时候，我的好奇心就很重，想知道这里或那里发生了什么事，比如说，这里有个政治集会，我就要跑去听。
>
> 有一次，我和几个朋友逛到圣马丁的一家纽扣厂，听听这

个,我们对在那里工作的女孩说:"你们为什么要免费工作呢?你们为什么不哪天反抗一下呢,不来上班?或者,你们为什么不在里面静坐罢工呢?"……我们打探这些,是因为我们感觉到了痛苦,剥削的痛苦,强加在了其他那些女孩身上。因为我父亲保护我,给我衣服穿,给我东西吃,给我地方住,但这些女孩,没有,她们不得不出来给病弱的母亲、守寡的母亲,或丧偶的父亲找东西吃。

这个不敬的、有叛逆倾向的自我形象,构成了玛利亚女士叙述中后续情节的一个关键部分。她拒绝对痛苦和不公正视而不见,还有她的叛逆性格,让她在1944年后卷入了构成她故事情节核心的各种活动和局面。但她故事的这部分关键要素,是不受她控制的各种事件促成的:庇隆主义的兴起,随后把有组织的工人阶级动员起来,有更多机会进入公共领域,所有这些,都是她偏离一个工人阶级女性既定故事线的语境。庇隆的出现将会提供一个舞台,这个女性将会下决心打破她的传统家庭角色。在她对这个故事的讲述中,有两件事是清楚的。首先,先前树立的青春期好奇、叛逆这个自我形象,使她在某种意义上能够强调她在40年代中期所做的决定的连续性和合理性,在过了十多年看似平静的家庭幸福生活后,她决定加入劳动力大军,扮演工会和政治斗士的角色。其次,在解释自己为什么要参加工作这个重要决定时,她是从充分的物质方面来解释。她,和贝里索的很多其他女性一样,进入肉类加工厂是出于基本的经济原因。就她而言,最重要的是,她丈夫的工资付不起她二儿子的医药费,这个儿子得了小儿麻痹症。她对工厂的工作性质不抱任何幻想,但她觉得这比做家政清理"别人的乱摊子"要好。

接下来十年,她在家庭以外的公共领域的活动,既有工会活动,也有政治活动,构成了她人生故事的中心主题。这些活动在她漫长的一生中只占了十年时间,在她的叙述中却重要得不成比例。尽管她的证词以不同形式谈到了她在家庭以外的角色所遇到的问题,但这个问题最重要的表达形式是回忆对抗权威的各种逸事。第二章深入分析过的这些个人经历故事,作用是肯定她在公共领域的行动。

如果玛利亚女士建构的情节确立了她的异端地位,一个稀有物种,*una mujer atrevida*(一个胆大的女人),她的人生历史明显打破了女性传记的常规脚本,那么,我们应该如何理解本章一开始谈到的那些更传统的主题和更标准的自我呈现形式呢?难道一组形象是真实的,另一组形象是虚假的?难道一组形象仅仅意味着表面上遵从女工及其生活的既有传统,另一组形象代表了真实的女性,代表了往往隐藏在历史背后的被抑制的声音?我认为,仔细观察这里起作用的那些因素,我们就可以开始理解口述史的关键所在,特别是当口述史涉及性别化意识和意识形态过程方面的问题时。

我们首先应该意识到女工性别化主体性文本呈现背后的复杂性。詹姆斯·芬特雷斯、克里斯·威克姆认为,一般来说,"目前工人阶级文化的很多讨论……没能做到公正地对待差异的万花筒"。他们列举的构成工人阶级文化这种"差异的万花筒"(kaleidoscope of difference)的相关因素,让人望而生畏:工作场所,家庭和地域性社区,宗教和族群身份,政治活动,会所和酒吧文化。[1] 路易莎·帕塞里尼也列出了一份类似清单,涉及她所说的"挖掘"人生故事建构背后的"口头传统":"一方面,我们可以想象礼拜堂中的教堂

---

1 James Fentress and Chris Wickham, *Social Memory* (Oxford: Blackwell, 1992), 126.

布道和宗教教育课，另一方面则是政治演讲、支部讨论、政党培训学校，甚至还有监狱中的课程。"[1] 如帕塞里尼所说，这些松散的口头传统的影响，很大程度上还没有展开调查研究。不过，至少我认为，这些口头传统的范围意味着出现在人生故事文本中的性别范畴很大程度是由多种因素决定的，取决于其他（通常是矛盾的）文化要素和意识形态化意义。

要想列出有助于把玛利亚女士的故事读为一个性别化的故事所需的因素清单，或许应从考虑庇隆主义意识形态的影响开始。出现在她叙述中的很多性别表达，显然出自并体现了庇隆主义的女性话语。1945—1955年的关键十年，庇隆主义通过各种政治、文化机构，不仅动员女性成为一个新扩大的公共领域中的行动者，还使之合法化。与此同时，庇隆主义还试图重新定义适当的行为方式，在公私领域之间做出适当区分。尽管女性对男性的传统依附关系受到了谴责，但与女性联系在一起的很多传统美德也在一种新型的家庭观念中得到了重申。到50年代初艾薇塔·庇隆声望最盛时，女性离家工作明确受到非难，女性的政治活动也截然不同于男性。政治被视为男性固有的自留地，不适合女性。女性的政治活动被认为源自她们作为母亲、妻子、灶台守护者的独特美德。她们天生无私，善于自我牺牲，本质上是集体主义的，不是政治中的男性所代表的那种贪婪的个人主义者。引申而言，她们在家中的养育角色被视为隐喻了她们身为国家守护者的独特角色。[2]

---

[1] Luisa Passerini, *Fascism in Popular Memory: The Cultural Experience of the Turin Working Class* (Cambridge: Cambridge University Press, 1987), 42.

[2] 庇隆主义女性话语性质的相关分析，见 Susanna Bianchi and Norma Sánchis, *El Partido Peronista Femenino* (Buenos Aires: Centro Editor de América Latina, 1987)。

从玛利亚女士的人生故事中，可以明显看到这种意识形态的回响。事实上，这些回响有时还直接借用了表达这种官方修辞的政治话语。官方修辞很大程度上又受到了体现在大众文化意象中的文化刻板套路的强化。在庇隆时代的大众文化和官方修辞中，肉类加工厂都占据了一个特殊位置。例如，很多小说的写作风格，或许可以称为"庇隆主义现实主义"。尽管叙述的基本政治信息是美化或感伤化工人的斗争，对比庇隆前后生活条件的变化，但这些小说也是性别化意味浓厚的文本，它们大多通过省略和沉默，塑造了肉类加工厂和社区中性别关系、等级制度的有力意象。下一章将会详细分析这些文本中的女性形象。这里只需要说的是，女性在这些主要叙述中的缺席是引人注目的。她们不是苦难深重的母亲，就是经济拮据的家庭主妇。她们根本上缺席于意识提升和工会组织化这个重大主题。这些文学作品传达的形象，是一个压倒性的男性化世界的形象。

这是事实，不仅因为人物和故事情节的形式结构，还因为碧翠丝·坎贝尔最近在讨论乔治·奥威尔《通往维根码头之路》对体力劳动的描写时所说的那种"雄性崇拜"（cult of the masculine）。[1] 肉类加工厂劳动的体力性，是我们这里所说的这个大众文学体裁的一个突出特征。隆起的肌肉，挥汗如雨，男性被驱使着展示体力上的非凡壮举，这些意象可以说是文本推崇男性友情和亲密关系的必然结果。

这里，我谈及庇隆主义官方意识形态对女性的看法，谈及大

---

[1] See Beatrix Campbell, *Wigan Pier Revisited: Poverty and Politics in the 80s* (London : Virago, 1984).

众文化文本——特别是肉类加工厂文本——所呈现的各种角色和意象，我的重点不是想说玛利亚女士的叙述吸收并直接表现了它们，而是想强调它们无疑是自我呈现的角色、惯例和形式的库存（repertoire）的一部分，它们影响了玛利亚女士的人生，而她在反思自己的人生、选择自己的经历、建构自己的人生故事时也借鉴了它们。记住这一点，还有助于我们理解那些加入劳动力大军的女性身上所引起的紧张和失调感。那些在工厂和政党这些公共舞台上扮演活跃角色的人，对这种紧张的感受尤为强烈，因为她们面对的话语似乎质疑了她们生活中这些决定的合法性。

自我呈现的官方意识形态形式与以地方为中心的文化建构形式之间的紧张，以不同方式在人生故事文本内部共振。通过外在于人生故事的相关文化参照，往往更容易看出这种紧张的强度。例如，就玛利亚女士的公共活动而言，我访谈的另一位女性伊尔玛·平托斯（Irma Pintos）的证词就凸显了这种紧张感。伊尔玛比玛利亚女士年轻；1945年，她父亲是以雷耶斯为首的领导小组成员。1992年我访谈她时——当时玛利亚女士已经过世三年了——她回忆说：

> 但是女人们不上街，后来玛利亚·罗尔丹有点……但我父亲不准我们……当时我都17岁了，我也拿到了我的飞行员执照，但还是没有用，我们只能待在家里，想去那里，去工会，想上街的女人，我该怎么说呢，很不被人看好，现实里基本上都是男人，少数参加的女人被人说成是脏的。[1]

---

[1] 伊尔玛·平托斯，笔者1992年7月在贝里索对她的访谈。

这个证词需要在当地文化背景中进行语境化。尽管我没有任何理由怀疑伊尔玛·平托斯所回忆的当地对四五十年代女性活动的常见态度的准确性，但她的说法也反映了40年代贝里索工人阶级社区的某种内部分化。她出身的家庭，在贝里索文化社会景观中处于一种更"体面的"位置。这个位置的形成很微妙。当然，这不是一个工人阶级"资产阶级化"（embourgeoisement）的故事。她父亲伊波利托（Hipólito），站在庇隆这一边反对雷耶斯，他离开了冷冻厂，投身于本地庇隆主义。这个选择，让他有资格大张旗鼓地拥抱旧价值观。他坚持让女儿们待在家中，伊尔玛甚至不得不放弃当飞行员。他的女儿们还应邀参加专为更体面的社区成员——医生、律师、工厂工头、店主——举办的舞会。

比起玛利亚女士自己的故事来，伊尔玛·平托斯的证词更直接地指出了玛利亚女士人生历程的心理、社会代价。在玛利亚女士的证词中，尽管我们可以看到官方化策略和个人人生故事在形式上的并置，但这种并置停留在抽象层面上。"体面"这个观念在口头文化中对地方价值观的渗透程度，从伊尔玛的说法中可以明显看得出来。当然，这些地方习俗对1987年玛利亚女士证词的影响力是个复杂的问题。伊尔玛·平托斯提到的评判即地方看法，自玛利亚女士活动盛期以来已经有所改变。随着时间的推移，对女性和公共领域的苛刻批评已经有所改变。1987年，玛利亚女士反思她的人生是从她累积的记忆残留出发的，这个记忆是一个复杂的、层次化的马赛克，既有当代的态度，又有过去的强制和压制。正因为如此，才很难弄清楚哪些可能变量是影响呈现在我面前的这些认知和记忆的主导性变量。当然，塑造她记忆的不只是"现在的看法"。任何"现在的看法"都已经深刻叠置了过去的影响。不能否认这种影响的分量。伊尔玛·平托斯所说的话还是很让人震惊，特别是"脏"（contaminada/contaminated）这个词几乎有一种不经意的残忍。她说这个词的时候，我措手不及，这个词还会继续影响我。这个词的意思很清楚，指性病和不洁。在这个意义上，我们可以把它理解为20世纪初以来阿根廷盛行的关于女性和工厂劳动、女性和公共领域的医学化话语的直接产物。[1]

贯穿玛利亚女士整个叙述的紧张和失调感，对于我们理解性别关系中的很多矛盾之处、理解从性别角度解读所面临的困难，都至关重要。尽管人生故事叙述往往试图追求一致性、包容矛盾，但就像第二章我们看到的那样，这个目标很少能完全实现。有时候，紧张和矛盾毫无掩饰地出现在人生故事的竞争性叙述中。我们可以从玛利亚女士的人生故事中举出一个事例，这个例子看起来很琐碎，但却有启发性。她如何得到自己的房子，证词转录本中有两个版本。第一个版本，是我们访谈初期讲述的，实际上，不过是在解释她和她丈夫来贝里索后如何从最初租住的那些大杂院里搬出来时顺带提及的："我们这里那里租房子住，直到一个好日子，我丈夫说：'听着，querida（亲爱的），我要买块地，买在这里，我们在上面盖个房子，就在大道附近，你和孩子们会过得舒舒服服的。'"

第二版本，是很晚才讲的，是一个相当复杂的叙述。玛利亚女士一开始就用下面这种方式来讲述这个故事：

> 总之，这是一个有些家常的故事，一个美好的小故事，对

---

1 See Marcela Mari, "La mujer obrera: Entre la materniday y el trabajo", Research report, Facultad de Filosofía y Letras, Universidad de Buenos Aires, 1995.

我丈夫来说也有点难，因为租金太便宜了，我丈夫经常跟我说，我们不需要牺牲自己去买地盖房子，那我们可能就养不活孩子了，但我，没有征得我丈夫的同意——我总是一个有点独断专行的人——就采取了主动。

这个故事很简单，在贝里索也很常见。玛利亚女士听说拉普拉塔有个地产商开出的土地月供费用很低。她没有告诉丈夫，自己去了拉普拉塔，买了贝里索圣卡洛斯小区的一块地，离肉类加工厂约1600米远。每个月交九个比索。当时那块地还没有盖房子。最后，她和丈夫说了这块地的事：

> 有一天，我跟我丈夫说："你知道吗，*querida*（亲爱的），我买了一块地。""什么，你怎么回事，在哪里买的？"我说："听着，我去了蒂尔（Tilh）家，那个拍卖商，我就买了一块地。"我丈夫对我有点生气；"这个是付款单。""那我们给孩子吃啥，用啥子给他们买鞋子？"总之，长话短说，他生气了，拿这个跟我说事。"听着，"我就对他说，"别生气了，起码我们有地了，总有一天，上帝会帮我们放些砖头在上面，但起码我们有地了。"他开始笑，"好吧，"他说，"我们得考虑每个月存九个比索的事了。""别担心，"我说，"我会尽量想办法存钱的。"

这个故事的后续发展，玛利亚女士自己说是其中有"天意"（Providence）。一天，她去银行交那块地的月供，遇到了认识的一个建筑商，迪什塔西奥（Distasio）。她解释自己为什么在银行，还说起没钱在那块地上盖房子的烦恼，迪什塔西奥告诉她，他碰巧要给某个人盖新房子，但他们先要把旧房子卖了，还要把旧房子从那块地上移走。那个旧房子，房主只要200美元。迪什塔西奥觉得这对玛利亚女士来说是个理想的解决方案，她需要做的，只是支付把那个旧房子迁到她自己那块地上的费用而已。玛利亚女士表现出了很大的兴趣，让迪什塔西奥时机成熟时给她打电话：

> 于是，有一天我丈夫收到消息了，我丈夫说："为什么迪什塔西奥打电话找我？"我就跟他说了这件事。"哎呀，玛利亚，你给我们惹了大麻烦了。"我对他说："不，*querida*（亲爱的），等下看他怎么说。"他们两个就在电话里说。迪什塔西奥说："我和你夫人在银行聊过了，我这里有所房子，要价200美元，有两间卧室，用木头和镀锌瓦楞板修的，就是四处都看得到的那种。"……我就是这样得到我的房子的。

实际上，就像她表明的那样，事情本身要复杂得多。她丈夫一开始对迪什塔西奥说自己买不起。迪什塔西奥回复说他会买下房子，他们付给他月供就行。玛利亚女士和迪什塔西奥合伙说服她丈夫接受了这个交易：

> 这就是我怎么得到我的房子的，丹尼尔，用那种办法。每个人都做了玛利亚·罗尔丹和她丈夫做的事，但我推了我丈夫一把，说我们非这么做不可，然后就 *chau*（再见）。看嘛，我要坐火车去我姐姐那里要钱，因为我姐姐嫁了一个珠宝商，他们两个现在已经过世了，他们有很多钱，但我丈夫是那种很

骄傲的人，经常说两个人结婚了，有孩子了，就要靠自己，不能求亲告友……大家都在买房子，但区别在于我是背着我丈夫买地的，这一点不要忘了。我太了解我丈夫了，我知道事后他会说我是对的，多亏你我们头上有了屋顶，但他自己是不会那么做的，因为他担心没有东西给孩子吃。我们是两个性格，他自己做不了这个决定，我做得了。

玛利亚女士从一开始就知道这个故事不好讲，她提醒说，这个故事对她丈夫来说有点难。故事结尾也回到这一点上来，试图影响我们对故事意义的评价。第一种评价，体现在她把丈夫的谨慎归因于他是个骄傲的人，不愿意跟人借钱；第二种评价，则不利于她丈夫。玛利亚女士背着丈夫和迪什塔西奥串谋，她知道丈夫最后会同意自己做得对，但他本人的性格就不是那种能做决定的人。

她为这个叙述做了两种道德解读，说明她在讲这个故事时还是感觉紧张。毫无疑问，这才是她如何得到她第一套房子的真实版本。比起第一版的公式化说法来，第二版叙述的细节和丰富性证实了它的真实性。我们或许可以试着从这种角度来理解第二个版本，即出现了一种挑战工人阶级家庭传统性别角色的描述。玛利亚女士觉得有权提供一个更符合她实际经历的故事，比起那些以男性为主导的工人阶级家庭的传统故事来，这个故事更适合充当表达她行动力的载体。当然，近年来女性个人叙述的相关研究已经注意到了传统文化形式与性别经历之间的不合拍。例如，费伊·金斯伯格在讨论那些支持/反对堕胎的美国女性活动家的人生故事时就谈到了"她们自己生平所经历的变化与标记这些变化的现有文化模式之间的不协调性"。[1]

传统形式与经历之间的不合拍，或许是一种解释，但我还是想强调出现在人生故事叙述中的紧张。就如何得到自己房子这件事，玛利亚女士不仅做出了竞争性的评价，而且第二个版本，即真实的版本，也始终没能与第一个版本达成和解，第一个版本依然是一种竞争性的说法。人类学家迈克尔·赫兹菲尔德试图用他的"二义性"（disemia）概念来分析这种紧张。"二义性"由社会生活中"含糊与秩序的竞争"组成，官方话语的秩序和形式体系被以地方化用法和亲密语境为框架的社会经历所颠覆。赫兹菲尔德认为，这种竞争围绕传统官方意识形态催生的"集体的自我展示"和在关系密切的社会背景中获得的自我认知而展开。[2]

这个关系密切的语境提醒我们，官方化的性别角色与颠覆这些角色之间的任何竞争都要面临困难和代价。用来标志女性角色颠覆的刻板范畴很明显："女人主事""穿裤子的女人""唠叨的人""泼妇"。玛利亚女士可能会冒险为自己招来这些刻板印象。但女性的男性化、男性的女性化，是书写自己人生故事的必然结果。她知道，在贝里索的口头文化规范中，真正的男人不会让自己的妻子在公共场合讲话，或是背着自己出去买房子。她在叙述中经常表达自己对丈夫的尊敬，说明她很清楚这种公共舆论（vox populi）。她丈夫在世时就有一些传言，别人也一直对她指指点点。伊尔玛·平托斯曾这样说道："现在我都还想得起他们的样子，她大步往前走，她

---

[1] Faye Ginsburg, "Dissonance and Harmony: The Symbolic Function of Abortion in Activists' Life Stories", in Personal Narratives Group, *Interpreting Women's Lives*.

[2] Michael Herzfeld, *Anthropology Through the Looking Glass: Critical Ethnography in the Margins of Europe* (Cambridge: Cambridge University Press, 1987), 95–122.

的小丈夫跟在她身边跑。"我们知道伊尔玛有多善于用言语伤人。她用 *maridito*（小丈夫）这个词暗示玛利亚女士的丈夫没有男子气，这提醒我们注意玛利亚女士在采用适当的性别化叙述时所要付出的代价。

　　分析现有文化模式和官方意识形态的性别角色话语，促使我们审视玛利亚女士身边那些限制、定义——一句话，结构——性别角色的现有文化载体和阐释方式。近年来"模糊文类"已经让历史学家——可能尤其是口述历史学家——越来越意识到叙述的重要性，无论在集体层面还是个人层面，叙述都是赋予秩序、建构意义的手段。如大卫·卡尔所说，"在个人层面上，人们通过他们身边可得的故事来理解自己的生活，并试图让自己的生活符合这些既有的故事。人们靠故事为生"。[1] 在更大的层面上，社区也利用叙述来灌输和确认自己在时间上的整体性和一致性。这些公共故事，是参与者在不同版本的长期协商过程中创造并接受的。这个过程意味着这类叙述的实际功能本质上是权衡（counting），以便把社区团结起来，在对过去的共同理解的基础上规划现在和未来的活动。因此，像这样生成的"集体记忆"建构在各种叙述手段的基础上：公共神话，奠基故事，关键的转型事件，好人和坏人，以"黄金时代"为界把过去分为前后两个阶段。[2]

　　如第一章所说，贝里索有好几种大叙述，玛利亚女士可以在这些叙述的范围内组织自己的故事。这里，我指的是地方的、社区的

---

[1] David Carr, *Time, Narrative, and History* (Bloomington: Indiana University Press, 1989), 158.

[2] See David Carr, *Time, Narrative, and History*; Barbara Johnstone, *Stories, Community, and Place: Narratives from Middle America* (Bloomington: Indiana University Press, 1990).

叙述，不是国家制度和意识形态层面生成的叙述。这些地方故事在很多方面有重叠、有交叉，但可以区分开来。

在一个最普遍的层面上，如果说贝里索人有一个"他们对自己讲述的自己的故事"的话，那么，这个故事就是移民的故事。这个故事有官方的合法地位，贝里索1978年被政府法令正式命名为"移民之都"。每年9月的"移民节"都会象征性地演述一遍这个故事，不同族群团体身穿他们的传统服饰在市中心游行，表演舞蹈，开展其他文化活动。与这个故事交织在一起，而且还成了这个故事关键的核心，是一个道德故事，讲述生活的艰难、贝里索奠基一代人的奉献和辛勤工作的美德，这些都是让孩子们过上更好生活的基础。这个故事还讲述东道国的恩惠，它对世界各国穷人的接纳。这样一来，贝里索的故事就成了阿根廷历史的象征——这座城市的官方历史题为 Berisso: un reflejo de la evolución argentina（《贝里索：阿根廷发展的体现》）。这个主题构成了贝里索本地历史学家书写的历史的一个主导部分。

与此相关的另一个故事——尽管这是一个更有争议性、分裂性和阶级性的故事——则集中于肉类加工厂工会的出现、贝里索在庇隆主义运动创始和后来发展过程中的作用。这个叙述的中心是几个史诗性主题：镇压1917年罢工；工厂工作的艰辛；庇隆的出现；1945年的96天大罢工；贝里索在1945年10月事件中的作用；工会带来的工作条件的改善；1945—1955年的黄金时代；肉类加工厂工业长期、痛苦的衰落；贝里索从昔日的辉煌地位跌落；贝里索始终坚持对庇隆主义的信仰，作为 la cuna del peronismo（庇隆主义摇篮），它没有辜负体现在这个称号中的遗产。

这些公共故事的很多要素，在玛利亚女士的人生故事里都可以看到。她用这些要素来塑造自己的故事,表达自己对其意义的理解。这里,我想说的重点是,尽管在一个层面上这些公共故事是合适的载体,但就像所有叙述那样,它们也通过"抑制策略"(strategies of containment)试图强加自己的"结论"。女性不是被边缘化,就是被摊派特定的刻板角色。例如,1945年罢工这个公共故事,几乎没有什么空间能让玛利亚女士充分表达她自己或其他女性在罢工过程中的作用。尽管官方认可女工对罢工的支持,但在这个故事的所有版本中,关键的"英雄"人物都是男性。西普里亚诺·雷耶斯靠打字机和藏在 monte(郊坰)的地下印刷所遥控指挥罢工;他的男性副手们经受警察镇压的考验,对付破坏罢工者,竭力与政府谈判。在玛利亚女士的叙述中,几乎没有什么空间可以表达她在罢工过程中的积极作用。尽管如此,我们可以问的是,这里还有没有其他的阐释方案?口述历史学家有没有可能通过一种复原性的阐释活动(recuperative hermeneutic act)来撬动结构这个人生故事叙述的话语结论和话语抑制?

例如,96天罢工,我们可以找到一些要素,有可能破除主流社区话语对玛利亚女士叙述所施加的消声作用。在谈到执行纠察和惩罚任务时,玛利亚女士说这些事情是一些 muchachos(小伙子)做的。但社区传言提到了另一个版本。玛利亚女士过世后,一个男子给了我下面这段证词,他小时候是玛利亚女士的邻居:

> 我住 21 街她家附近。我记得不少人跟我说 1945 年罢工期间她在街区四处强迫人们参加罢工。我想连我母亲也跟我说过这些事,她总是在手提包里放把手枪,和其他几个女人一起去周围商店,说自己是 pistoleras de Reyes(雷耶斯的枪手),如

果他们不主动关门歇业的话,她就要用她的手枪让他们关门。

这也是当时有些女性活动家接受武器使用训练的又一个证据。伊内丝·马里尼(Inés Marini)告诉我,为了预防当时频繁发生的袭击,她丈夫教过她如何使用手枪。

不过,显然,不可能存在任何简单的文本复原活动。任何这类分析尝试都会遇到很大困难。首先,我是从第三方那里得到这个罢工期间"被消声的故事"的。这个第三方还告诉我,说他母亲"怕玛利亚女士":"你知道,玛利亚·罗尔丹那种女人威胁过很多年纪大的欧洲女人,她们习惯上要胆小得多。我母亲是个传统的阿拉伯女人,她对玛利亚·罗尔丹和其他像她那样的女人既印象深刻,又心存畏惧。"这个描述所蕴含的看法,是认为玛利亚女士的形象超出了移民和工人阶级女性形象的正常范围。这个形象本身,就像它公然挑战的公共叙述一样,可能都是由规范化的性别惯例所决定的。这样一来,这个第三方证词能够让我们破除抑制性话语——这个话语不容许话语使用者表达她主体性的"真实"程度,哪怕在相对较为"开明的"80年代——对一个女工的"真实行动"的消声作用吗?

或许,根本就没有办法确切回答这个问题。从分析方法上看,要想解决这个问题,就又让我们回到了本章开篇谈到的对找回女性声音的传统惯例的理论质疑。吉安·普拉卡什提出的补救办法是承认"底层沉默的疑难状态(aporetic condition)",把握"话语的沉默和疑难时刻"。[1] 但实践上我们如何阐释沉默呢?一般来说,

---

1 Gyan Prakash, "Subaltern Studies as Postcolonial Criticism", 1488.

承认空白、矛盾和沉默的重要性,已经成了口述历史学家分析工具的一部分。所以,路易莎·帕塞里尼才创造性地追问沉默,这种沉默表明了那些生活在墨索里尼时代的工人们关于法西斯主义主题的证词。[1] 通过创造性的分析,她得以"重新说出"法西斯主义强加给工人阶级证词的那种"意味深长的沉默"。我们无疑可以从这类分析中获得灵感,并用在个体的人生故事上。不过,玛利亚女士积极参加罢工活动这个故事,也说明了从叙述沉默中提取潜文本和隐藏声音的局限性。与其说这些沉默揭示了被压抑的女性的声音,不如说指向了其他的阐释可能性。例如,*pistoleras de Reyes*(雷耶斯的枪手),难道我们看到的不是男性幻想的一种体现吗?这种幻想由打破传统模式的女性所激发,因此被编码为通常与男性联系在一起的攻击性品行。

我认为,如果看一看她叙述中对工作的描述,我们也能看到同样的结论。工厂生活,肉类加工厂的工作,是工会故事的重要部分,也是一个相当男性化的故事。工厂故事充斥着体力劳动、恶劣的工作条件、潜在的暴力、一大群人受制于不人道的工作体制的故事。这个男性世界的根源,在于劳动力结构本身和具有明显性别等级的工作流程。男性在高技能和高薪岗位上占据了主导地位。肉类加工厂传说故事中的关键人物都是男性,出自清一色的男性车间,如屠宰车间、装卸团队。肉类加工厂男性工人讲述他们在工厂时的逸事,常常会提到这些传说故事和特定的神话人物。另一方面,女性局限在工作流程中的低级岗位上,工厂传说故事中很少有女性形象。讲得最多的故事都出自屠宰车间,*matambrero*(屠宰工人)——肉类

---

1 Luisa Passerini, *Fascism in Popular Memory*, chapter 4.

加工厂的传奇人物,相当于矿区传奇中的"伟大的采煤工人"——是重要的神话人物。地位紧随其后的是装卸团队的领头人,他可以把宰杀后的牲肉塞满整整一船,船上不留任何多余空间,而且还打破纪录。男性讲述者详细讲述这些故事,主题围绕体力、技能、工作条件、对抗工头、玩笑。

这样一来,作为一种叙述,肉类加工厂故事就只有边缘空间可供女性表达自身。确实,就工厂传说故事中出现的女性而言,她们往往被表现为女性作为母亲、养育者、纯洁、顾家这个公共神话的相反的另一极,也就是说,是道德上软弱的女性,受到了主导性的男性氛围的腐化。再一次,我想强调的是,这个故事不是不能用在玛利亚女士身上,但这个故事存在固有的局限性,这些局限关乎这类故事的范围及其代表性人物与个体生活的意义和丰富性之间的不一致性,后者试图冲破这些范围,打破这些刻板印象。

玛利亚在她的人生故事中处理性别和工作主题时,这种不一致性带来的含糊和紧张是显而易见的。显然,工作场所,冷冻厂,在她的故事中既有积极的意义,也有消极的意义。不过,总的说来,工厂被描绘成这样一个场所:工作体制把人"吸"进去——玛利亚女士经常用 chupar 这个西班牙语动词,字面意思就是吮吸液体——使用他们,再把他们吐出来。她用了各种隐喻来指称工厂,*ese infierno negro*(那个黑地狱),*ese monstruo*(那头怪物),还强调那些不得不进厂工作的人所付出的生命代价,其中就包括她丈夫,他从事的工作损害了他的健康。

232

在这个总体评价中,工厂在她叙述的各个阶段都被说成是一个对女工充满潜在敌意的环境,这个基调有时显然与我们前面所说的肉类加工厂虚构小说描绘的那个男性化世界是一致的:

我想，所有去冷冻厂工作的女人的感受都是一样的……因为那个地方，反正，像头怪物，你进到里面，进到那种黑暗和潮湿里，那个环境，一排排的男人，刀子拿在手上。我不觉得那是个好地方，你感觉不好，但迫于生计，你必须要习惯。

不过，尽管玛利亚女士在叙述中意识到了充满敌意的男性化的车间文化——这种文化与工作体制的残酷性有关，与对非凡体能的崇尚有关，这是这种文化固有的一部分——但她的故事并不是简单地从庇隆主义宣传的新型家庭观念中提取道德结论。她意识到了女性进入这个世界所要面临的具体问题，既涉及工厂内的世界，又涉及女性作为母亲的角色。对于自己工作时孩子不得不在家帮忙做饭，她评论说："只有离家出门工作过的人，只有那些出门工作的母亲，才知道事情是什么样子。"还有些时候，她也为自己在履行母亲职责时不得不做出牺牲而感到遗憾，因为她还有工会和政治工作要做。

尽管如此，一种更积极的评价也与工作和养育角色之间的冲突并置在一起。从根本上说，进入肉类加工厂是玛利亚女士人生故事情节得以成立的一个基本步骤，这意味着所有这些牺牲——直到她故事结束，有时我们也无法断定她是不是觉得这些牺牲是值得的——让她有权对生活要求更多，有权打破工人阶级女性传记的某些惯例，有权忠实于她青春期时树立的叛逆者这个自我形象。就像玛利亚女士讲述的那样，这个故事远远不是主张出门工作是一种解放性的经历。去工厂工作，在她的故事中首先总是出于物质上的必要性，而且最终也总是由她对这个工作的看法所定义的；在她看来，对男性和女性来说，这个工作都是可怕的：

264　　堂娜玛利亚的故事

地板上的血，一块块脂肪……你始终接触的都是动物的鲜血、脂肪、筋腱、骨头，不断要接触冷东西，肉总是冷的，而且还有冻肉，你知道拿刀切冻肉是什么感觉吗？

但是，在玛利亚女士的故事中，工作和工作的痛苦，受到了工会这个关键机构的调节。工会的作用不仅仅是改善总体的工作条件，更具体地说，工会还被含蓄地视为缓解女性在工厂中的弱势地位、制约凌驾于女性之上的男性力量和权威的一种手段。

此外，玛利亚女士叙述的不同阶段还谈到了进入职场如何改变了家务事的做法。她强调丈夫帮忙做家务，还笼统提出了一个普遍看法，即工作女性有权要求平等分担家务事。她叙述中对这个原则的表达方式，再次说明了她在这个问题上感觉到的含糊和紧张，因为她把这个原则和重申女性的传统家庭角色结合在了一起："女人生来就是要在家带孩子，养孩子，照顾家，搞卫生。"

在玛利亚女士的叙述中，婚姻和堕胎这两个主题同样也反映了与性别问题联系在一起的紧张和失调感。再一次，她让自己扮演的一个始终如一的角色，她最坚持的一种自我投射形象，是好母亲、好妻子的形象。她用这些自我形象表达的对婚姻和堕胎的看法，显然体现了官方庇隆主义的态度（当然，这个问题上，庇隆主义并不是唯一的影响）：反对离婚，反对控制生育，反对堕胎。但仔细观察她对这些主题的处理方式，我们可以看到，这些原则的官方表述受到了一个意味深长的潜文本的调节，这个潜文本把这些原则与工人阶级女性生活的严峻现实和贝里索这类社区日常生活中的痛苦选择联系在了一起。

例如，就堕胎而言，她反对堕胎是"因为我的宗教"，在这句简短的评论之后,她开始没有任何谴责意味地描述贝里索女性非法堕胎的普遍做法。她谈到那些养不起孩子的女性的绝望,还明确说发薪日筹钱帮助同伴支付堕胎费用是肉类加工厂女工的惯常做法。值得注意的是,玛利亚女士批评堕胎和离婚的语境表明,她对现实世界中女性面临的有限选择的同情和理解,调节、相对化并最终最小化了主流意识形态的影响。

还有,她的证词表明,她反对堕胎和离婚,主要也不是从道德立场上反对。在谈到离婚和分居问题时,她始终都是从孩子的角度来表达她的关注的,在一个层面上,这种关注在她故事中是一以贯之的,符合她所说的现代社会应该关心未来、保护儿童。此外,我们还可以说,这也是谈论阿根廷社会中女性弱势地位的一种方式。由于离婚或堕胎,男性性行为与育儿、婚姻脱钩,这加重了女性在这个领域已有的负担。说到自己所在的碎肉车间的那些堕胎同伴时,她举了一个典型例子,称"男人抛弃了她们,她们肚子里还怀着孩子"。在一个性别关系等级森严的社会中,鉴于女性地位和权力的不平等现实,如何采纳、权衡养育观念和家庭观念中的要素,就成为一种理性选择。

想要从性别角度解读玛利亚女士的证词,还必须要考虑艾薇塔·庇隆的角色。艾薇塔在玛利亚女士的人生故事文本中以各种方式发挥作用。在一个层面上,艾薇塔代表了女性美德和适当角色的典型。最重要的是,她是尽职尽责的妻子,她的自我认识是通过她丈夫的权力形成的。她是他日光下的阴影。她为人民所做的事,最后都是庇隆授权的。有时候,出现在玛利亚女士证词中的庇隆主义官方性别观念,几乎像是逐字照搬艾薇塔的官方自传《我生活的目的》(*La Razón de Mi Vida*)。不过,在玛利亚女士对艾薇塔的描述中，也还有一些更复杂的东西在起作用。一方面，把艾薇塔描述成一个能够提供公共榜样的新语义形象，这为玛利亚女士自己的政治、社会活动故事提供了一个叙述参照点。这个女性语义形象所能唤起的力量，最终并不取决于书面的文本体现。不管《我生活的目的》作为一个文本有什么影响，艾薇塔的影响从根本上看都是表演性的。她的人生故事，她的活动和私人经历，以逸事形式被公共叙述表达出来，被视为典范，用肯尼斯·伯克的话来说，被视为"生存手段"（equipment for living）。[1]

这种典范的、表演性的地位，源于承认并推重她穷苦的童年出身。她的悲惨童年造就了她身为"*grasitas*（底层人）、*negritos*（黑人）、污秽的人的女保护人"地位：

> 艾薇塔的人生，总之，你从一开始就看得出来很悲惨，从她生下来起，因为她是非婚生子女，从童年时代起就很不幸，所以她必须要表现好，她是郊区出来的女人，*arrabalera*（郊区人），她母亲吃了很多苦，她就是出自那种人，否认这一点有什么意义呢？

正是生于苦难这个经历，奠定了艾薇塔政治活动的基础，并使其合法化，也为玛利亚女士自己的活动提供了一个榜样。从根本上说，这个经历还强化了一种宗教化的政治，这种政治是通过感觉和情感表达的，而不是通过官方意识形态教条。我们可以在官方庇隆

---

[1] Kenneth Burke, *The Philosophy of Literary Form* (Baton Rouge: Louisiana State University Press, 1941), 293–304.

主义意识形态中看到类似立场。《我生活的目的》处处提及的"感觉",成了庇隆主义独特性的终极解释。我们还记得,玛利亚女士始终强调自己从小就受必须要保护穷人这种内心感觉的驱使,她自己的苦难也让她具备了职业政客所没有的能力。正是这种正派和体贴他人的伦理观奠定了玛利亚女士政治思想的基础:

> 比如说,我在投票厅工作台告诉他们应该去哪里投票,一个女人来了,全身上下脏兮兮的,肚子这样挺起,带着三四个孩子,黑人,被抛弃了,我就对她说,女士,坐下来,你住哪里呀;我跟她说话,就和跟穿着皮草刚从车里出来的人说话一样,因为在我看来,这是一个人,和其他人一样;我的优点就是有感受力,能够同等对待我的同胞,不管他们是这样还是那样,对我来说,他们都是人,这个很重要……爱人就是爱每一个人,就是爱满脸都是鼻涕的孩子,就是爱酒鬼,帮他过马路免得被车撞了,就是去爱,艾薇塔就是这么做的,这就是政治。

这种以伦理为基础的政治的影响,可以从如何帮助穷人这个角度来具体衡量,艾薇塔短暂的一生做到了,玛利亚女士在贝里索这个地方层面上也试图效仿她。

体现艾薇塔这些典范活动的逸事,可以从不同角度解读,包括阶级角度和性别角度。玛利亚女士讲述的其中一些故事,本书上篇部分已有转录。它们是贝里索这类社区传诵的艾薇塔故事的一部分。就我的经历而言,这些故事几乎全都是女性讲述的。下面,我想具体分析其中的一个故事:

詹姆斯·丹尼尔：事实上她有那么多漂亮衣服，她有很多钱。这会让穷人觉得困扰吗？

玛利亚女士：他们不会有困扰，因为那是给她的钱，她有办法从富人那里拿到钱再交给穷人，要有很特别的价值观和很大的才干，才能把钱给穷人，才能从富人那里拿到钱，我会说原因的，教授。我在赛马场工作了很多年，一天，来了一些年纪大的富人，满身都是金链子，那些车呀，你根本就不知道发动机在哪一边，一个金发女人，一条纯种狗，其他我就不知道了。然后一个盲人说：

"兄弟，给点东西吧，我是瞎子。"

他们就绕着他走。又来了一个人，穿件旧外套，穿双布鞋，他本来是要把钱押在马身上的，马的名字人家都告诉他了。他给了他一百比索。我就站在那里看。我觉得 tribuna（讲台）上用得到这个。

这个很重要：有钱的，不给；没钱的，给。

所以，那个事实嘛，她是有那些漂亮的小玩意儿，她是有那些漂亮衣服，今天任何一个女人，但凡有条件的，都会穿点戴点，总统夫人怎么就不行呢？所有那些珠宝都是礼物，寡头给她的礼物，好控制她，因为国家就在她手上，虽然这一点很难相信。

再一次，民粹化的阶级解读，可能是最明显的。这个故事的功能是作为一种"大众民主的质询"（popular-democratic interpellation），表达"人民/权力集团"的对立，富人被表现为在道德伦理上不如穷人，他们通不过基督教美德的基本考验。这个故事具备寓言形式，艾薇塔有能力拿走富人的钱交给穷人，富人不愿意践行基本的基督教善行，二者形成了对比。这个故事的模板，显然是富人难进天国这个《圣经》寓言。在玛利亚女士的版本中，艾薇塔有能力靠她的计谋和权力拿走富人的钱交给穷人。

这是一个意识形态表达的复杂网络。这个故事在某种程度上复制了主流意识形态的女性养育观，反映了官方态度对女性在政治中的角色的决定性影响。与政治中的男性不同，女性谈论政治不是从权力的角度，而是从服务、养育、无私的角度。第二章我有过类似看法，当玛利亚女士谈到她的工会活动时，总是从女保护人和指引人这个母性角色的角度来表述的。与此同时，我们还知道，玛利亚女士也颇有能力以更官方意识形态化、概念化的方式来谈论庇隆主义。但这里，我们看到的是一种大众文化表达，用大众宗教用语进行表达。这种大众形式所结构的东西，也可以读为一种阶级对立，特别是如果我们还记得此前玛利亚女士对政治的定义的话，即同情和体贴他人。现阶段还很难确定这种宗教化大众亚文化的根源所在。再一次，我们可以把它在这个逸事形式中的文本体现视为直接反映了庇隆主义国家话语的影响。另一方面，有可能，庇隆主义话语实际上也挪用了现有的大众宗教亚文化（最突出的可能是被质询的女性），这个亚文化从某种大众道德经济学的角度谈论贫富、政治权利和义务。这样一来，我们从这些故事中看到的可能就是直接被国家修辞收编的大众话语的痕迹（或者，至少有一部分大众话语被用来建构艾薇塔的形象）。我认为，这种收编，正是恩内斯特·拉克劳所说的"大众民主质询不再是一种亚文化，而是被收编进了国家政治生活。卑微者的话语（sermo humilis）拥有了权力的语言"

这个过程的一个例子。[1] 玛利亚女士证词中出现的这种语言似乎表明，在被逐出官方权力语言很久以后，"卑微者的话语"依然是大众政治话语的一个有力组成部分。

不过，这个故事的另一种可能解读，或许可以让我们触及一个关乎性别身份建构的潜文本。在劳动女性讲述的各种艾薇塔故事中，艾薇塔的功能是一种供劳动女性挪用和利用的空洞能指。作为空洞能指的艾薇塔，有时有助于确认官方意识形态的性别观念，有时又有助于表达不同于官方女性话语的经历。就这个逸事而言，艾薇塔的作用是一个载体，既可以表达对物质的欲望，又可以表达这种欲望得不到满足的愤恨。卡洛琳·斯蒂德曼认为，这种欲望，以及它所催生的嫉妒，往往与一个文化提供给劳动女性的官方阐释方式存在严重冲突。斯蒂德曼讨论的是她自己母亲在南伦敦无穷无尽的街道上谋生的工人阶级经历，但她对"嫉妒政治"（politics of envy）的分析也在玛利亚女士的故事中共振。斯蒂德曼认为，嫉妒政治背离了主流文化中工人阶级的母性图像学（iconography）。同样，玛利亚女士在她的人生故事中也觉得很难表达自己对世间事的欲望，很难表达自己超越工厂的事业抱负。她总是以一种放弃的姿态谈论自己在政治上、社会上的斗争活动，"我们不想要他们的烟囱，也不想要他们的美元"。但似乎很显然，庇隆主义作为一种社会运动，既创造又鼓动了对消费品的欲望，而嫉妒和愤恨的修辞也确实出现在了玛利亚女士的人生故事里。她对天主教会最有力的一次批评，就是从物质差别的角度出发的，年轻女孩们穿着质地不同

---

[1] Ernesto Laclau, *Politics and Ideology in Marxist Theory: Capitalism, Fascism, Populism* (London: New Left Book, 1997).

的服装参加圣餐仪式，教会助长了这种不平等：

> 女儿领圣餐回来后发生了什么事呢，她穿着她的白校服，但她跟她妈妈说，"你看胡安妮塔（Juanita），她穿的那个衣服呀，那个针线呀，那个丝带呀"，妈妈只能什么都不说，让她喝她的牛奶，可能校服都是学校给的，她都没有花钱买。

与嫉妒、愤恨联系在一起的是羞愧感：羞愧于自己的孩子吃得不好、穿得不好，羞愧于他们住在那种房子里。毕竟，她如何得到自己房子的故事，某种程度上也是出于羞愧而渴望物质改善的故事。尽管有时候玛利亚女士会怀旧地说起自己住过的大杂院，但有时候她也会把那些房子形容为"丑陋……到处都有味儿，很多人共用一间浴室，脏兮兮的"。

因此，从这个意义上说，艾薇塔的故事是一个载体，可以表达主流性别规范中合法性可疑的工人阶级女性的意识要素。斯蒂德曼希望"通过让这种嫉妒进入政治理解领域，那些处于被剥夺状态的人为了获得自己资产而进行的正当奋斗，或许不应被视为鄙陋、盲目地贪求市场物品，而是试图改变这个让他们处于欲望得不到满足状态的世界"。[1] 斯蒂德曼批评的靶子是英国左派各传统党派。庇隆主义之所以胜过左派政党，或许部分原因正在于它能够说出这种嫉妒的性别政治。如果是这样的话，艾薇塔的叙述形象就起到了重要作用，提供了一个可以述说不满和欲望的场所。再一次，她的人

---

1 Carolyn Steedman, *Landscape for a Good Woman* (New Brunswick, N.J.: Rutgers University Press, 1989), 123.

生是一种典范，让她成了一个可信的形象：羞愧和愤恨是艾薇塔故事的基本修辞。我们可以把她视为一个语义形象，转喻性地代表了她的女性公众以及她们的欲望。艾薇塔可以拥有世上之物，拥有华服珍宝，同时又无损其精神性。

现有的公共故事、公众神话和官方意识形态为建构玛利亚女士这样的人生故事设定了语境、确立了范围，面对这种情况，我们应该如何处理这些故事在使用上的困难，以便更好地理解工人阶级历史中的性别问题呢？有没有办法调和她叙述中出现的两组不同的性别刻板套路呢？在很多女性主义学者中盛行的一种解决办法，就是强调"反话"的存在，认为这些"反话"表达了这类文本中被压迫、被抑制的女性的声音。例如，费伊·金斯伯格认为，那些支持／反对堕胎的活动家们用她们的证词来"重新表达她们原本觉得不符合社会期待的经历，把这些经历建构为新的文化可能性"。[1] 她认为，这样一来，她们的人生故事说的就是一种反话，合法化了她们采用"另一种人生脚本"，在她们对自己的想象中也出现了一种新发现的和谐。同样，罗蕾尔·理查德森也认为，女性可以通过创造新的"集体故事"，创造新角色、新套路、新解决方案，来克服体现在文化故事中的"文本剥夺"（textual disenfranchisement），这些文化故事不足以表达她们的需要和经历。[2] 在另一个极端，西班牙女性主义历史学家最近的一项研究发现，作为母亲和家庭主妇的理想女性形象这一主流的公共神话，已经成功抹去了西班牙内战期间女

---

[1] Faye Ginsburg, "Dissonance and Harmony".

[2] Laurel Richardson, "Narrative and Sociology", *Journal of Contemporary Ethnography* 2, no. 1 (1990): 117–135.

性作为战士和产业工人角色的记忆。[1]

现在，我认为，我们或许可以把玛利亚女士人生故事中的一些重要因素读为一种"反话"，它挑战了工人阶级女性及其生活的主流意象的权威。不过，在我看来，这个故事以及它引发并表达的紧张，并没有带来一种偏向于新的人生脚本的最终解决方案，也没有带来一种能够调和个人历史和社会合法角色的新发现的和谐。在我看来，这个解决方案对于玛利亚女士的故事来说太过规整，特别是它没有考虑到贝里索这样的工人阶级社区中公共叙述、阶级叙述的力量和影响。在我看来，更有用的是卡洛琳·斯蒂德曼对她母亲的回忆，这个工人阶级的故事"是在边缘地带紧张、含糊地述说的"；这个故事扰乱了中心，不是随时可得、现成可用，等着被人挪用。[2]

这些在边缘地带述说的故事，不可避免地会涉及解决不了的矛盾、沉默、抹杀和冲突性主题。在书面传记惯例中，这类疏失往往可以弥缝整齐。口头证词更混乱，更似是而非，更矛盾重重，或许正因为如此，才更忠实于工人阶级生活和工人阶级记忆的复杂性。玛利亚女士故事中性别问题矛盾版本的存在，或许可以归因于记忆问题，可能这也的确是事实，但我认为，它同样还反映了存在真正无法解决的紧张：一方面是官方的性别关系话语，另一方面是玛利亚女士只能在其中过完她一生的不那么讨人喜欢、不太合法的话语。

在某个阶段，口述历史学家必须做出信仰之跃，必须相信直接的历史经验在个人证词中能够有所突破并找到表达。这个信仰之

---

[1] Elena Cabezali et al., "Myth as Suppression: Motherhood and the Historical Consciousness of the Women of Madrid, 1936–39", in *The Myths We Live By*, ed. Raphael Samuel and Paul Thompson (New York: Routledge, 1990).

[2] Carolyn Steedman, *Landscape for a Good Woman*, 65.

跃,是信赖"指涉契约"(referential pact)的基础,这可能是口述史让自己独树一帜——比如说,区别于文学批评——的根源所在。因此,从这个角度看,我认为,我们必须要尊重玛利亚女士,必须假定她对自己人生的讲述忠实地反映了——她以现有叙述和主流意识形态为中介来讲述——一个工人阶级女性在特殊历史时期经历性别和阶级关系的方式。她采用的自我呈现形式,利用了官方话语中传统女性角色的刻板套路,这一点不能只看表面。这些自我呈现形式既反映了主流意识形态和神话的力量,也反映了讲故事的人把她自己的意义、她自己的主体性灌注在这些形式中的力量。

第四章　写给克拉丽塔的一首诗：庇隆主义阿根廷的"小资产阶级女孩"和工人阶级女性

> 文本不是文本，除非它躲开了先来者，躲开了第一眼，躲开了写作的律条和它的游戏规则。
>
> 而且，文本永远都是难以体察的。但它的律法和它的规则不是泊在一个秘密的不可触及性上；很简单，就目前而言，这些律法和规则绝不可能登记为可以被严格称为认知的那种东西。
>
> 因此，它们永远并且从本质上看都面临着被彻底失去的风险。谁又能意识到这种消失呢？
>
> 纹理交织的掩饰，无论如何都需要几百年才能拆解其编织物：编织物套编织物，解除织物需要几百年……惊喜总会等着各种批评的解剖或生理学，它可能以为自己控制得了游戏，一次就能厘清所有线头，它还骗自己，想观察文本但又不接触文本，不染指"对象"，不冒风险——这是进入游戏的唯一机会，用几根手指抓住它——增加一些新的线头。
>
> ——雅克·德里达《柏拉图的药房》

社会民主派认为给工人阶级指派一个未来几代人的拯救者的角色再恰当不过了，这样，他们就斩除了工人阶级最强大的力量。这种训练使工人阶级忘却了他们的仇恨和他们的牺牲精神，这两者都是由被奴役的祖先的意象所滋养，而不是由解放了的子孙的意象所滋养的。

——瓦尔特·本雅明《历史哲学论纲》

1947年的一个冬夜,玛利亚女士坐在家中,为克拉丽塔感到悲伤。她是她的朋友,也是斯威夫特肉类加工厂的 *compañera de trabajo*(工友)。那天早些时候,克拉丽塔在拉普拉塔市立医院死于肺结核。玛利亚女士难以入睡,受愤怒和沮丧的折磨,坐下来写了一首诗,既纪念自己的朋友,也纾解自己的郁结。这不是玛利亚女士习惯上做的事。实际上,这是她第一次写诗。多年以后的1987年夏天,她对我回忆了让她做出这一非常之举的背景,还靠记忆背诵了这首诗,这首诗的书面版本很多年前就佚失了:

有一天,*pobrecita*(小可怜),她死了,我们就带她回贝里索,但我们没有任何东西可以安葬她,贝里索的市长,当时贝里索还不是一个市,是个工会代表,他现在也死了,艾瓦利斯托·安塞尔米诺(Evaristo Anselmino),他给了我们一口棺材,借给我们一辆 *cucaracha*(蟑螂车),就是像那种四个轮子的电动马车,可以敞着把棺材拉去葬礼……我们在一个人的家里照看她,那个人把他在纽约街的房子借给了我们,我们啥都没跟她母亲说,因为她老了,会吓死的……总之,我觉得很不好受,我想我们都很不好受,但我太不好受了,就从床上爬了起来,当然,我丈夫看我没回卧室,就来厨房跟我说:"你在做啥?"我在那里用铅笔给克拉丽塔写诗,因为我厌烦哭了,哭解决不了任何问题,在我看来,就像是我要尽到对她的义务,我就给她写了这首诗，是这么写的：

Ay, pálida obrerita que marchás apenada
al establecimiento antro de explotación
a ganarte la vida y enriquecer a viles
con caras de verdugos y frentes de reptiles
que llevan una lira de oro por corazón.

El ruido de las maquinas hace crispar tus nervios
histérica te vuelves y pierdes hasta el yo
ese yo de ironía que te hace alzar la frente
y aunque muerta caminás te agotás tristemente
dejando hasta el carácter en manos del patrón.

Las niñas burguesitas te observan con un dejo
de burla indiferente, con burlona intención
ignorando las pobres muñequitas burguesas
que cobre sobre cobre labraste la riqueza
del ladrón patentado que nada te dejó.

Y a esas artificiales y enfermas mujercitas
que viven cansadas de placer
díles que te hagan frente
ataviados andrajos
que tu pecho valiente presentás al pingajo

sangrada hija del pueblo, carnaza del taller.

Díles que ayer ha muerto una compañerita
una pobre explotada vencida por el mal
díles que a poco hermosa a la fábrica entraba
y que tuberculosa ayer agonizaba
en el último lecho de un mísero hospital
que tus labios marchitos tal vez de tanto encierro
se han deplorado en gritos y no besando perros
como los besan ellas en voluptuosa unión.

Clarita, amiga y compañera
te fuistes de este mundo sin decirnos adiós
y en un vuelo divino llegaste a Jesús
Y en un rincón del Chaco una viejita buena
masticando su pena esperándote esta.

唉，苍白可怜的小工悲伤地进了
工厂，剥削的洞窟
为了谋生，养肥了卑鄙的人
长着刽子手的面孔和爬行动物的额头
金币霸占了他们心脏所在的位置。

机器的噪声让你神经紧张：
你变得歇斯底里，丢了你真正的自我，

那个让你昂首挺胸的嘲讽的自我
就算累得要死,你也只得继续,悲伤地让自己疲惫不堪,
连你的个性也交到老板手里。

小资产阶级女孩们无动于衷
嘲弄地看着你,带着嘲弄的意味
可怜的小资产阶级玩偶啊,不知道
一分钱一分钱,你造就的富人
拿着合法执照的小偷,什么都不留给你。

那些矫揉造作、病态的小女人
疲惫不堪全都是因为享乐:
让她们面对你,
衣衫褴褛,
破布条中你露出你勇敢的胸脯,
血淋淋的人民女儿,工厂车间的炮灰。

告诉她们昨天一个同志死了
死于贫穷和剥削,被恶打败了
告诉她们你不久前才进厂,美丽漂亮
昨天却奄奄一息,得了肺痨,
躺在一家可悲医院的最后一张床上
你的嘴唇,大概因钳口结舌而枯萎
尖声谴责,而不是和狗亲嘴
像她们那样亲热撩人地亲吻那些狗。

小克拉拉，朋友和同志，
你离开这个世界，没有说再见
你神圣地飞到了耶稣那里。
在查科的某个角落，一个好老太太
细味她的悲伤，等待着你。

这个我献给我的朋友克拉丽塔，我亲爱的朋友克拉丽塔……我感觉好多了，说出来就感觉好多了，因为我太爱她了。

记忆的情感，人死了40年后这个致敬所引发的痛苦，都是明显感知得到的，也有力地体现在了捕捉到她呼吸和她声音语气的录音带上。

本章我想讨论的一个主要问题是历史学家能用这样的文本做些什么。答案并不是不言而喻的。好几年来，这首诗始终处于一种阐释的未定状态（limbo），在我看来，它像是顶级的逸事珍宝，分析她口头证词时我曾试图以它为例来说明工人阶级女性的创造性和主体性。饱含情感的表演以及诗中很多修辞意象的直接力量，似乎没有进一步分析的必要。玛利亚女士自己对这首诗的结构框架，似乎也让形式上的其他阐释变得多余：不言而喻，这首诗表达的是阶级苦难这个大叙述中的个人痛苦。

我想做的是超越这首诗表演冲击力的直接性，把它作为一个可以反复"阅读"的文学/历史文本。当然，这种尝试，部分是一种时代标志，体现了"语言学转向"对社会历史学家的影响。上一章，我认为应该把玛利亚女士的口头证词视为一种叙述，一种讲故事的形式，在更广泛、更有力的叙述语境中组织事件并赋予个人经历以意义。[1] 解读人生故事这个更大文本的那些策略，也可以用来解读体现在一个特殊文本中的叙述，也就是说，可以用来解读这首诗。这就意味着关注文本的修辞方面，如排除和对抗、矛盾和沉默；意味着关注隐喻、转喻等语言手段的运用；还意味着密切关注形式和体裁，这是竞争性地建构内容和意义的重要组成部分。

虽然目前人们普遍认同对文学/历史文献进行文本解读的重要性，但从社会史、劳动史的角度看，这种解读方法的运用也存在几个问题。可能最普遍的问题，就是文本的意义分析往往停留在文本逻辑的世界内，停留在话语体系的自我指涉结构内。

目前，大多数社会史学家、劳动史学家希望审视文本有助于挖掘出主体性、行动和意识的隐秘痕迹。但"语言学转向"的一个重要内容，就是否定可以做到这一点。除了话语，除了语言及其文本体现，没有什么是可知的；个人经历是由话语并通过话语建构出来的。过度的文本主义解读，有可能危及工人阶级女性的性别化社会史研究，让整个研究项目变成一种妄想（chimera），历史上的女工只能被迫保持沉默。在这种文本主义冲动下展开的很多女性史研究，已经针对女性和女性工作问题重建了相关话语范畴。在这种分析中，女工成了话语质询/制造的对象，这些话语如此强势，以至于解构阅读拆解了文本逻辑。这种分析，很少关注女工对这些话语的应对方式，很少关注她们如何试图在这些话语中建构意义和身份。

如果把玛利亚女士这首诗这样的文本局限在这种分析框架内，似乎是故意无视它的阐释潜力，就像我最初想把它留作逸事珍宝一

---

1 See Daniel James, "Historias contadas en los margenes: La vida de Doña María: historia oral y problemática de género", *Entrepasados*, no. 3 (1992).

样。我想说的是，这样的一首诗，能够让我们在 40 年代庇隆主义阿根廷这个具体历史语境下讨论工人阶级女性的主体性问题。对历史上相对少见的一个文本——工人阶级女性文化文本的一个直接例子——进行一种"反着读"（reading against the grain），我们或许就能从个体领域进入社会、意识形态领域，就像弗雷德里克·詹姆逊所说的那样，叙述惯例提供的线索可以"让我们回到个体文本本身的具体历史情景，使我们有可能把它的结构读为意识形态，读为一种社会象征行为，读为对历史困境的一种典型反应"。[1]

在最浅近易懂的层面上，玛利亚女士这首诗可以读为一个阶级伤害的故事，它是以阶级剥削的语言为框架的。确实，在谈到把克拉丽塔送去葬礼的 cucaracha（蟑螂车）时，玛利亚女士就为我们提供了第一个重要的故事标记。在贝里索，cucaracha 的社会含义很清楚，明确指贫困。费利佩·普罗祖科夫，贝里索本地的一位诗人，说它"算是一种社会慈善，送每个一无所有的灵魂去葬礼这最后一程"。在街头用语中，它指称等待着所有那些挥霍放浪、不能照看好自己财产的人的命运。[2]

当她把这首诗朗诵给她的邻居和庇隆派同志们听时，正是这层意思引发了他们直接的、强烈的共鸣。在贝里索，与肉类加工厂工作联系在一起的恶，是集体记忆或她听众们直接的个人经历的一部分。正是由于利用了以阶级为基础的经历这个公共源泉，诗歌的意义才如此不言而喻。但值得强调的还有诗歌的语言，它直接谈论

---

[1] Fredric Jameson, *Political Unconscious: Narrative as a Socially Symbolic Act* (Ithaca, N.Y.: Cornell University Press, 1981), 84.

[2] Felipe Protzucov, *Vivencias Berissenses* (Berisso: Felipe Protzucov, 1995).

explotación（剥削），把剥削人格化为 verdugos（刽子手）、viles（卑鄙的人），长着 frentes de reptiles（爬行动物的额头），还把剥削定位为公开劫夺雇佣劳动："你造就的富人／拿着合法执照的小偷，什么都不留给你。"诗歌语言还明确指涉异化问题，即工厂工作对个体工人的影响：

> 机器的噪音让你神经紧张：
> 你变得歇斯底里，丢了你真正的自我，
> 那个让你昂首挺胸的嘲讽的自我
> 就算累得要死，你也只得继续，悲伤地让自己疲惫不堪，
> 连你的个性也交到老板手里。

这个阶级剥削的故事还通过这样描写工人阶级女性的意象得到了表达："血淋淋的人民女儿，工厂车间的炮灰。"

除了这些容易理解的阶级指涉外，诗歌还有一种潜在的情感，我们或许可以称之为对资产阶级的道德反感和义愤。一方面，这种态度表现为不加掩饰地直斥 patrón（老板）。可能比较让人惊讶的是，它还直斥 niñas burguesitas（小资产阶级女孩），对她们形象的塑造，强调的是她们的反常和病态，她们是"矫揉造作、病态的小女人／疲惫不堪全都是因为享乐"。

现在，我们稍微转移一下重点，以便深化这种基于阶级的解读。我们先从显而易见的方面入手。这首诗是女性写给女性的。如果它说的是阶级苦难、愤怒和悲痛，那这些苦难和愤怒也是通过女性形象来表达的。玛利亚女士愤怒于工厂体制对克拉丽塔造成的身体伤害，还把这种愤怒主要集中在了同为女性的敌人身上，"小资产阶

级女孩"。这些上层阶级女性,不是简单代表剥削克拉丽塔劳动的阶级敌人——实施这种剥削的是 *ladrón patentado*（拿着合法执照的小偷）——而是被描绘成了嘲弄、羞辱别人的人,对克拉丽塔,她们"无动于衷/嘲弄地看着你,带着嘲弄的意味"。另一方面,这首诗也可以读为歌颂女工之间的女性友谊,象征性地对抗那些嘲笑、背叛的有钱女人。诗歌含蓄地肯定了女性团结和友谊的价值,克拉丽塔的人生故事确实也证明了这种价值。没有家人在场,是她的朋友照顾她,埋葬她,这个朋友最后还用诗歌找回了她的记忆和人生。

如果我们把这首诗的创作背景语境化,这种阶级情感、性别情感的存在就会看得更清楚。这种情感的来源是多方面的。一方面,玛利亚女士借鉴了40年代阿根廷大众话语和工人阶级话语现有的阶级语言和图像学（iconography）。诗中的一些关键意象和图符（icons）,出自19世纪末以来阿根廷社会主义、共产主义和无政府主义的词汇,这些词汇本身又借鉴了欧洲共和主义和激进主义的文化传统。"血淋淋的人民女儿,工厂车间的炮灰"这个意象就是直接出自这个传统,上一行诗也可以看到这个传统："人民女儿"向剥削她的人露出她"勇敢的胸脯"。有可能,玛利亚女士接触过这些意象和形象的库存（repertoire）。我们知道,她父亲同情无政府主义;我们还知道,她少女时代和年轻时是个不安分的女性,想要弄清楚各种政治哲学。也有可能,自1930年定居贝里索以来,她接触过一些左派宣传。三四十年代的共产党人和无政府主义者是一种颇有影响（就算影响有限）的存在。最后,我们还应该把这种阶级话语的存在,与写这首诗之前玛利亚女士自身经历的性质和强度联系起来：就在两年多前,她进了肉类加工厂,当上了工人代表,参加过罢工,帮忙组织了1945年10月17日的罢工和游行,那天晚上在五月广场讲了话，接着成了劳动党的创始成员，1946 年 2 月选举期间在全国各地演讲，这次选举让庇隆当上了总统。

那个时期的大众文化，能为玛利亚女士提供更有神秘感和宗教感的意象库存的另一个可能来源，可能是诗人佩德罗·帕拉西奥斯（Pedro Palacios）的作品，这个诗人更为大众熟知的名字是阿尔马费尔特（Almafuerte）。阿尔马费尔特在工人阶级读者中被广泛阅读，贝里索很多公共图书馆都能找到他的作品。阿尔马费尔特一生的大部分时间，也确实是在拉普拉塔及其周边地区度过的。1937 年贝里索落成的第一个公共广场，就是为了纪念这个诗人，1943 年那里还竖起了他的一座塑像。玛利亚女士的证词回忆说自己是他诗歌的热心读者。

他的很多诗歌都充满了弥赛亚的语气，表达了他对 *la chusma*（低贱者）的同情和认同。有时候，这种认同是用基督式的语言表达的；有时候，他的诗歌是以《旧约》先知的愤怒为框架的。他的诗歌尖锐批判教会，基调往往是表达对一个堕落腐化的工业社会的伦理义愤和道德谴责，这种态度也见于 20 世纪最初几十年间的各种无政府主义文本。玛利亚女士诗歌最后一节中谈到穷人的宗教救赎，以及她结构全诗的道德谴责基调，可能都很能说明阿尔马费尔特的影响。更确切地说，他最具社会批判性的那些诗歌中的有些意象，与我们在玛利亚女士这首诗中所见的意象有相似之处。在他最著名的诗篇之一《红色赞美诗》（*Antifona Roja*）中，一个先知式的人物对一个 *doliente familia de parias*（受苦的贱民家庭）说话，他对他们描述了一个不公正的社会加在他们身上的所有痛苦，痛苦程度随着诗节的展开而逐渐递增。在这些痛苦中，我们可以看到"*brazos tranchados en el raudo voltear de las maquinas*"（手臂被转得飞快的机器撕裂），女工们"*arrojando el pulmón a jirones como una blasfémia sangrienta que estalla*"（劳损她们的心肺，像炸裂的血腥亵渎）。阿尔马费尔特在另一诗节中还谈到了有钱人嘲笑穷人那种"*abierta, insolente, triunfal carcajada*"（公开的、侮慢的、扬扬自得的嗤笑声）。

尽管很明显，这首诗表达了一种根源于阶级冲突的经历，使用了出自阶级话语的意象和符号的库存，但这些意象和符号并不是透明的、直接的，可供玛利亚女士利用。它们是以一种特殊的体裁——情节剧（melodrama）体裁——为框架的，也以这种体裁为中介。情节剧的形式和惯例在大众文化表达中随处可见，既包括低俗小说（pulp fiction）和国内电台播送的中篇小说，也包括探戈和大众戏剧作品。很多出自社会主义、无政府主义传统的小说也采用了情节剧形式。情节剧的惯例是以摩尼教的方式非此即彼地看待世界，善恶冲突的解决通常偏向于——但也不尽然——道德上善的一方。情节剧的美学是借助各种刻板的人物形象来表达这种冲突，描写直白、夸张，情节结构围绕对立的价值观展开。情节剧的吸引力是个复杂的问题。近年来已有研究指出，情节剧在19世纪英国文化中的作用，有点儿类似于一种主导性的大众文化想象，这种想象是好几种更具体的文学/文化方案的基础。更具体地说，人们尤为关注情节剧作为一种叙述载体对女性的吸引力，它把性别和权力置于前台，为性别问题的表达提供了一个文本空间。

玛利亚女士这首诗有一个基本的情节剧二元结构，体现为一系列关键对比：克拉丽塔，工厂女孩/*niñas burguesitas*（小资产阶级女孩）；克拉丽塔/工厂；克拉丽塔/老板；善/恶，而克拉丽塔是善的最终体现。玛利亚女士对我们保证说，她是"一个超自然的存在"。劳拉·穆尔维（Laura Mulvey）认为，"意识形态上的矛盾是情节剧公开的主要推动力和具体的内容"。确实，直接表现这种矛盾正是情节剧吸引工人阶级作家的部分原因。出现在这首诗中的所有二元对立，可能最重要的是 sangrada hija del pueblo（血淋淋的人民女儿）与 niñas burguesitas（小资产阶级女孩）的对比，真正的"人民女儿"与"矫揉造作、病态的小女人/疲惫不堪全都是因为享乐"的对比。这种对比，归根结底是受剥削摧残的健康、自然的工人阶级女性与对立面那些不真实、不自然的寡头女性的对比：

你的嘴唇，大概因钳口结舌而枯萎
尖声谴责，而不是和狗亲嘴
像她们那样亲热撩人地亲吻那些狗。

这首诗的情节剧结构还和更普遍的庇隆主义修辞联系在了一起。庇隆主义话语确立了一系列对立面，按道德标准建构并区分敌人/他者。苏珊娜·比安奇、诺玛·桑切斯在其著作《庇隆主义女性党》中认为，艾薇塔·庇隆和官方庇隆主义正是围绕这些对立面建构了一种话语：真实的/不真实的；牺牲精神/利己主义；苦行/轻浮；变态/健康；真正国家的/反国家的。[1]确实，要想理解庇隆主义话语力量和共振的源泉，我们应该更关注它如何利用充满了这种惯例和形象的大众想象结构的情节剧形式。

---

1 Susana Bianchi and Norma Sánchis, *El Partido Peronista Feminino*, 2 vols. (Buenos Aires: Centro Editor de América Latina, 1987).

阿根廷大众文化存在着大量的情节剧情节变体。其中，一个最常见的情节变体——可能正是情节剧的原型故事——与一个工人阶级女性有关，她是富人男性猎艳的受害者，他引诱她离开家庭/丈夫/爱人。因此，这个故事及其各种变体，涉及一个女性受害者、一个义愤的丈夫或爱人、一个有钱的恶棍。它通常是一个女性迷失、绝望、被抛弃，以及最后得到救赎的故事。堕落女性的救赎可以是精神上的，其常见标志是死亡，死于疾病或自杀，临终时达成和解。女性追逐感官享受，逾越女性身份的自然界限，走向堕落，这样的违越必须付出道德代价。这种堕落的典型代表是妓女形象。或者，善与恶的斗争，也可以通过回归家庭幸福状态而得到解决，家被视为幸福的港湾，在这里，女性可以重回自然位置，工人阶级男性可以恢复性名誉。这个解决方案，通常意味着怀旧感——回望家庭和谐、道德平衡的黄金时代——对这个体裁来说是必不可少的。

这种传统情节剧叙述明显回荡在玛利亚女士的诗歌中。可能最明显的就是女主人公/受害者死于肺结核。不过，诗歌也出现了一些重要变形，其所表达的情感，不同于各种更为传统的阿根廷大众文化形式中的那种情感。贝阿翠丝·萨罗认为，在二三十年代的周刊小说中，城市——现代性的最终所在地和象征——的一个象征作用，就是充当这些叙述中诱惑和道德腐化的一个来源。[1] 在玛利亚女士的诗歌中，工厂取代了城市，成了恶的能指和所在地，而这种恶是通过相当性欲化的意象来定义的。实际上，这首诗可以读为一个扩大了的隐喻：工厂、工厂工作等同于妓院卖淫。诗歌想象中的女工是妓女，工厂是妓院，老板是皮条客或嫖客。

1　Beatriz Sarlo, *El imperio de los sentimientos* (Buenos Aires: Catalogos, 1985).

诗歌第一节，就明确地把工厂劳动等同于卖淫，称克拉丽塔进了 *establecimiento antro de explotación*（剥削的洞窟）。这里的 *antro*，意思可以是指洞窟、洞穴，指称工厂这个工作场所的黑暗和不人道性，但在大众用语中，它也指妓女拉客揽活的廉价酒吧。紧接着这句话的是 *ganarte la vida*，除"谋生"这个字面意思外，也常委婉代称在街上拉活。这里，钱色交易的意味也很明显：为了 *ganarte la vida*（谋生），她 *enriquecer a viles*（养肥了卑鄙的人），而她养肥的那些人只有 *lira de oro*（金币），没有心。我认为，这还是指的是金钱交易，而不是什么深厚的情感关系。最后，我们可以说，*ladrón patentado que nada te dejó*（拿着合法执照的小偷，什么都不留给你）不仅指的是公开劫夺雇佣劳动，也指大众文化中常见的病老后被皮条客抛弃的妓女形象。

在一个层面上，玛利亚女士诗歌的情节剧想象结构体现了女性劳动和性别分工的公开话语，这种话语在贝里索这类社区的工人阶级文化中很常见。把工厂劳动等同于卖淫，把女工转喻为 *puta*（娼妓），这种隐喻关系到了40年代已广泛盛行。诗歌文本中的这种表达可能涉及好几个来源。再一次，我认为，与马克思主义、无政府主义联系在一起的斗争文化可能就是其中的一个来源。这个传统把卖淫等同于雇佣劳动由来已久。马克思1844年在手稿中这样说道："卖淫不过是工人普遍卖淫的一个特殊表现形式而已。"[1] 总的来说，我们从阿根廷马克思主义者、无政府主义者的作品中可以看到对女性在工业中的地位的深刻批判。这种批判通常表现为批判

---

1 Karl Marx, *Economic and Philosophical Manuscripts of 1844* (New York: International Publishers, 1964), 133.

就业和工资水平对男性工人的不良影响，但也表现为批判工厂工作的不合法性，残害了女性作为家中教育者、养育者的自然角色。官方国家修辞和政策的作用也很重要。唐娜·盖伊认为，到20年代，卖淫和工厂劳动在阿根廷已被放在了同一个话语空间，到30年代，工厂迅速取代妓院，成了危险、污秽的场所。[1]

贝里索这类社区对女性进厂工作的普遍态度，既反映了官方国家话语，也反映了各种大众文化形式所表达的对性别角色的长期焦虑。问题当然很复杂。自冷冻厂开业以来，女性就在工作场所扮演了重要角色，占据了被视为女性专属的某些车间，如玛利亚女士工作的碎肉车间。到了30年代，女性工资收入，已经成了贝里索工人阶级家庭生存策略的必不可少的一个部分。米尔塔·洛巴托的研究也表明进厂工作如何成了贝里索工人阶级女性生活周期（life-cycle）策略的一个重要组成部分。[2] 但是，工人阶级文化似乎有一个深刻要素质疑了女性在工厂的存在。贝里索采集来的口头证词提供了这方面的很多例子。有些女性回忆自己的丈夫、兄弟告诫自己说，只有放诞不经的女性才进厂工作；也有人回忆时提到工人阶级的一句口头禅，说工厂工作是 *putas*（娼妓）才做的。照这种民间看法，女性在家庭外的合法工作就只有 *enfermeras*（护士）和 *maestras*（学校老师）了。贝芭·安佐里尼（Beba Anzolini）曾说起自己在这种态度下遇到的经历：

---

1 Donna Guy, *El sexo peligroso: La prostitución legal en Buenos Aires, 1875-1955* (Buenos Aires: Sudamericana, 1994).

2 Mirta Lobato, "Mujeres en la fábrica: El caso de las obreras en el frigorífico Armour, 1915–1969", *Anuario IEHS* 5 (1990).

> 我母亲在斯威夫特 *conserva*（罐头车间）工作……等我年龄到了，书读完了，我就开始梦想进厂工作；看起来让人兴奋，我知道钱是会有帮助的。我和在那里上班的一个工头说了，他说他可以把我弄进去。我啥都没跟我父亲说。那个时候，你得自己买工装和靴子，我就攒钱买了。开始上班前的那个晚上，我把我的东西摊出来，第二天要用，我真的很兴奋，但我父亲回家看到工装了，他就问："这是要做啥？"我跟他说了，他就说他的女儿谁都不去工厂上班。他说我根本就不知道工厂里面那么多男人是个什么环境。我父亲说，要工作就去拉普拉塔的政府机关工作。等我再大点，我母亲跟我说了很多工头怎样占工厂年轻姑娘便宜的事情。[1]

我认为，把这个问题语境化很重要，这样才能理解它在玛利亚女士文本中的分量。一般认为，情节剧作为一种体裁，其根源在于社会日趋世俗化、商业化所带来的剧变。彼得·布鲁克斯探讨这个主题的经典著作《情节剧的想象》认为："情节剧是在一个真理和伦理规范的传统律令面临重大质疑的世界上产生形成的，但要传播真理和伦理规范，要把它们复兴为一种生活方式，就要从直接的、日常的关切入手。"[2] 受这种看法的影响，朱迪斯·沃科维茨认为，情节剧的形式和内容特别适合工人阶级，它简单、直接地唤起了工业化市场文化中生活的脆弱性和不稳定性，在这种文化中，顺从和

---

[1] 贝芭·安佐里尼，笔者 1990 年 6 月在贝里索对她的访谈。

[2] Peter Brooks, *The Melodramatic Imagination: Balzac, Henry James, Melodrama, and the Mode of Excess* (New Haven, Conn.: Yale University Press, 1976), 88.

家长制的传统模式受到了侵蚀。[1]

我想说的是，40年代贝里索这样的工人阶级社区也经历了同样的剧变和不稳定性，这一定程度上与30年代以来内陆移民潮涌入工厂有关。这个过程还很多地方我们不清楚，但一个比较可信的假设是，新移民对工人阶级看待体面和性别规范的传统观念带来了特别具有破坏性的影响。40年代加剧了这种影响，因为当时为了满足战争需要，肉类加工厂急剧扩充劳动力，吸引更多移民来到社区，吸引更多女性进入工厂。这个时期的斯威夫特和阿莫尔，每天都24小时连班倒。

社区内部出现的这种紧张，也见于口头证词，尽管这些证词往往闪烁其词，而且与讲述各族群和谐融合的社区叙述有所冲突。例如，这个社区叙述往往把第一代贝里索工人的欧洲移民家庭说成是家庭生活的典范，尽管有很多女性出门工作。她们的屋子被形容为整洁干净，花园也拾掇得花团锦簇。欧洲女人是好主妇，不在工厂时，她们符合家庭领域的理想。相比之下，*Correntinas*（科连特斯女人）、*Santiagueñas*（圣地亚哥女人）往往被说成家庭生活不稳定、有欠缺，她们的家没有吸引力，家务活干不好。[2]更具体地说，有人提到，当时男性觉得在性方面越来越容易得到这些*negritas*（黑姑娘）。一个男性工人回忆说，她们既纯真又直接，没有任何心机地回应感情和善意："她们不一样，有时候她们像是迷失在了冷冻厂里……她们穿得不值钱，但她们觉得时尚。她们用一种石蜡润发

---

[1] Judith R. Walkowitz, *City of Dreadful Delight: Narratives of Sexual Danger in Late Victorian London* (Chicago: University of Chicago Press, 1992).

[2] 来自内陆省份科连特斯（Corrientes）、圣地亚哥 – 德尔埃斯特罗的移民。

油抹头发。只要摸摸她们的脸,她们就可以委身于你。"[1]性的威胁和破坏,对以往性行为规范的违背,这方面的感受也与当时工厂女性消费能力和经济独立性的提高有关。40年代中期在阿韦亚内达(Avellaneda)一家肉类加工厂工作的一位女性共产党组织者曾这样描述发薪日工厂门口的情形:

> 中午一拿到工资她们就冲出大门,过了厂门前的街道,就有很多小贩把货物摆在人行道上。大多数都是便宜货,衣服,围巾,廉价首饰。但就像她们还嫌不够似的,就像她们迫切想买东西似的……总之,这是有道理的;她们在省里从没有过任何钱,过去她们生活中从没有过这么多钱,从没有机会给自己买点东西。[2]

情节剧作为一种体裁,体现在各种大众文化形式之中,为玛利亚女士提供了一个叙述载体,可以用来表达她对这种破坏性影响的焦虑和关注。

因此,玛利亚女士这首诗用情节剧的想象结构来表达阿根廷大众文化和国家修辞随处可见的公开话语对女性劳动的建构,是有道理的。但是,我想说的是,这首诗可以解读的东西远不止这些。她不是简单内化主流话语要素,再在自己的文本中复制这些要素。诗歌反映的意识形态不只是国家的意识形态,但也不纯粹是创造性行动的产物。无论是文本,还是文本所包含的主体性,都不是

---

[1] Alejandro Chible,笔者1993年7月在贝里索对他的访谈。
[2] Iram González,笔者1987年在布宜诺斯艾利斯对她的访谈。

透明的、不含糊的。现在我想试着揭示这首诗中存在的"反话"（counterdiscourse）要素。

葆拉·拉比诺维茨在她对30年代美国无产阶级小说的研究著作《劳动与欲望》中指出，试图在文本内建构工人阶级女性主体性的女性叙述，具有她所说的"体裁不稳定性"的迹象。[1]玛利亚女士这首诗也可以看到这种不稳定性的明确迹象，它有几个方面偏离了诗歌赖以结构的体裁惯例。诗歌的情节很清楚，女性不应为她们最后堕落的命运负责，没有任何根本性的个体过错是女性特质造成的。不像当时低俗小说和探戈中常见的那样，女性没有被塑造为污染源。尽管妓女是个关键意象，但这个意象只停留在隐喻层面。真正的女主人公，克拉丽塔，始终都是从她纯洁、美丽、善良的角度描绘的。另一个重大的不同，是男性角色的不同。除老板外，他们很大程度上在诗歌情节中是缺席的。当然，诗中也没有悲恸的工人阶级男主人公或爱人，试图解救女性受害者/堕落女性。实际上，没有谁能拯救克拉丽塔逃脱工厂劳动的虐待。这种缺席标志着对体裁的另一种偏离。这里根本就没有幸福结局的可能。情节剧通常描绘的都是一个道德戏剧，提供一个宣泄的解决之道，怀旧地回归一个恢复了传统价值观的秩序。玛利亚女士这首诗没有任何怀旧，没有情节剧修复"历史伤害"（the hurt of history）的任何空间。[2]

对体裁惯例的这些偏离，能够告诉我们什么呢？我认为，如拉比诺维茨所说，它们是试图在文化形态中书写工人阶级女性主体性

---

[1] Paula Rabinowitz, *Labor and Desire: Women's Revolutionary Fiction in Depression America* (Chapel Hill: University of North Carolina Press, 1991), 62–96.

[2] "历史伤害"，语出 Catherine Crosby, *The Ends of History: Victorians and the "Woman Question"* (New York: Routledge, 1991), 39。

的证据，这种文化形态的主流性别惯例、剧目库存和人物形象无法胜任这个任务。就像詹姆逊所说的那样，这种体裁偏离可以为我们提供理解文本深层意识形态意义的线索。这方面意义最重大的偏离，可能就是在叙述中呈现女性的身体、表现女性的性。

但这种表达，不是不掺杂质地实现的，不是直接表达自我启发式（self-revelatory）地获得意识。这确实是玛利亚女士很难协商的一个领域，既有的话语和主体性在这里交缠错杂。当然，自1910年以来，阿根廷的医学、法律话语几乎可以说是执迷地关注女性的身体和工业劳动经历。[1] 女性与现代工业劳动的关系，也见于各种早期的文化表达。例如，在一些描写肉类加工厂生活的小说中，我们可以看到男性作者对工厂工作如何戕害身体的类似痴迷。与这些文本描写性危险的修辞相对应的是，它们也关注不可避免地失去的身体美和女性特质。Mujeres hombrunas（男人婆）形象充斥着这些文本。1943年出版的《永世受穷》（Pobres Habrá Siempre），这类体裁最著名的作品之一，庇隆时代曾多次改编，其中一个女性角色之所以引人注目，正因为"los años de trabajo rudo parecieron no haberle curtido y deformado del todo su feminimidad, como a las otras"（多年的残酷劳作似乎并没有让她变得僵硬，并全然毁掉她的女人味儿，不像在其他人身上看到的那样）。[2]

伊斯梅尔·莫雷诺，《屠宰场》（El Matadero，1920）的作者，小说明确以贝里索为背景，叙述充斥着贫穷和工厂劳动如何摧残女

---

[1] See Mirta Lobato, ed. *Política, médicos y enfermedades: Lectura de historia de la salud en la Argentina* (Buenos Aires: Editorial Biblios, 1996).

[2] Luis Horacio Velazquez, *Pobres Habrá Siempre* (Buenos Aires: Editorial Kraft, 1953), 92.

性的各种意象。肉类加工厂里的女性都是些 "*andrajos de mujeres, despojados prematuramente de su juventud, no les restaba de su sexo mas que el vientre fecundo*"（废坯子女人，她们的青春被过早地掠夺了，除了能生娃的肚子外，没有任何东西能够让人想到她们的性别特征）。小说的高潮场景之一，莫雷诺以近乎左拉的力度这样描写他的 *Venus del Trabajo*（劳动维纳斯）："她肮脏的、隆起的胸膛；她忧郁的凝视；她满是雀斑的小长脸；她长满鞭毛的胸脯；滑腻的腹部；她深褐色的、扭曲的大腿。"就像我们看到的那样，如果说工厂在很多这类文本中的形象是一个性危险和滥交的场所，那它同样也是女性去性别化的一个场所，她们在这里失去了把她们定义为能够引发男人欲望的女人的那些身体特征。[1]

　　因此，尽管玛利亚女士接触过处理女性的性、女性的身体和工厂劳动的某些文化模式，但这些模式的价值对她来说是可疑的。她很清楚人们对肉类加工厂女工的主流看法。克拉丽塔来自查科省（Chaco），一个 *cabecita*（小人物），一个 *negrita*（黑姑娘），这些事实在她写这首诗时都极为重要。后来，在她的证词中，我们还有过一次关于克拉丽塔的有意思的交流。我问玛利亚女士那些来贝里索的内陆移民是不是 *con diferentes pautas de cultura*（带着不同的文化模式）。她的回应，几乎可以说是咄咄逼人地打断了我：

　　　　不，不，他们被人接受了，他们马上就适应了，就像那个死了的女孩，*pobrecita*（小可怜），我写了首诗给她；她是个基本上不会读、不会写的女孩，但很有教养，尊重长辈，她还

1　Ismael Moreno, *El Matadero* (Buenos Aires: Editorial Selecta, 1921), 124.

想把她母亲接过来,她不愿意随随便便和人胡来,她说,哪天等我有了未婚夫,我就要结婚,这个女孩,不,不,来的人都很有教养,北边来的人都很有礼貌。

玛利亚女士的抗议貌似过了头;我问她的只是一个很普通的 *pautas de cultura*(文化模式)问题。我没有提克拉丽塔,也没有暗示任何内陆移民的性道德问题。但玛利亚女士选择从克拉丽塔性正派这个角度来定义教养问题。都过了40年了,为什么还要特意强调克拉丽塔的天真纯洁呢?

我认为,原因正在于玛利亚女士心中始终坚持了女性的性和工厂劳动的相关传统叙述。40年前,这种坚持肯定还强烈得多。但写这首诗时,她本能地抗拒这个叙述,很多年后也一直抗拒它。她坚持要把克拉丽塔说成是天真的、纯洁的,正因为她熟悉体现在那些叙述惯例中的主流意象。她不想用那种意象来写工厂对她朋友、对她朋友的身体所做的事。但是,还存在其他的意象库存吗?就像我们说过的那样,她显然觉得情节剧和通俗浪漫传奇中的意象不够用,但要把克拉丽塔写得真实,写得有血有肉,这就意味着必须进入以男性为中心来看待女性和工厂劳动的主流意象领域。

从玛利亚女士诗中对如何表现女性身体的处理,可以看出这种困境的影响,以及她试图解决这个困境的努力。克拉丽塔的身体受到了工厂劳动的摧残,但表达这种摧残的方式,不同于那些肉类加工厂小说的男性目光窥视。尽管诗歌对比了克拉丽塔进厂前的美丽和她在一家肮脏医院的死亡,但并没有详细描写,很大程度上细节没有明说。当时肉类加工厂小说和医学话语中可以看到的那种身体遭罪的清单,这首诗里没有。只要对比一下另一个著名诗人对工厂女工身体每况愈下、肺结核病的描写，就能看出玛利亚女士处理这个主题的新颖之处了。这就是尼克拉·奥利瓦里写于1920年的诗歌《患结核病的打字员》（*La dactilógrafa tuberculosa*），后收入他的诗集《倒霉的缪斯》（*La musa de la mala pata*）出版：[1]

> Esta doncella tísica y asexuada
> esta mujer de senos inapetentes
> —rosicler en los huesos de su cara granulada
> y ganchuna su nariz ya transparente—.
>
> Esta pobre yegua flaca y trabajada,
> con los dedos espatulados de tanto teclear,
> esta pobre mujer invertebrada,
> tiene que trabajar.
>
> Esta pobre nena descuajeringada,
> con sus ancas sútiles de alfiler,
> tiene una alma tumefacta y rezagada
> y se empena en comer!
>
> Yo la amé cuatro meses con los ojos,
> con mis ojos de perro triste y vagabundo,
> cuando la miraba los pómulos rojos,

---

[1] Nicolás Olivari, *La musa de la mala pata* (Buenos Aires: Centro Editor de América Latina, 1986).

qué dolor profundo!

Un día juntamos hombro a hombro nuestra desdicha,
—vivimos dos meses en un cúchitril—
en su beso salivoso naufragó la dicha
y el ansía de vivir.

Una tarde sin historia, una tarde cualquiera,
murió clásicamente en un hospital.
(Bella burguesita que a mi lado pasás, cambia de acera,
      porque voy a putear.)

那位年轻小姐，得了肺结核，没有性别，
那个女人的胸脯撩不起人的欲望
——玫瑰色的脸骨，长满粉刺
她的鹰钩鼻变得透明——

那匹母马，瘦骨伶仃，疲惫不堪，
打字太多，她的手指变成了刮铲，
那个可怜的女人没有脊骨
必须要工作。

那个可怜的女孩散架了
臀部像锋刃一样纤薄
这个灵魂肿胀又滞慢

还在坚持吃!

我用我的双眼爱了她四个月,
用这悲伤的丧家犬的双眼,
我看着她潮红的脸庞
心痛不已!

有一天,我们肩并肩
面对我们的不幸
——我们在一间陋室度过了两个月——
她的亲吻口舌生津,她沉浸在
爱的喜悦和渴望中。

一个没有什么事的下午,和每个下午一样
她死在了医院,很经典
(可爱的上层阶级女孩路过,
最好是转过街道,
　　因为我想诅咒。)

　　两首诗的语气和情感有相似之处,但这首诗没有对受害者的爱,只有怜悯和厌恶。这首诗只能出自男性视角,诗歌意象也只能出自男性之手,特别是第二诗节的那些可怕意象:"那匹母马,瘦骨伶仃,疲惫不堪/……那个可怜的女人没有脊骨。"

　　不过,这些描写并没有穷尽这个话题。身体吸引力和工厂劳动的关系,不只是男性的发明,或男性凝视引发的幻想的一部分。工业劳动，与女工的自我价值和身份观念密切相关。女工的主体性，与她们对自己身体的意识和工厂劳动所带来的身体上、美学上的耻感紧密联系在一起。如米尔塔·洛巴托所说，工人阶级文化对女性不同的劳动形式有着明确的接受等级。[1] 肉类加工厂在这个等级中处于独特的低等地位，正是由于它对女性身体的影响。

在工厂上班的女性都很清楚这个问题。那些在需要用刀的车间如碎肉车间工作很长时间的女性，一辈子都留下了印记，她们的手指变形，指甲永久性破裂。长期接触冷肉或半冻肉也造成了她们手的变形。玛利亚女士常常说自己的手很丑。在那些接触化学物品的车间工作，会造成难看的皮疹。就性吸引力而言，最让人觉得耻辱的，可能是肉类加工厂的气味。女性最集中的一些车间，如 *tripería*（内脏车间），也是味道最大的车间。贝芭·安佐里尼回忆说：

> 我母亲在斯威夫特 *conserva*（罐头车间）工作，负责在流水线上把食物装罐。因为翻来覆去做同一件事情，她胳膊肘得了钙沉积。但她最讨厌的还是气味。她过去常常在厂里把澡洗了，但到家时身上还是有味道，她就又再洗一次。我们有个邻居在 *tripería*（内脏车间）工作，她千方百计想要去掉身上的味道。她把柠檬汁挤在手上。有些人一辈子都去不掉这种味道，死的时候衣服上都有味儿。……我坐有轨电车从贝里索去拉普拉塔，车上人都会捂住鼻子，免得闻到那些从工厂下班回家的

---

1 See Mirta Lobato, "Women Workers in the 'Cathedrals of Corned Beef': Structure and Subjectivity in the Argentine Meatpacking Industry", in *The Gendered Worlds of Latin American Women Workers: From Household and Factory to the Union Hall and Ballot Box*, ed. John D. French and Daniel James (Durham, N.C.: Duke University Press, 1997).

人身上的味道。[1]

有了这个语境，我们就能懂得 niñas burguesitas（小资产阶级女孩）这个形象及其在诗中的复杂作用了。一方面，对玛利亚女士来说，她们代表了有威胁的、不正当的性，因为这种性的标志是她们有漂亮衣服、有性保护，还很性感。把这种不正当的性归在 niñas burguesitas（小资产阶级女孩）身上，这个做法值得引起我们的注意。这样做，就削弱了玛利亚女士假定的转喻逻辑，特别是这种转喻需要把妓女和女工联系起来。女性气质作为一种文化意象属于资产阶级范畴，定义这个范畴的那些身体的、社会的、美学的属性，被认为是女工身上所欠缺的；资产阶级女性气质这种意象，正是作为道德低下的女工意象的对立面而建构出来的，就像医学话语和其他文化表现领域所大肆宣扬的那样。

通过颠倒表现资产阶级女性和女工之间差异的传统话语，玛利亚女士就削弱了这种转喻逻辑关系。用来定义女工社会地位和性地位的各种传统能指，都被颠倒了；肉欲、性感、不道德，这些词经常用在女工身上，现在也同样用来形容 niñas burguesitas（小资产阶级女孩）。玛利亚女士面临的是一个艰巨的话语障碍赛过程，因为她试图表达一个女工的主体性。女工很清楚自己不同于资产阶级女性他者的凝视，清楚自己是在资产阶级女性他者的凝视中被建构的。就像科拉·卡普兰在讨论19世纪女作家时所说的那样，玛

---

[1] 贝芭·安佐里尼，笔者1990年6月在贝里索对她的访谈。

利亚女士也清楚视觉外表在女性道德等级中的重要性。[1]但这种修辞解决方案——倒过来把那些用在女工身上的常见修辞用在堕落的、性欲化的他者身上——必须要面对话语掷骰子游戏（discursive dice）的重荷。

奥利瓦里的诗歌，足以让我们注意到与肺结核病联系在一起的强有力的性欲化象征意义。迭戈·阿莫斯近来认为，到20年代，结核病和纵欲过度的关联，已经成了从严格的医学话语到无政府主义话语的一个重要部分，这种关联主要体现在女工形象身上。[2]因此，在玛利亚女士看来，克拉丽塔患上这种病不是偶然的。女工所处的公共空间本身，正是让人联想到色情淫秽的常规语法的一部分。

在这个话语景观中，试图谈论女工、工厂劳动和女性身体的代价很高。其主要后果就是排除了把克拉丽塔表现为一个有欲望也被人欲望的主体的可能性。要进入欲望领域，就要进入 *niñas burguesitas*（小资产阶级女孩）的领域，要谈论她们显眼的性感，她们的滥交，她们对工人阶级女性的嘲弄和背叛。此外，诗歌的最终拒绝，也进一步削弱了"转喻所需的逻辑"。[3]通过投射女性身体、身体所受的痛苦，进而表现女工的自我意识、女工的主体性，这对于肉类加工厂题材的小说来说是根本性的一步，但却是玛利亚女士

---

1 See Cora Kaplan, "'Like a Housemaid's Fancies': Representations of Working Class Women in Nineteenth Century Writing", in *Grafts: Feminist Cultural Criticism*, ed. Susan Sheridan (London: Verso, 1989).

2 Diego Armus, "Salud y Anarquismo: La tuberculosis en el discurso libertario argentino", in Lobato, *Política, médicos y enfermedades*, 75–92.

3 Wai Chee Dimock, "Class, Gender, and a History of Metonymy", in *Rethinking Class: Literary Studies and Social Formations*, ed. Wai Chee Dimock and Michael T. Gilmore (New York: Columbia University Press, 1994), 86.

最终拒绝的。诗歌最终的逻辑,似乎是资产阶级女性了解不了克拉丽塔,她们不知道她的想法,她的过去,她的自我,她 yo de ironía(嘲讽的自我)。这种姿态,让我们想到了第一章多丽丝·萨默所说的拉美当代女性证词人如何建构"抵抗的文本"。[1] 这首诗似乎认为,不管是我们这些听众,还是 niñas burguesitas(小资产阶级女孩),都不能通过写在克拉丽塔身体上的阶级压迫、性压迫的印记彻底理解她的自我。

如果玛利亚女士不接受"转喻所需的逻辑"付出的代价是克拉丽塔不能被人深刻理解,那么,我们还需要注意这个事实:无论内心有多矛盾、多不情愿,玛利亚女士最终还是以一种性欲化的方式把女性身体写在了她诗歌的核心里,表达了这个身体所经历的工厂劳动,尽管这种性代表的是胁迫而不是欲望。以"机器的噪声"为起句的诗歌第二节,不仅可以读为泛指现代工厂劳动的异化,还可以间接读为剥削和机器对女性身体所做的事。"歇斯底里"的克拉丽塔将会丢失 hasta el yo(你真正的自我),"疲惫不堪的"她将会 hasta el carácter en manos del patrón(连你的个性也交到老板手里);在随后的诗节中,玛利亚女士描写说这个小偷／老板 nada te dejó(什么都不留给你)。从这首诗的道德经济学来看,我认为这种描写可以读为指涉失去贞操。这个体制不仅经济上剥削她,还夺走了她剩下的东西,即她的性名誉——hasta el carácter(连你的个性)。因此,诗歌清楚地意识到女性不只是用她们的劳动来换金钱。毕竟,按照劳动合同,小偷／老板不可能什么都不留给她。工资合同背后还有

---

[1] Doris Sommer, "Rigoberta's Secrets", *Latin American Perspectives*, no. 3 (summer 1991): 32–51.

另一个合同——性合同（sexual contract），这涉及一种更根本性的主张，即控制和有权使用女性身体。[1] 从根本上看，尽管表达得很间接，玛利亚女士还是明确主张承认差别的，男女所经历的工厂劳动是有差别的，这种差别最终是一种性别上的差别。

诗歌的另一个特点也强化了这种解读，即明显指涉强奸。再一次，我们需要意识到玛利亚女士所处的话语景观的复杂性。强奸和工人阶级女性的修辞，见于阿根廷大众文化的很多地方。阿尔马费尔特的《红色赞美诗》警告说，工人阶级女儿们如果要进工厂的话，就必须"rendir sus tributos de carne sin suenos ni amores, ni vírgenes ansias"（用她们的肉体献祭，没有梦想，没有爱情，不在乎贞操）。总的来说，这个主题与情节剧失去性名誉后再得到救赎的体裁惯例密切相关。具体而言，在这些惯例中，强奸是资产阶级贪婪、变态的标志。女性是老板或法律、秩序这种力量的典型受害者。强奸的相关象征意义是多重的。一方面，在肉类加工厂小说这类文本中，强奸充当了阶级剥削的隐喻。这类作品中政治意味很强的作品，如劳尔·拉腊的《没有休战》（Sin Tregua，1953）[2]，就像拉比诺维茨研究30年代美国男性无产阶级小说时所说的那样，女性受害者转喻的是获得自我意识前的工人阶级。因此，面对资产阶级的性腐化，女性的软弱无力等同于没有意识、没有组织起来的工人阶级的软弱性。这些情节中的强奸或强奸未遂，将会遭到政治化的男性保护人的报复。另一方面，在男性书写的文本中，我们还可以看到，

---

1 "性合同"概念，由卡萝尔·佩特曼（Carole Pateman）提出，见 The Sexual Contract (Stanford, Calif.: Stanford University Press, 1988)。

2 Rául Larra, Sin Tregua (Buenos Aires: Editorial Boedo, 1975).

强奸往往与女性的出格行为有关。特别是执行纠察任务往往与强奸联系在一起，如贝尔纳多·冈萨雷斯·阿雷里的《红色水塘》（*Los Charcos Rojos*）[1]，在作为小说高潮的罢工段落，我们看到了描写女纠察队员行为举止的场景，她们撕破衣衫，用露骨的性语言嘲弄前来镇压罢工的军队，她们的言行看起来像是动物一样，这一幕以士兵抓住她们轮奸告终。

玛利亚女士对强奸这个主题的处理，让这首诗超越了妓女／女工、强奸／阶级剥削这一常见的隐喻关系。缺席的还有解救和报仇的工人阶级男性保护人。诗歌的潜文本把诗歌本身奠定在一个更具体的基础上：女性身体，以及这个身体所遭受的暴力。这方面最有意味的一行诗就是 *que tu pecho valiente presentás al pingajo*（破布条中你露出你勇敢的胸脯）。我们已经说过，在一个层面上，这个意象来自传统的工人阶级图像学：玛丽安（Maríanne），共和国，在19世纪法兰西共和主义意象中常常被描绘成袒胸露乳。但这行诗表达的不是字面意思，因为 *pingajo* 的意思是破布、碎布。这里，玛利亚女士貌似捏合了两个单词：*pinga*，俚语中意为"阳具"（prick/cock）；*vergajo*，即牛鞭，晒干后的牛阴茎，可用作鞭子。这样一来，诗歌意象立即就从赞美女性无产阶级的美德变成了暴力强奸，脸朝上，露出胸脯，女性身体本身成了表现性暴力的手段。这种解读，也指示了下一句诗 *sangrada hija del pueblo*（血淋淋的人民女儿）的意义。据此，*sangrada* 可解读为强奸造成的出血。

我们上面讨论的这些内容，可以视为表达的是雷蒙德·威廉斯

---

[1] Bernardo González Arrili, *Los Charcos Rojos* (Buenos Aires: Colección Eden, 1922).

所说的一种新的"感觉结构"（structure of feeling）。[1] 威廉斯提出这个概念，是希望在不诉诸传统马克思主义基础／上层建筑模式的情况下讨论文化、艺术形式与社会形态变化的关系问题。感觉结构不是文本表达的正式的意识形态或世界观，而是威廉斯所说的"他们积极生活并感觉到的意义和价值"，是"社会经历和社会关系的一种特殊性"。这种新的感觉结构，与主流话语的既定阐释和社会行动者的实际生活经历之间的张力直接相关。威廉斯认为，这些张力通常很难在固有的形式和惯例中表达出来，由于缺乏其他替代载体，它们只能表现为"不安、压力、转移、潜伏"。实际上，有些经历往往是"固有形式从未言说过，也确实意识不到的"经历，只能从文本的感觉结构中发现其痕迹。这样一来，感觉结构指的就是"冲动、克制和语气的独特要素，特别是意识和关系的情感要素"。体现在感觉结构中的社会理想和社会经历的特殊性，造就了特殊的叙述形式、冲突和解决冲突的类型、个性人格的库存，这就是威廉斯所谓的独特的"语义形象"（semantic figures）。

玛利亚女士的这首诗，我们从中可以挖掘出对女性劳动的公认阐释与她想要表达的实际生活经历之间的张力的痕迹。这样，我们就可以把诗歌中的这些痕迹读为描述了工人阶级女性中一种新兴的、半萌芽状态的性别感觉结构。这种性别感觉体现在一个新的语义形象身上：女工，她身体上留有工厂劳动的印记，她的经历是用性欲化的语言表达出来的。但是，这种性别感觉也体现为用一种独

---

[1] Raymond Williams, *Marxism and Literature* (New York: Oxford University Press, 1977), 130–132; 对"感觉结构"概念的进一步阐述，见 Williams, *The Country and the City* (Oxford: Oxford University Press, 1973)。

特的语气和冲动来表达苦难和愤怒,这种姿态通常与传统形式中的穷苦女性无关。体现这种愤怒的声音,终究是玛利亚女士的声音,不是克拉丽塔的声音。玛利亚女士作为叙述人是一个试图在诗中表达自身的"缺席的存在",这个缺席的存在表现为浮现在诗中的,或许可以说是最新颖的语义形象:一个有攻击性的、威胁性的女性存在。再一次,我想强调的是,这是一个语气(tone)、意味(implication)、细微差别(nuance)的问题,而不是直接的具象化。这个女性存在,不是经典情节剧中那种养育的、母性的形象,或消极被动的女性受害者形象。这个缺席的叙述人也是一个母亲形象,她讲述的故事可以说是针对男性的一种姿态,同时兼具了愤怒和威胁。确实,这样说可能不算太牵强:诗歌回荡着最有威胁性的原型女性符号,拿起枪来的女性,红色来复枪女性,既崇拜阴茎,又能阉割阴茎的母亲。[1]

  现在,我想回到这首诗的声音这个问题上来。这个问题很重要,但表现得很不直接。一方面,如果我们说玛利亚女士的声音是借克拉丽塔言说的声音,那我们同样也可以说,诗歌的形式说明它试图把声音还给克拉丽塔。结构这首诗的主要修辞手法是呼语法(apostrophe)。我们再次遇到了第一章《冷冻厂安魂曲》中出现的这个文学形象。当时转引过的芭芭拉·约翰逊的定义,现在可以用在这里了:呼语法是"一种口技形式",它的主要诗学功能是"唤起并激活缺席者、迷失者和死者"。[2] 使这种口技发挥作用的主要

---

[1] 作为男性幻想的"红色来复枪女性"形象,相关问题见 Klaus Theweleit, *Male Fantasies* (Minneapolis: University of Minnesota Press, 1987)。

[2] Barbara Johnson, "Apostrophe, Animation, and Abortion", *Diacritics* (spring 1986): 30.

诗学手段,则是代入法(prosopopeia)。我们再回想一下第一章阿尔贝托·莫雷拉斯对代入法的定义,指"一个面具,通过这个面具,一个人自己的声音被投射到另一个人身上,那个人经常遭受不能说话的痛苦"。[1] 诗歌后半部分,玛利亚女士不断要求克拉丽塔发声:*Díles que te hagan frente*(让她们面对你),*díles que ayer ha muerto*(告诉她们昨天一个同志死了),*díles que ayer ha muerto*(告诉她们你不久前)。尽管一而再、再而三地要求,克拉丽塔还是没有说话就离开了这个世界,就像玛利亚女士诗歌最后一节告诉我们的那样。是她的朋友玛利亚·罗尔丹,通过她说话,为她说话。

但这种投射,受制于人类的弱点和时间的无情流逝。如芭芭拉·约翰逊所说,使用呼语法的诗人,某种意义上都是在对接收者说"你就是我"(be thou me),这个姿势也意味着诗人能够赋予人们生气。1987年,当年迈的、即将死于癌症的玛利亚女士朗诵这首诗时表现出来的特殊的情感力量,很可能反映了她对自己几乎无声可发的绝望。

这种情感可能还有另一个来源,即芭芭拉·约翰逊所说的母性与呼语法之间的独特联系。实际上,玛利亚女士的证词无论什么时候说起克拉丽塔,都说她几乎还是个孩子。我们前面也说过,玛利亚女士始终坚持强调克拉丽塔的童真和贞操。她和克拉丽塔的关系,看起来有强烈的母性成分;很有可能,对她来说,克拉丽塔的死,感觉既是一个 *compañera de trabajo*(工友)的死亡,也是一个孩子的死亡。这就意味着失去第二个孩子,因为一年前她儿

---

[1] Alberto Moreiras, "The Aura of Testimonio", in *Testimonial Discourse and Latin America*, ed. Georg M. Gugelberger (Durham, N.C.: Duke University Press, 1996), 192–224.

子才死于小儿麻痹症。芭芭拉·约翰逊认为，当女性谈论孩子之死时，她们就远离了呼语法常见的拟人化用法，开始隐喻性地发声："当女性谈起孩子的死亡时……就犯了一个大忌……因为任何孩子的死……都是一个母亲天然应该能够防止的。"因此，这首诗唤起的痛苦，可能远远不只是怀旧的痛苦，或阶级剥削点燃的愤怒。

因此，说玛利亚女士在这首诗中是一个"缺席的存在"，只在一定程度上是恰当的。克拉丽塔不是惯例的载体、口技者的傀儡，而是用来表达玛利亚女士的主体性的。这首诗最关键的东西在于克拉丽塔的历史命运与玛利亚女士的愤怒，二者都同样重要。在这个意义上，诗歌具有强烈的救赎意图。诗歌想要表现它的对象，克拉丽塔，试图用瓦尔特·本雅明的历史天使（angel of history）想要唤醒死者的那种方式让她说话。[1]表面看来，在诗歌的想象中，这种救赎只能靠耶稣；这个世界谁也救不了克拉丽塔，诗歌最后一节描写的意象就是克拉丽塔站在了耶稣面前。这样一来，死亡就是最后的解脱和救赎：*que ya era liberada por Jesus*（被耶稣解救了），谈到克拉丽塔之死时，玛利亚女士这样说道。

在不削弱这种宗教解读的可行性、不影响我们理解玛利亚女士宗教信仰的程度的同时，我也确实有理由质疑这种叙述结局过于便利。之所以会有这种质疑，部分是因为诗歌的解决方案明显过于简单化。有可能，尽管诗歌大多数时候避免了情节剧的解决方案，玛利亚女士在最后一节还是没能忍住诱惑，这一节既有耶稣的拯救，也出现了一个 *viejita buena*（好老太太）形象，二者都是情节剧想

---

[1] See Walter Benjamin, "Theses on the Philosophy of History", in *Illuminations: Essays and Reflections* (New York: Schochen, 1969), 257–258.

象的主要成分。但这个解决方案有虚假的意味，它实际上并不能成功消除诗歌唤出的"历史伤害"所引发的问题和批判。另一个事实也强化了这个感觉，因为我们知道，玛利亚女士写这首诗时所过的那种生活意味着她无意于提倡被动等待宗教救赎。

  这首诗还存在另一种救赎手段：语言本身的救赎力量，文字、诗歌的救赎力量。如果我们回头来看玛利亚女士证词对这首诗背景的介绍，我们就会看到她把诗歌的解脱力量和耶稣的拯救力量放在了同一个层面上。她说，写这首诗，是因为这样既能解脱自己，也能解脱克拉丽塔。如果记住引出这个说法的背景的话，那么，对书面文字的拯救力量的这种看法就更加引人注目了。当她丈夫问她在做什么时，她告诉我们，她坐下来写诗，因为她已经厌烦"哭了，哭解决不了任何问题"。这句话的意思应该是说，1947年前，她哭过太多次了，为历史伤害而哭，为那些孩子、那些差不多还是个孩子的工厂女孩的死亡而哭。显然，政治和工会活动改变不了什么；这些活动做不到的事情，写诗可以做到，或至少可以在这个等着安葬自己朋友、难以入眠的午夜时分做到。

  当然，这是想把令人敬畏的力量让给文学，是想让诗歌成为一种能够干预历史的特别有效的语言行动。但是，我认为，这也是理解这首诗救赎冲动的关键所在。这也是它含糊、紧张的一个原因，说到底，诗歌怎样才能拯救历史的受害者呢？单纯从文学角度而言，诗歌的这种行动是成问题的。如芭芭拉·约翰逊所说，作为一种修辞，呼语法几乎总是会质疑自己修辞策略的有效性："问题最后变成了单靠语言能不能填补这个空白，能不能治愈这种丧失。"[1]

---

[1] Barbara Johnson, "Apostrophe, Animation, and Abortion", 31.

确实，在某种意义上，玛利亚女士这首诗可以读为一种元评论（metacommentary），直指用语言"唤醒死者"的困难、从工人阶级女性主体立场言说的困难。因此，在这个意义上，这首诗以同一种姿态既肯定又质疑了玛利亚女士所主张的诗歌的那种救赎力量。面对这种紧张，对于诗歌最后一节及其公开诉诸宗教救赎，我们或许可以读为这是对一个无解困境的部分解决。

这个困境，是单靠语言来唤醒死者这个看法所固有的困境。1937年，马克斯·霍克海姆写信给瓦尔特·本雅明，讨论本雅明所坚持的"过去的工作是不完整的"这一主张，霍克海姆认为，"过去的不公已成定局。那些被打死的人，是真的死了……过去的不公、痛苦和恐怖，无法弥补"。[1] 在本雅明看来，完成过去工作的历史天使，可能是历史唯物主义者，他能利用每一代人"微弱的救世主的力量"，有望偿清每一代人对前人的债务，从而完成过去历史的工作。这个解决方案，是玛利亚女士不可得的。由于没有这个方案，在通过前面的诗节绝望地呼唤克拉丽塔发声后，最后她给出了一个宗教解决方案。这类解决方案，正是霍克海姆对本雅明的评论的本质所在：他警告说，过去的不完整性这个论题，最终将导致对"最后审判"的信仰。

这个解决方案，值得我们停下来进一步仔细思考。在那个时代，这个困境的标准体现是把庇隆和庇隆主义的名字用作一种消除过去不公的世俗解决方案。确实，当时政体激发下的新兴诗歌体裁中就

---

[1] 霍克海姆和本雅明就过去历史的不完整性问题所交换的意见，见 Rolf Tiedemann, "Historical Materialism or Political Messianism? An Interpretation of the Theses 'On the Concept of History'", in *Benjamin: Philosophy, Aesthetics, History*, ed. Gary Smith (Chicago: University of Chicago Press, 1989), 181。

出现了很多这类"现实主义"解决方案的例子。庇隆派出版物全都是这类诗歌。但对玛利亚女士来说,这不是一个容易的解决方案。对此可以有好几种解释。一方面,可以说是因为很难从话语上处理女工受压迫的问题,这超出了各种立即解决阶级压迫的方案的范围。另一方面,就像我们说过的那样,也可能是因为那个时刻太痛苦了,不公太明显了,以至于她不相信拯救只能靠庇隆伸出援手。

最后,诗歌还有另一种救赎意义。瓦尔特·本雅明没有直接回应霍克海姆认为过去的不公无法弥补这个观点,但他1940年自杀前不久曾在笔记中这样写道:"历史不只是一门科学,还是一种回忆形式。科学所确立的东西,回忆可以加以修改。回忆能够让不完整(幸福)变得完整,让完整(苦难)变得不完整。"在这个意义上,玛利亚女士这首诗可以视为一种回忆活动,充满了修改过去的希望,虽然是脆弱的、不确定的希望。多年来,每次她在贝里索那些听众面前朗诵这首诗时,她都重申了这种希望:死者没有白死,想要唤醒死者的历史天使还能"让破碎的重归完整"。[1]

到目前为止,我对玛利亚女士这首诗提出了一种阐释,但任何文本阐释都难免引发认识论问题和伦理问题。这些方面的问题挥之不去,让历史学家和文学批评家很难相处,就历史领域而言,也让接纳后结构主义路径的人和不接纳这种路径的人很难相处。尽管大多数历史学家可能会接受文学/历史文本意义的极端不可判定性这个看法,但他们却很难接受明确质疑文本的指涉性,即某些语言学转向的实践者所提倡的从根本上割裂符号与所指的关联。德里达主

---

[1] Walter Benjamin, cited in Rolf Tiedemann, "Historical Materialism or Political Messianism?", 182.

张文本以外别无一物,大多数历史学家显然是不可能接受这个主张的表面价值的。同样,尽管立足点相当不同,翁贝托·艾柯近年来也主张把文本和文本逻辑摆在第一位。艾柯认为,恰如其分的阐释——他认为这不同于滥用的"过度阐释"——寻求的是抵达"文本意图"(intentio operis)。他说:"我们必须尊重文本,而不是有血有肉的人。"[1] 这句话意味着个人、历史的语境化是不合法的。

从历史学家的角度看,这种分析方法至少存在两类问题。首先,从根本上说,历史学家必须看到文本以外的被埋葬在特定个人、文化、政治领域中的那些指示物。如威廉·西维尔所说,历史学家研究的对象和文学批评家不一样,因为"历史学家解读文本的最终目的是为了理解文本所表现、反映、折射、指涉的世界,这个世界不同于文本,和文本不是同出一源"。[2] 可能正是为了弥合这种分歧,詹姆逊才主张政治无意识是受意识形态压制的历史意义的储藏库,认为这是所有文本的特点。适当的历史化解读能够找回这些意义,这些解读必须意识到当前和以往的意识形态试图抑制意义和矛盾。

除这个认识论问题外,对于那些处理口头文本的学者来说,还存在一个非常尖锐的根本性的伦理问题。确实,把口头话语转录为书面文本,会面临保罗·利科(Paul Ricoeur)所说的"距离化"(distanciation)问题,文本可能会脱离其"显性指涉"(ostensive references),我们需要意识到转录过程的局限性和特定类型文本的特殊性。约翰·汤普森在论保罗·利科的一篇文章中认为,书面

---

[1] Umberto Eco, *Interpretación y sobreinterpretación* (Cambridge: Cambridge University Press, 1995), 70.

[2] William Sewell, review of *Gender and the Politics of History*, by Joan Wallach Scott, *History and Theory*, no. 3 (1990), 71–82.

文本的自治性是有限的，文本总是写给读者看的，文本接收者的期待嵌在文本本身的制作过程之中。[1] 就玛利亚女士这首诗来说，诗歌潜在接收者的话语群体是显而易见的。事实上，她明确语境化了诗歌，把它放在一个特定的话语群体范围内。这首诗是作为她大的人生故事的一部分提供给我的，诗歌嵌在她人生故事这个更大的文本里。从一个层面看，这意味着意图和语境化问题相当具体，为澄清文本的指涉意义提供了可能性。虽然我们不能把这首诗的意义简化为文本外在的制作条件，但玛利亚女士的文本显然不像华兹华斯的组诗《露西》（Lucy）或济慈的残篇《移动的手》（moving hand）[2] 那样是不可知的，后两者经常被人引用来作为文本意义最终不可判定性的例证。[3]

另一方面，我们能够把像玛利亚女士这样的一首诗语境化，也意味着避免阐释者不诚信这个伦理问题尤其尖锐。我不认识华兹华斯，我没有和他就"忠实地"赋予一种人生或一首诗的意义进行过潜在协商。我与玛利亚女士签的是另一种契约，这个契约涉及的肯定不只是一种纯粹的知识上的关系。德里达试图用"负责任的阅读"（responsible reading）这个观念来解决这些伦理问题。他区分了两个层面的阅读：首先，在一般层面上就相对稳定的意义达成可接受的、最低限度的共识；其次，通过适当的阐释，对第一个

1　See John B. Thompson, *Theories of Ideology* (Berkeley: University of California Press, 1986).
2　译注：陆建德老师认为这里可能作者有误，济慈比较难懂的残诗应该是 *This living hand*。
3　这些问题的相关讨论，见 Gerald Graff, "Determinacy/Indeterminacy", in *Critical Terms for Literary Study*, 2d ed., Frank Lentricchia and Thomas McLaughlin (Chicago: University of Chicago Press, 1995), 163–177。

层面达成的某些共识提出质疑。[1]这两个层面的阐释活动，涉及所谓的"反着读"（reading against the grain）观念，这可能是历史学家从文学理论中获益最多的东西。这意味着接受意义的多声部性（plurivocality），承认修辞/文本所说的不是不掺杂质的历史、社会事实。正是这种理解奠定了本章写作的基础，我试图超越诗歌意义的第一个层面，进而质疑"以阶级为基础"的读法这个共识。

当然，归根结底，对任何文本的阐释都是一种有深刻个人印记的解读，涉及我本人在面对一个特定的解读对象时带入的各种知识上的、情感上的要素。例如，我经常谈到语气（tone），语气正是一个如何听的问题，说到底也与个体有关。雷蒙德·威廉斯试图把"语气"纳入他的感觉结构，赋予语气一种更广泛的、超越个体的性质，但我永远都无法肯定地说，我在一个特定作品中选择听到的语气是"对的"语气。我不能说自己对1947年那个冬夜玛利亚女士的所思所想感同身受，还揭示了她诗歌"语气"所编码的意义。意义也有可能在别处，如果我听到的是另一种语气，如果我做的是另一种解读，或者，就像本章题词引用的德里达的那个隐喻一样，如果我冒险"增加一些新的线头"。

说到底，本章我这个阐释背后的基本姿态，是决心超越这首诗说给它的话语群体听的那些直接可得的意义，是决心揭开诗歌的潜文本。这个姿态意味着一种双重策略：一是历史、文化的语境化，二是密切关注文学形式和语言形式。我采用的这种策略，也是嘉伯瑞尔·施比格尔这个看法的基础：文本的社会逻辑基于"关联性地

---

[1] Jacques Derrida, "Afterword: Toward an Ethic of Discussion", in *Limited, Inc*. (Evanston, Ill.: Northwestern University Press, 1988), 153.

阅读文本和语境，公开的和被压抑的意义，明说和未明说的目的，以及它们在其中发声的各种文学模式和话语模式"。[1]

显然，这样的解读策略是有风险的。但是，为了做出本章我所尝试的这种性别化解读，这个策略看起来又是合理的。女性主义批评家在阐释女作家的严肃文学创作时已把重写本（palimpsest）、双声文本（double-voiced text）这些术语用作了武器库里的批判工具，以揭示那些女作家被迫采用的传统叙述背后的"隐藏意义"。[2] 用这种批评策略来阐释玛利亚女士的诗歌，必定会让这首诗得到通常只留给"高级"形式的文化生产的那种尊重。

这也让我们意识到，玛利亚女士写这首诗时，她从事的是何等艰巨的任务。就像我们说过的那样，想要在既定形式中表达女性的主体性，往往会破坏现有的叙述惯例。由于现有的语义形象不够用，没有合适的语言，没有合适的情节模式，她只能努力发明新形式，改装旧形式，间接迂回地表达，用语气来表达。无疑，让这种努力变得更困难的，是她试图表达合法性可疑——即便不是完全不合法——的经历和感觉。在1947年的阿根廷，想要谈论女性的身体和女性的性这些问题是相当困难的，当时这些问题还没有进入公共领域和工人阶级政治的舞台。由于这种缺席，一个女工试图把身体说成是她主体性的一个决定因素，这是相当困难的。工厂劳动的

---

[1] Gabrielle M. Spiegel, "History, Historicism, and the Social Logic of the Text in the Middle Ages", *Speculum* 65 (1990): 59–86.

[2] 相关基础性研究论著，见 Sandra Gilbert and Susan Gubar, *The Madwoman in the Attic: The Woman Writer and the Nineteenth-Century Literary Imagination* (New Haven, Conn.: Yale University Press, 1979); and Nancy K. Miller, "Emphasis Added: Plots and Plausibilities in Women's Fiction", in *The New Feminist Criticism*, ed. Elaine Showalter (New York: Pantheon, 1985).

阶级经历的现有叙述，全都是男性化的。由于活动积极，玛利亚女士在社区内已经被视为一个 *mujer atrevida*（胆大的女人）。正是在这个语境下，在一个极度痛苦和悲伤的时刻，在一间寒冷的屋子里，在午夜时分，玛利亚·罗尔丹女士才坐下来用诗歌表达她自己。我想，这是了不起的成就，这个成就对于历史学家来说并不是毫无意义的。

几年前，我在一篇文章中认为，1945—1946 年庇隆主义作为一种民众运动的兴起是一个独特的紧要关头，表达了当时阿根廷社会内部一直受压制的全方位的紧张和冲突。[1] 在那篇文章里，我特别关注文化、符号权力问题。短期内爆发的这些冲突——其基调不同于经济上更具体的阶级冲突——所造成的威胁，超出了庇隆主义国家的疏导能力。因此，玛利亚女士诗歌中表达性别关系和焦虑的那种语气，可能会被视为破坏庇隆主义阿根廷和谐的新的潜在威胁。这样一来，就有必要思考艾薇塔·庇隆、庇隆主义女性党（Partido Peronista Feminino）的角色，思考庇隆主义国家的很多社会政策，既要考虑这些政策的动员能力，也要考虑它们的规训方式。在这个意义上，可以说它们影响了"情节剧的解决方案"，而这种解决方案正是玛利亚女士所坚定拒绝的。

1　Daniel James, "17 y 18 de octubre, 1945: El peronismo, la protesta de masas y la clase obrera argentina", in *El 17 de octubre 1945*, ed. Juan Carlos Torre (Buenos Aires: Ariel, 1995).

尾 声

> 为什么要费心记住一个变不成现在的过去呢?
> ——索伦·克尔凯郭尔《恐惧与战栗》

  玛利亚·罗尔丹女士是 1989 年 7 月 3 日过世的。她是在捷克斯洛伐克街的家中陪曾孙女索尔(Sol)玩时死于心脏病发作的。我最后一次见她是在五个星期以前。当时,由于劳尔·阿方辛执政最后几周的严重经济危机和恶性通货膨胀,一股超市抢劫风潮肆虐了阿根廷。玛利亚女士和贝里索的其他庇隆主义者们忙着建立一个食品分配网络,为社区穷困者提供基本的必需品。关于绝望的暴徒铤而走险的谣言甚嚣尘上。她担心我回布宜诺斯艾利斯会有麻烦,因为警察正在拦停巴士搜捕"煽动者"。我开玩笑说我的英国护照救得了我。我还对她说,我更担心她,怕贝里索出什么事。她向我保证贝里索不会有事。她说,这是一个"吃过很多苦但很有纪律的社区"。我们分手道别,我没遇到什么麻烦就回到了布宜诺斯艾利斯。事后来看,她对贝里索的断言是有预见性的。社区团结的纽带和社会、政治网络救了贝里索,这里没有遭受荼毒其他地区的那种动荡。

  几周后,我和她简短通了电话,说了再见。我们的道别,总有些情绪化。我们真心喜欢对方,而她,凭着老年人的智慧,知道谁也保证不了日后的会面。我后来才知道她患上癌症已经好几年了。我想,我直觉上是知道的,但却一直不愿意面对。内向,再加上不愿意承认疾病和死亡的存在,我避免和她谈论这个话题。如果预感到我们再也说不上话了,我不知道会不会额外增加我们最后一次谈话的情感负担。我猜不会,因为谈话结束时,她像往常一样祝愿上帝保佑我和我的家人,愿来年我们再见,*si Dios quiera*(如果老天愿意的话)。这种祝福我再熟悉不过了,一般不会多加留意。现在,回想起来,她最后对我说的这些话,看来恰如其分地说明了奠定她一生基础的深厚的宗教情感,但我这个无神论者,却不肯倾听。

第二年5月,我回到贝里索。我带了一床羽绒被作为礼物想送给玛利亚女士,希望这能帮她抵御她那间水泥地卧室的寒冷。我决定先拜访另一个朋友米格尔·桑切斯(Miguel Sánchez)。当时是午饭时间,我不想让玛利亚女士觉得有义务要为我弄饭吃。饭后我们坐在桌旁,米格尔不经意地提了一句:"可惜了那个老太太。"花了好几秒,我才意识到他说的是谁。"哪个老太太?""你知道的,你那个老太太,什么名字来着?*la Roldán*?""什么,怎么回事?""她过世了,他们没告诉你吗?""没有,我都有一年没听到什么消息了。""这样啊,她去世肯定差不多有一年多了。"最初我很震惊,接着又松了一口气,幸好没有带着礼物直接去她家。总之,她家人在她家的文件里找不到我的地址,而我那些保持松散联系的其他朋友,谁也没有想过要和我说一声。除伤心她过世外,我还有些茫然失措。我这次回来,带来了一些新问题,需要深入讨论有些主题,需要厘清她人生中的一些线索,需要最终解决她之前的那些回避和矛盾。我开始被一种恐慌感压倒。如果我的访谈对象就这样离开了人世,不给我留下全部的事实,不给我解开我们录了无数个小时的访谈转录本的真正钥匙,我怎么能完成这个人生故事呢?这种情况下,又怎么可能对这个未完成的项目进行知识上的总结呢?

我终究还是要和这个难题达成和解的。短期内,我研究了她人生的历史语境,访谈了和她生活有过交集的其他人。我就像是少了女主角的剧作家,只能靠哄诱次要角色来推动自己的情节。接下来几年,我和我的同事米尔塔·洛巴托共同集中于贝里索历史的长期研究,玛利亚女士的叙述也逐渐成了一种背景,但却从未被这个大项目完全囊括。出于对玛利亚女士的一种个人义务感,还因为一种知识上的沉迷感,我经常把它拿出来重读,对它感到困惑。

我书架上摆了很多和玛利亚女士有关的东西,录音带、转录本、照片、笔记,但其中有一样东西在我重读玛利亚女士的人生故事时从没从书架上取下来过。那是一个录像带,将近十年时间我都没有播放它。这个录像带,是 1990 年我离开贝里索时米格尔给我的。他说,这是一个当地记者在 1988 年拍摄的,里面有 1989 年选举期间卡洛斯·梅内姆赢得庇隆派总统候选人提名的竞选活动场景。我不是很热情地谢了他,没有再说什么就把录像带放进了我包里。米格尔,他妻子艾米斯(Emilce),还有他的两个儿子利托(Lito)、莫尼卡(Mónica),都是狂热、正统的庇隆主义者,我们在政治问题上有过很多争论。他们也很清楚,用米格尔爱说的话来说,梅内姆很难称得上 *santo de mi devoción*(我仰慕的圣徒)。我们的友谊之所以还能维持下来,靠的是贝里索这种地方工人阶级文化所特有的那种基本的正派和友善。米格尔像是读懂了我的心思,他直视我,告诉我里面有几个场景拍到了"那个老太太"。这次,我知道他说的 *vieja*(老太太)指的是谁了。"拿着,"他说,"算是纪念品,可以用来记住她。"

为什么这个录像带在我书架上躺了八年呢?我想,一方面是因为我不需要靠它来记住她。我和她在一起的时间太长了,我有她说

285 过的话，有她的声音，如果这还不够，我还有照片，小部分是她年轻时的照片，更多的是我自己拍的她的照片。我不愿意看到她的样貌，理由正和我母亲去世后我不愿意看到她的样貌一样。另一方面，还因为我本能地抗拒录像带所能带来的助记冲击力，它能强化视觉表现、动作和声音，从而强化照片本身就已具备的那种"身体性"（carnal quality）。

不过，当我开始为玛利亚女士及其人生故事这本书写这篇尾声时，看来很显然，我最后还是应该看一看这个录像带。它是我掌握的各种证据和表述这个更大的马赛克拼图——我打算用这个拼图制作她人生故事的书面文本，以及我对这个文本的分析——中的一小块，也许还是很小的一小块。它会不会是象征性的一小块，能在最后的综合中把她人生故事的很多线头合成一股绳，对此我不抱任何幻想。我希望，本书下篇部分各章已经表明了我对口述史这类超然主张的怀疑态度。"尾声"，就这个词的常用义来看，确实指的是结语部分，"圆满完成一部文学作品的构思"。但这个词还有一个基本义，不外乎是额外说些东西。或许，录像带有办法做到这一点。我知道，录像带记录的也是她最后的公开政治表演，这样一来，它确实可以作为对这个深度参与公共领域的人生的一个"圆满完成""一个总结"。

这个录像带，确实是一份很能说明问题的文献。在一个层面上，它非同凡响地把工人阶级庇隆主义视为一种社会、政治运动。它记录的第一个事件是卡洛斯·梅内姆1988年4月23日在布宜诺斯艾利斯省启动竞选活动。卡洛斯·梅内姆从贝里索开始竞选，这个选择本身意义重大，利用了贝里索的名气："第一时间的"庇隆主义堡垒。他也意义重大地选择请玛利亚女士出面站在自己身边，她是那一代人的一个代表，是1945年10月17日那个神圣的日子里贝里索工人的一个领袖。录像带还有一分钟默哀场面，纪念刚去世的伊波利托·平托（Hipólito Pinto），这个人也和那一天、和贝里索那一代庇隆主义者有关。梅内姆演讲结束后，念了一串其他 históricos（历史）名字，这些人纷纷到讲台前领取梅内姆颁发的认证书。

大厅内发生的事情，是由"控制下的混乱"（controlled chaos）画面组成的，我开始意识到，这正是庇隆主义政治事件的独特之处。有的时候，大厅外广播车不停播放庇隆主义口号的喧嚣声淹没了梅内姆的声音。有的时候，大厅内的音响设备又出了问题。演讲结束后，随着集会结束，场面陷入了大混乱，每个人都挤上前来拥抱候选人，要他弯腰侧耳听取政治建议。接着，街道本身——蒙德维迪亚大道——录像带记者捕捉到的是政治集会、嘉年华游行和街头节日的大杂烩，这是庇隆主义全盛时期的突出特征，阿根廷其他政治团体也都群起效仿。政治标语，仪仗队，横幅，气球，父母，孩子，政治活跃斗士，汇在一起，声音和色彩极不协调。

梅内姆的演讲本身，说的是传统庇隆主义政治修辞的很多标准主题。为了争取庇隆派党内提名，他和他的搭档爱德华多·杜阿尔德（Eduardo Duhalde）提出了一个"国家计划"，想要完成庇隆将军的未竟事业。梅内姆声称，这个计划的基本原则可以概括为庇隆主义的一个经典口号，"一个社会公正、自由、主权独立的国家"。社会公正必须由国家加以保证，因为这是这个国家劳动应得的基本回报，因为在这个国家，trabajo（劳动）被视为身份和美德的基本标志。梅内姆主张暂停支付外债，因为"阿根廷国家没有签署"这些外债。他不反对自由企业制度，但他反对阿根廷遭受的"荒谬的

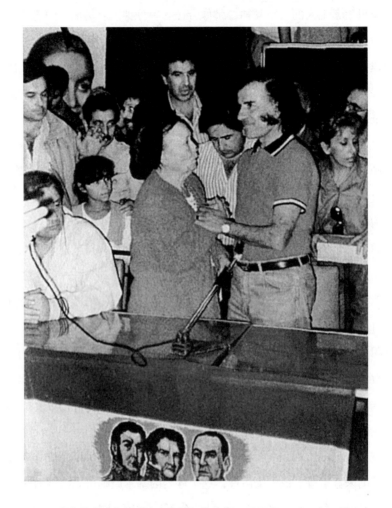

玛利亚·罗尔丹女士与候选人卡洛斯·梅内姆，贝里索，1988年4月23日
（图片由玛利亚·罗尔丹提供）

现代化"，认为这让阿根廷工人置身于悲惨的社会处境中。

录像带记者拍摄的下一个事件，发生在两个星期后贝里索大码头对面的恩塞纳达（Ensenada）市。场景比较阴郁。杜阿尔德和几个当地庇隆派政治、工会领袖来到国家石油工人（State Oil Workers）工会支部。时间是午夜，入冬的迹象很明显。集会是在YPF（Yacimientos Petrolíferos Fiscales，石油矿藏管理局）商船队工会支部举行的。当时工会处于危急时刻，有传言说要私有化国有石油公司，特别是私有化油轮船队。随着镜头在大厅内移动拍摄，明显可以感知得到这种危机感。讲台后面挂着巨幅标语：*No al Vacimiento de la Flota Petrolera de YPF¡*（反对解散YPF石油船队）、*NO al Vacimiento del Petroleo Argentino¡*（反对挖空阿根廷石油）

旁边是另一幅大海报，画着一只身穿星条旗衬衫的大猩猩，它用一只大手抓着一条阿根廷油船，显然是想没收它。大猩猩大概是最有力的庇隆主义符号了，代表本质上反国家、反民众、反工人、反庇隆主义的所有一切。和这个庇隆主义想象密切相关的另一重要修辞形象是寡头。其他基本的庇隆主义图符，也见于工会大厅裸露的水泥墙壁。将军身穿40年代的军装，艾薇塔是她最后几年作为卑贱者的女保护人的憔悴形象，她的头发紧拢在脑后，梳成一个圆髻。*El Poder de la Humildad*（卑贱者的力量）这个标语四处可见。还可以看到另一个庇隆主义符号，鼓乐队，主要是低音大鼓，即*bombo*，其迫切密集的击打自40年代以来一直都是庇隆主义活动的主要组成部分。

随着镜头拉近给出特写，可以看到台上有地方工会成员、杜阿尔德、莫龙（Morón）市市长胡安·卡洛斯·卢塞洛（Juan Carlos Rousselo）。当然，除了集会主人外，还有玛利亚女士。集会开始，合唱庇隆主义歌曲《庇隆主义进行曲》(*Marcha Peronista*)。随着镜头从主席台移到几百名集会群众身上，很明显，这些听众压倒性的都是工人阶级，而且基本上清一色都是男性。这首进行曲唱得很有激情，除唱歌的气力外，还涉及整个身体。集会群众全都站着，现场没有椅子，他们不是简单地唱出歌词，他们的身体还有节奏地前倾，伸出右臂，掌心向上，模仿庇隆标志性的挥手示意姿势。看到录像带这一幕时，我再次想起了每次听到这首歌时我的那种感觉。唱这首歌，不只是一个表明政治身份的简单动作，它还是这些工人阶级听众的一种圣餐仪式（communion），其情感的强烈程度既让我感动，又让我害怕。

在几个工会领导人简短发言谴责激进党政府及其经济政策后，玛利亚女士作为解救庇隆、开启庇隆主义这一历史运动的先驱者被介绍出场了。她的演讲不长，讲了十分钟。毕竟，她的作用是为卢塞洛、杜阿尔德这两个主要发言人垫场。但是，我看的时候还是呆住了。此前我从没见过她公开讲演，虽然别人告诉过我，说她最风光的时候她是个出色的演说家。她自己也说过，她天生就有在公共场合讲话的本事。现在，在录像带上看到的这个小身板，证实了所有一切。她站定直面听众，两只手微微分开，握着话筒两侧，手提包从她的一只胳膊上垂下来。讲话时，她的手臂基本不动，是她的声音让一切动了起来，她调整语气和节奏来强调自己的目的，表达情感，迈向高潮，和她的听众交流。听众对她的回应则是全神贯注地关注。

这最后一次公共表演，她选择对这些庇隆主义工人大众说的是什么呢？有意思的是，她没有接过话题继续谴责激进党政府，虽然她完全有能力这么做，这一点我可以肯定。她讲话的重点，是唤起

在为爱德华多·杜阿尔德举行的集会上合唱《庇隆主义进行曲》
国家石油工人工会,恩塞纳达,1988年5月4日

玛利亚·罗尔丹女士在为爱德华多·杜阿尔德举行的集会上演讲
国家石油工人工会,恩塞纳达,1988年5月4日

尾 声

庇隆主义集体记忆中那些特定的重要时刻。在表示自己相信梅内姆和杜阿尔德将会赢得庇隆主义党内初选、赢得接下来的总统选举后,她开始切入自己的关注重心。"我想起有个晚上在集会上我们说到神圣的艾薇塔……"就这样,她开始用细节唤出10月17日的事件。我观看录像带时,觉得这些话听起来很耳熟。我意识到,过去我们私人交谈时我几乎逐字逐句听过这个故事。她的整个意图还是和以往一样。她想提醒她听众的基本道德要点在于,在10月的那些日子里,阿根廷工人被动员起来支持一个他们几乎一无所知的人,*Casi no conocíamos a Perón*(我们基本上不了解庇隆)。他们这么做,只是因为他们再也忍受不了 *miserias morales y materiales*(道德上和物质上的痛苦)了。谁也保证不了将来的事,"我们不知道我们会有什么变化"。所有这些,都意味着10月17日是 *una noche incierta*(没有确定性的一晚),是黑暗中的腾跃,或者,可能更恰当的说法是,信仰之跃。这就是玛利亚女士想说的重点。正是这种信念,这种不一定成功的冒险,奠定了工人和庇隆独特关系的道德基础,这种关系用"fe"(faith,信仰)这个字写在了庇隆主义的词汇里。

我听的时候,也被这个演讲的助记表演能力所打动。玛利亚女士带着她的听众——他们大多数人都没有经历过那些日子——一天天迈向17日。以一种断奏的、近乎速记的方式,她细数那些日子,"12日……13日……14日",一天天渐进到高潮的17日。接着,她详细描绘了17日那一晚必不可少的各种细节:人群,天气,气氛,她自己所扮演的角色。她让她的听众置身现场,她回忆当时的总统埃德尔米罗·法雷尔将军说过的话,庇隆又是怎么回应的。这种追忆有一种仪式感。如果连我都熟悉这些措辞,我想,对她那些很多来自同一群体、工会、政治、社区背景的听众来说，这些措辞也是熟悉的。重复这些措辞，表演这些措辞，她就既调动又灌输了记忆，在这个过程中还影响了集体记忆的代际传递。

这个录像带捕捉到的东西，是记忆如何运作的一个好例子。对玛利亚女士来说，这远不是什么学院派实践。它体现的是当代政治的经验教训。10月17日是"阿根廷工人的胜利之夜"，那一夜他们战胜了寡头、军队和阿根廷社会的其他势力。只要重新创造这种运动以及作为运动基础的团结，如果上帝愿意的话，梅内姆就能获胜。演讲结束，她高呼庇隆万岁，艾薇塔万岁，梅内姆万岁。杜阿尔德拥抱她时，集会群众报以雷鸣般的掌声。

玛利亚女士的最后演讲，有力地提出了记忆和过去的关系问题。反复看了几次录像带后，我越发肯定，她不是活在过去，她绝对活在现在。对她来说，为了更好地活在现在，她需要和过去协商，把过去带到现在来。庇隆主义常常与怀旧感联系在一起，确实，作为一种社会、政治运动，它的修辞和意识形态尤其取决于握有过去的符号和历史的经验。确实，它持续不断的内讧，都是用正宗（authenticity）、忠诚这些用语表达出来的，而所谓正宗、忠诚，最终又是为了与那些声称自己握有过去的符号和记忆的竞争对手相区别的。

这种竞争性一直都是庇隆主义的一个特征，但1974年庇隆死后情况尤为严重，1988年的录像带也捕捉到了这种回响。梅内姆和杜阿尔德特意把自己的运动定义为正统，意思是说，他们有理由主张自己代表和体现了庇隆主义历史——特别是无产阶级历史——的价值观和记忆。这种正宗性主张，旨在强调自己和竞争对手的区别，后者公开声称自己是庇隆主义的"革新者"。这种正统性主张可以通过怀旧感表达出来，但又不仅止于此。怀旧被定义为"没有痛苦的记忆"，但显然，玛利亚女士的演讲并不是平和地召唤失去的天堂。她清楚地知道，即将粉墨登场的不会是一个新庇隆，也不会是第二个艾薇塔。

在我看来，她这是在象征性争夺内容、控制记忆。确实，录像带捕捉到的事件在一个层面上可以理解为一种仪式，这个仪式重在唤起传统符号，表演记忆中建立的政治身份。这就解释了录像带中出现的庇隆主义图符的重要分量，以及为什么要不断指涉庇隆主义的经典符号。紧接着玛利亚女士上台发言的是莫龙市长胡安·卡洛斯·卢塞洛，他明确承认这类仪式的重要性。他敦促他的听众们"回到庇隆主义历史"，从而把庇隆主义的精髓"传给我们的子孙"。他认为，庇隆主义的精髓体现为庇隆的话语，但也体现为区分庇隆主义者和非庇隆主义者的一种基本"感觉"。最后，卢塞洛希望他的听众们夺回"我们的口号，我们的歌曲，我们的大鼓，我们的照片，我们的进行曲，我们的象征，这些是体现我们历史的巨大财富"。

在我看来，录像带里的这些演讲，在玛利亚女士过世九年后也没有失去它们的反讽意味。记忆，可以是激活政治身份的有力动员工具，但却保证不了政治、意识形态的结果。在1988年的这些事件中，玛利亚女士和当时在场的其他很多人，都以为自己正在见证一种更适合工人阶级的庇隆主义的重生，但这种重生并没有发生。贝里索、恩塞纳达这些讲台上所抨击的大多数经济、社会弊端，实际上正是晚上占据讲台的那些人在五年内将要推行的东西。梅内姆、杜阿尔德主持废除了庇隆主义社会福利国家留下来的东西，开启了私有化潮流，从而削弱了庇隆主义工会的传统力量，造成了劳动力的锐减。到90年代中期，YPF公司实际上已经卖给私人了，卖给了外国买家，公司的油轮船队也解散了。恩塞纳达的大型炼油厂，只不过是它往昔旧模样的一个影子。1988年举行那个慷慨激昂集会的商船队工会支部，如今也成了退休金和遣散费的结算所。

在贝里索，对未来抱有希望是不切实际的。军事独裁下开始的去工业化过程，因梅内姆执政时期的新自由主义政策而加快了步伐。实际失业率徘徊在35%左右。就贝里索而言，如今市政府是最大的雇主，工人的工资总额耗费了80%的市政预算。这种经济的社会代价是显而易见的。今天，贝里索是布宜诺斯艾利斯省内婴儿死亡率最高的地区之一。社工私下还会告诉你家庭暴力急剧攀升。1988年梅内姆和杜阿尔德从贝里索、恩塞纳达开启竞选时归咎于"荒谬的现代化"的所有那些社会弊端，都会在他们随后的执政期间愈演愈烈。

摧毁了劳动世界的这种背叛，必定会对工人阶级的政治身份带来深远影响，这种政治身份是以共同记忆和传统而生的情感纽带为中心的。本书一开始，我就分析了贝里索城中心的记忆景观。城中心是一个重要的记忆场所——这种记忆场所在贝里索越来越少——但它表现现存记忆的能力无论如何都是成问题的。不管壁画家、纪念物建造者的意图是什么，他们唤起记忆、提供意义的能力都是主观的、脆弱的。一方面，可能这就是这类记忆化过程本身的特点。罗伯特·穆齐尔说："这个世界上没有什么比纪念碑更不可见的了。毫无疑问，它们竖起来正是为了让人看见，实实在在地让人注意到。但与此同时，它们也充满了排斥注意力的一些东西。"[1] 那些在大

---

[1] Robert Musil, cited in James E. Young, "The Biography of a Memorial Icon: Nathan Rapoport's Warsaw Ghetto Monument", *Representations* 3 (1992): 33–66.

壁画周围各种纪念物前社交的中学生，可能还有其他更迫切的事情要操心；这个空间的图符可能已经获得了它们理所应当的地位，所以打败了纪念物制作者的最好意图。

我们还要考虑代际记忆的问题。在录像带上，我看到了内斯托·胡兹瓦（Nestor Juzwa），我在贝里索最好的朋友之一。1995年以来，他一直是贝里索的市长。1988年，他是说服梅内姆、杜阿尔德选择从贝里索开启竞选活动的几个年轻庇隆主义斗士中的一员。在录像带上，可以看到他匆忙安排大家就座，把话筒递给梅内姆，招呼大家往前走。由于受贝里索成功启动竞选的鼓舞，后来他会在1989年总统选举中起到积极作用，1990年还成了本地庇隆派顾问。1995年，为了在贝里索组织一个纪念10月17日五十周年的官方活动，我经常和他讨论10月事件的记忆化问题。他告诉我，虽然他父亲从没和他说过那些事件，但他觉得就像自己亲历过一样。他对事件的记忆，和贝里索的具体地点有关，工人最初集合的地方，他们游行经过的街道，他们喊的口号，"就像我知道那天这个那个角落发生的事情一样"。这种记忆，或许部分要归因于流传至今的讲述那些日子的公共民间故事，部分也要归因于和内斯托自己的政治活动有关的记忆运作，60年代末他开始参加庇隆主义青年组织，沉迷于通过主张自己拥有庇隆主义运动的辉煌历史来寻求合法性。布宜诺斯艾利斯玫瑰宫前那个传奇之夜的更大全景，也以同样的方式传递给了他。我想，他一定非常熟悉玛利亚女士在恩塞纳达工会支部讲诵的故事，尽管此前他从没听她亲口讲过。简言之，内斯托能够把10月事件的集体记忆当作他自己的个人记忆。

贝里索官方纪念代表庇隆主义运动的10月17日活动开始前一个星期，一块标牌安放在了城中心的庇隆半身塑像下方。当我站在蒙德维迪亚大道另一侧观看这个仪式，听 históricos（历史）代表以及内斯托这样的年轻一代领导人讲话时，我看见内斯托的大儿子埃米利安努（Emiliano）朝我走来。打过招呼后，我示意街对面，问他为什么不在那边参加活动。他顿了一下，挖苦地笑了笑，耸耸他的宽肩膀说 este, no me dice nada（这个，对我没有任何意义）。

埃米利安努留长发，喜欢美国摇滚和时尚服装。他当然也关心自己国家和劳动人民的境况。他在家接触得到他父亲、他母亲埃尔莎（Elsa）活跃的庇隆主义传统。但穿过蒙德维迪亚大道时，他头部和他肩膀的姿势，所指的远不止是在庇隆和艾薇塔半身塑像前纪念1945年10月17日的那群人。我认为，其所指实际上涵盖了城中心的所有符号和记忆形式，其中也包括他乌克兰曾祖父母的移民历史，他们是20年代来这里的冷冻厂工作的。

对埃米利安努和他这一代贝里索人来说，他们父母还能明白的那些意义，由于历史、文化的变化，已经越来越黯淡无光了。甚至对贝里索的老一代庇隆主义者来说，10月17日在集体记忆里似乎也越来越空洞贫乏。就国家层面而言，庇隆派政府尽其所能地剥夺五十周年纪念活动的各种意义。杜阿尔德出国正式访问，免得让自己卷入任何纪念活动；梅内姆隐居在家乡拉里奥哈（La Rioja）省，遥遥作壁上观。贝里索的庆祝活动很低调，甚至在亲历过1945年事件的那一代人中间也是如此。作为集体记忆，这个事件似乎越来越去语境化了，被剥夺了 raison d'être（存在理由）。致力于全球资本主义逻辑的庇隆派政府的价值观，以及10月事件传统上固有的意义和价值观，两者存在冲突。一开始，这些事件的记忆是由动员和行动的经历维持的。接着，在1955年庇隆下台后的那段时间里，让记忆保持活力的，是贝里索这些社区开展的社会抵抗运动，这些抵抗运动对保存和传递历史知识至关重要，相关活动及其相伴的记忆主要集中在工作场所。最后，到了去工业化以及随之而来的社会、经济边缘化的时代，这个时代终结了很多老贝里索人的工作生涯，而埃米利安努这一代的很多人，他们的未来注定只能在锐减的劳动力市场边缘地带打零工，在这个时代，1945年10月17日的记忆就是很难长期维持，它在当代社会语境中已被剥夺了任何相关性。它不会再是社区的活记忆，只会简化为一个历史事实，获得它形式上的地位。

1988年拍摄的那个政治事件，玛利亚女士演讲中让我呆住的那种充沛的纪念性活力，很难想象还会在当代贝里索重新上演。这并不是说庇隆主义已经丧失了它号召阿根廷大多数工人阶级和穷人的力量。玛利亚女士有资本证明她自己和她那一代人的斗争的作用。尽管她在我面前坦露了她的一些个人疑虑，尽管我——扮演口述历史学家的角色，部分是作为询问者，部分是作为告解牧师——试图揭开她个人证词中、她出于尊重集体记忆的需要而戴上的各种公共面具中的其他矛盾和紧张，她还是希望自己的遗产能够成为埃米利安努、成为她自己曾孙这一代阿根廷工人的乐观主义源泉。

索 引

（页码为本书边码）

詹姆斯·艾吉（Agee, James），142

劳尔·阿方辛（Alfonsín, Raúl），95，11，204

阿尔马费尔特（Almafuerte），252-253

逸事（Anecdotes），157，170-187，191-212，237-238；作为权威故事的逸事，171，173，177-178，181，185-186，202-219；基督教图像学，177；阶级和性别，179-180；对话结构，178-180，191，202；作为历史文献的逸事，181；肉类加工厂男性工人逸事，232；母性语气，169-177；作为道德故事，172，178，190；表演性，183-184，185，202；个人经历逸事，205-206，219；公共话语，205；作为地位提升仪式的逸事，184-185；警句，171-172，173，191；社会性和个人性，172，202-212；套路，181，186。另见"话语"

人类学（Anthropology），125，126，129

贝芭·安佐里尼（Anzolini, Beba），257，266

呼语法（Apostrophe），146-148，271-274

阿莫尔工厂（Armour plant），4，6，8，16，44，74，101，127，144，153，200；纪念活动，143-156

迭戈·阿莫斯（Armus, Diego），267

权威故事（Authority stories），见"逸事：作为权威故事的逸事"

自传（Autobiography）：与口述史比较，136,，242

工人区（Barrio Obrero），7，38，77

理查德·鲍曼（Bauman, Richard），159，172

瓦尔特·本雅明（Benjamin, Walter），151–152，156，244–245，273，274–275

约翰·伯格（Berger, John），149

贝里索（Berisso），3–28；30 年代，37–44；40 年代，222–223，258；城中心，3–28，294–295；集体记忆，4，17，250；公共叙述，228–229，231，241–243，259；作为移民社区，10–15，38，144–145，228，259；住房和城市扩张，6–8；内陆移民，18，258–259，262；肉类加工厂，3–5；1945 年 10 月 17 日，17，22–24，286；庇隆时期，70–76，229；庇隆主义，4，15–28，229，283，286–297。另见"城中心""肉类加工厂""肉类加工厂工人"

胡安·贝里索（Berisso, Juan），3，145

奥古斯丁·贝纳维蒂（Bernaviti, Agustín），32–34

苏珊娜·比安奇（Bianchi, Susana），254

皮埃尔·布尔迪厄（Bourdieu, Pierre），142

彼得·布鲁克斯（Brooks, Peter），258

蒙德维迪亚街（Calle Montevideo），4，9，15，22，38，59，287，295；城中心的描画，7；移民纪念场所，13，34；1955 年罢工，88

纽约街（Calle Nueva York），37，44，45，59，245；城中心的描画，7–9；与郊坰地带并置，10；移民纪念场所，12；大杂院，18。另见"招工大门"

热床铺（Camas calientes），8

大卫·卡尔（Carr, David），228

天主教会（Catholic church），103-105，240，252

正义党教育中心（Centro de Adoctrinamiento Justicialista），127，134，137

城中心（Centro Cívico，贝里索），3-28；纪念1945年10月17日，22-24，23，27；纪念失踪者，24-28；移民社区意象，10，11，12-14；庇隆主义意象，15-22；女性和母性意象，21，22；工人意象，6-15，21-24；壁画、雕塑和纪念碑，4，5，10，11

玛丽-弗朗索瓦丝·尚弗罗-迪什（Chanfrault-Duchet, Marie-Françoise），160，172，177

亚历杭德罗·奇布尔（Chible, Alejandro），179-180

詹姆斯·克利福德（Clifford, James），129

纪念活动（Commemoration），143-156，294；纪念阿莫尔工厂，143-156；纪念失踪者，24-28；纪念1945年10月17日，22-24，23，27，203，294-296

共产党人（Communists），44，54，68，76，100-101，252

保罗·康纳顿（Connerton, Paul），148-149

大杂院（Conventillos/tenements），8，18，240；对大杂院的描述，36-37，59

去工业化（Deindustrialization），21，156，293；图像，150

雅克·德里达（Derrida, Jacques），244，276-278

话语（Discourse），182，249；逸事中的直接引语，178-180，182，202；公共话语，124，181；女性的话语策略，179；工人阶级话语，251-253，256-257。另见"逸事：对话结构"

文献（Documents），见"文本"

玛利亚女士和次长（Doña María and the Subprefecto，逸事），166-169

玛利亚女士与弗朗西斯科·曼里克的来访（Doña María and the Visit of Francisco Manrique，逸事），175–176

玛利亚女士与妇女投票权（Doña María and the Vote for Women，逸事），174–175

爱德华多·杜阿尔德（Duhalde, Eduardo），287–294

翁贝托·艾柯（Eco, Umberto），276

瓦尔特·伊莲娜（Elena, Walter），17

族群协会（Ethnic Associations），13–14，37–38，229

埃德尔米罗·法雷尔（Farrell, Edelmiro），61–62，291

詹姆斯·芬特雷斯（Fentress, James），134

马耳他热（Fiebre malta），43，102。另见"肉类加工厂工人：健康和身体状况"

劳尔·费尔盖拉（Filgueira, Raúl），143–156

阿图罗·弗朗迪西（Frondizi, Arturo），92–93，186

克利福德·格尔茨（Geertz, Clifford），119,139

性别（Gender）：在人生故事中，220，226–227；官方意识形态话语，219–228；解读，214–215，217–219，220–221，223–224；文学/历史文献解读，248–280；性别感觉结构，271；作为玛利亚女士人生故事的主题，215–243，260–270，271；口头文化，219–228；工人阶级，226–227，241，256–257，260–270，279

肯尼斯·格根（Gergen, Kenneth），160，165，203

玛丽·格根（Gergen, Mary），160，165，203

费伊·金斯伯格（Ginsburg, Faye），226–227，241

里卡多·乔瓦内利（Giovanelli, Ricardo），60–61，199

亨利·格拉西（Glassie, Henry），128，134-135，145

欧文·高夫曼（Goffman, Erving），157，183-184

贝尔纳多·冈萨雷斯·阿雷里（González Arrili, Bernardo），269

大幻灭（The Great Disillusionment，逸事），187-212

罗纳德·格雷里（Grele, Ronald），123，135

马塞尔·格里奥（Griault, Marcel），129

唐娜·盖伊（Guy, Donna），257

莫里斯·哈布瓦赫（Halbwachs, Maurice），149

团结的阐释学（Hermeneutics of solidarity），139，151

迈克尔·赫兹菲尔德（Herzfeld, Michael），227

招工大门（Hiring gate），6，8

马克斯·霍克海姆（Horkheimer, Max），274-275

住房条件（Housing，贝里索），6-8，18。另见"大杂院"

安德烈亚斯·胡伊森（Huyssen, Andreas），155

移民（Immigrants），10，11，14；阶级身份，18；纪念，12-14；"移民节"，11，34，228-229；意象，10，11，12-14，144-145，259；意大利移民，10；犹太人移民，38；理想熔炉，14，259；土耳其移民，12，37，38；乌克兰移民，15，295；肉类加工厂中的女性移民，49-51，259。另见"贝里索：作为移民社区"

弗雷德里克·詹姆逊（Jameson, Fredric），249，276

丽莎·贾丁（Jardine, Lisa），214

芭芭拉·约翰逊（Johnson, Barbara），146，271-272，274

正义主义（Justicialism），93，95-98，131，176，186

庇隆主义青年工团（Juventud Sindical Peronista），131

内斯托·胡兹瓦（Juzwa, Nestor），294–295

马克·卡明斯基（Kaminsky, Marc），141–142，154

科拉·卡普兰（Kaplan, Cora），267

劳动党（Laborismo），68–69，92，201–212；学说，67–68；肉类加工厂的国有化，74；独立党，70，164–165，201–212。另见"劳动党"（Partido Laborista）

恩内斯特·拉克劳（Laclau, Ernesto），239

拉潘帕（La Pampa），40–41

拉普拉塔（La Plata），3，43–44，92，111，112，132，224，245，252；1945年10月17日，60，87

胡安娜·拉劳里（Larrauli, Juana），188

菲利普·勒热讷（Lejeune, Philippe），119，136

伦特里奇亚·弗兰克（Lentricchia, Frank），172

人生故事（Life stories）：建构，140–141，158，220；反话，241–243，260；性别，220，226–227，271；公共叙述的影响，241；正式意识形态的影响，241；叙述模式，158，161–186，203–212，224，248；个人经历叙述，170；紧张关系和矛盾主题，166，186–187，191–192，206，208，211–212，220，222–228，233–234，241–243。另见"逸事"

夏洛特·林德（Linde, Charlotte），137，186，191

文学批评（Literary criticism），123，125，126，242，276，277

米尔塔·洛巴托（Lobato, Mirta），257，265，285

何塞·洛佩兹·雷加（López Rega, José），131。另见"庇隆主义：右派"

阿利斯戴尔·麦肯泰尔（Macintyre, Alisdair），187

马格达莱纳（Magdalena），194–201

弗朗西斯科·曼里克（Manrique, Francisco），97–98，175–176，178，

182，184，186

伊内丝·马里尼（Marini, Inés），230

肉类加工厂（Meatpacking houses），3-9，15-17；关闭，4，21-22，24，74，100-102；罐头车间（conserva），257，266；屠宰车间（即 playa de matanze），101-102，232（另见"肉类加工厂个人：屠宰工人"）；作为文学主题，221-222，261-262，269；国有化，74，100，147；机械线（noria），6，39，45，48，56，84；碎肉车间（picada），45，84，216，235，257，265；玛利亚女士人生故事的相关描述，35-36，39-58，84-86，89-92，100-102，232-233，256；内脏车间（tripería），266；斗车（zorra），42，45。另见"阿莫尔工厂""肉类加工厂工人""冷冻厂安魂曲""桑森恩纳工厂""斯威夫特工厂"

肉类加工厂工人（Meatpacking workers），3，6-10，12-18，21-24；记录员（anotador），45，48；去骨工（despostador），35，36，39，84；工头，45-46，48，52，258；性别化意象，221-222，231-234，260-270，279；健康和身体状况，43，102，245-247，254，263-264；屠宰工人（matambrero），35，36，101-102，232；1945年10月17日罢工，17；女性，6，258（另见"女性：工人阶级"）；工作条件，39-40，45-46，84-86，89-90，102，231-234，245-247，265-266。另见"肉类工业工人自治联合会"

情节剧（Melodrama），160，253-255，258，260-261，263；阿根廷大众文化，255；玛利亚女士的诗歌，253-256，261，263，271，273，280

记忆（Memory），151，207，292-296；集体记忆，135，151，155-156，228，250，295，297；纪念活动，143-156；个人记忆与集体记忆的辩证法，150-152，156；对失踪者的记忆，24-28；局限，123，155，223，242；贝里索对军政府时期的记忆，24-26；口述史，142-156，223，242；口头形态，143；摄影，149-151；找回记忆，153；"再次融入"（re-membering），154-156；空间方面，148-149

卡洛斯·梅内姆（Menem, Carlos），20，28，285，286-294，287

奥斯卡·梅拉诺（Merlano, Oscar），143-156

克里斯蒂安·梅茨（Metz, Christian），149

芭芭拉·迈尔霍夫（Myerhoff, Barbara），139, 141, 154-156, 184-185, 203

军政府时期（Military regime），24-26

郊垌（Monte），9-10, 229

路易斯·蒙特维尔德先生（Monteverde, Don Luis），32

蒙特内罗（Montoneros），111-115。另见"庇隆主义：左派"

失踪者纪念雕塑（Monument to the Disappeared），24, 25, 27

阿尔贝托·莫雷拉斯（Moreiras, Alberto），138-140, 272

伊斯梅尔·莫雷诺（Moreno, Ismael），261-262

母性（Motherhood），221；呼语法，272；作为女性政治角色的隐喻，241；作为玛利亚女士人生故事的主题，217-218, 233-234, 271；工人阶级，240

劳拉·穆尔维（Mulvey, Laura），254

壁画（Murals），5, 10, 11, 16, 19-25, 294

凯文·穆雷（Murray, Kevin），163

穆齐尔·罗伯特（Musil, Robert），294

《我们赖以生活的神话》（The Myths We Live By），123-124

叙述（Narrative）：公共叙述，228-229, 231, 241-243, 259；定义，203；作为赋予秩序的手段，228；表演性方面，183-184, 185, 202；感觉结构，270-271。另见"逸事：表演性""表演型故事"

叙述手段（Narrative devices）：呼语法，271-272, 274；代入法，138-140, 272。另见"逸事"

叙述结构（Narrative structure）：玛利亚女士人生故事的关键模式，161-186, 187-212

《数我们的日子》（*Number Our Days*），139，154

1945年10月17日，44，47，58-64，72，87，89，114，120，176，203，206，212，290-291；贝里索，17，22-24，286；纪念，22-24，23，27，203，294-296；比作法国革命，69，115，161-162；西普里亚诺·雷耶斯，59

尼克拉·奥利瓦里（Olivari, Nicolás），263，267

口述史（Oral history）：纪念活动，143-156；和自传比较，136；性别，213-243，219；跨学科性，126，242（另见"自传""文学批评"）；局限，123；记忆，142-156，242；方法论，121-156；作为叙述，123-125，128，133-137，143，158；实践，119-156；作为经验证据的来源，121-122，124，125，133，135，158，181，207；说实话，128，133-137；女性历史，213。另见"逸事""口头访谈""口头证词"

口头访谈（Oral interview）：意识形态性，125；访谈人与访谈对象之间的交流，124-125，130，134，140，213；对沉默的阐释，214-215，231，242；作为记忆场所，143；访谈对象的力量，139-142；会话性文本的制作，124-125；访谈人与访谈对象之间的融洽关系，126-133，135，137-140，213；叙述和分析之间的紧张关系，135。另见"口述史""口头证词"

口头形态（Orality），126；记忆，143，155

口头证词（Oral testimony），259；制作过程中的权威，125，129-130，135-136，138（另见"团结的阐释学""代入法"）；记忆，153，242；主体性，122-124，214，219，231；转录为文本，123-125，128，133-137，215-243，248，277；女性历史学家对口头证词的使用，213-214，242。另见"口述史""口头访谈"

佩德罗·帕拉西奥斯（Palacios, Pedro），见"阿尔马费特"

正义主义党（Partido Justicialista），21。另见"正义主义"

劳动党（Partido Laborista），17，46，64，75，120-121，162，163，167，189，217；学说，67；劳工的教育和纪律，75；成立，66-67；独立党，70，164-165，201-212；西普里亚诺·雷耶斯，66，92，164-165，167，187，201-212；肉类工业工人自治联合会，75

庇隆主义女性党（Partido Peronista Feminino），254-255，280

独立党（Partido Único）：和劳动党的关系，70，164-165

路易莎·帕塞里尼（Passerini, Luisa），123，177，180，220，231

表演型故事（Performed stories），183，202；转录过程的影响，183-184。另见"逸事：表演性"

庇隆·伊娃·杜瓦特（Perón, Eva Duarte），76-84，93，177，192，220，254，280；去世，77，82，83-84；作为穷人的保护人，18-19，79，81-82，188，236-241；贝里索的图符，15，16，21，24，288；局限性，187，190-193；人格魅力，82-84；玛利亚女士人生故事的描述，76-80，235-241

庇隆·伊莎贝拉（Perón, Isabel），20，24；与艾薇塔比较，78，79

庇隆·胡安·多明戈（Perón, Juan Domingo）：1955年下台，87-90，92，130，202，296；贝里索的图符，15，16，17，19-21，20，23，24，288-289，295；局限性，73，191-193；蒙特内罗，111-112；1945年10月17日，47，58-59，62-63，176；劳动党，67，92，164-165；独立党，164-165；原则和学说，93-94；西普里亚诺·雷耶斯，64-66，70，174，187-212；肉类工业工人自治联合会，65-66，67，70，75；社会正义，95-98（另见"正义主义"）；庇隆时代的罢工，71-72；工人阶级，17-24，50-51，70-76，84-87，90，93-94，161-162，286，289

庇隆主义（Peronism），4，15-28，187-212，229，240，254-255，279-280，283，286-297；1945-1955年，190-212，208-210，220；1955年以后，92-100，127-129，202-212；与基督教比较，93，94-95，131，

177，237-239；当代，24，27；14 条，54，56；性别意识形态，21，217-219，220，234-241（另见"庇隆主义女性党"）；图符，15-22；内部斗争，27，127-129，131；左派，100,110-116；右派，131-132（另见"正义党教育中心""正义主义""正义党青年工团""洛佩兹·雷加，何塞"）；20 条真理，131-132；工人阶级，99-100，187，189-190，192-193，218，286-297

庇隆主义现实主义（Peronista realism，文学风格）：女性形象，221-222，261-262，269

庇隆主义抵抗时期（Peronist resistance era），127

个人经历叙述（Personal experience narratives），137，170，190，202，205-206，219。另见"逸事"

何塞·彼得（Peter, José），64

伊尔玛·平托斯（Pintos, Irma），222-223，227

五月广场（Plaza de Mayo），17，58，59，60，62，63，112，176

"写给克拉丽塔的一首诗"（A poem for Clarita）：作为记忆活动，275；呼语法，271-274；语境化，277-278；工厂女工形象，260-270，279；阐释，276-278；作为情节剧，253-256，261，263，271，273，280；庇隆主义，275；对玛利亚女士的救赎力量，273-275；宗教意象，273，275；语气，278-279

政治（Politics），113-116，187-212；与工会主义比较，98；地方政治，95-97；女性，220，237；另见"共产党人""劳动党"（Laborismo/Partido）"正义主义党""独立党""庇隆主义""激进党""社会主义""罢工"

亚力山德罗·波特利（Portelli, Alessandro），123-124，143，157-158，161，180，191-192，209；记忆模式，192，205-207

吉安·普拉卡什（Prakash, Gyan），214，231

代入法（Prosopopeic representation），138-140，272

费利佩·普罗祖科夫（Protzucov, Felipe），249-250

拉比诺维茨·葆拉（Rabinowitz, Paula），260-261

激进党（Radical Party），41，63，93，96，176，189，204，289-290

冷冻厂安魂曲（Requiem for a Frigorífico），143-156，271

西普里亚诺·雷耶斯（Reyes, Cipriano），15，44，87，119-120，169，174-175，185，216，222；被捕，194-212；兄弟，64，68；《庇隆主义闹剧》，204；1945年10月17日，59；劳动党，17，66，92，164-165，167，187，201-212；独立党，70，164；庇隆，16，64-66，70，187-212，174；九十六天罢工，56，229-230

罗蕾尔·理查德森（Richardson, Laurel），241

保罗·利科（Ricoeur, Paul），277

玛利亚·罗尔丹女士（Roldán, Doña María），64，287，291；谈堕胎，105-108，217，234-235；阐释人生故事的办法，158-160；童年，31-35，218；作为人生故事主题的阶级，215，233，238，245-248；人生故事中的公共叙述，229；去世，283-285，293；谈裁减军备，108-110；在贝里索的早期岁月，35-45，224；谈家庭，96，105-108，217，234-235；作为人生故事主题的性别，215-243；离开冷冻厂，90-92；谈大男子主义，105-108；作为人生故事主题的母性，217，233-234，238；人生故事的叙述模式，158-212，213-243，217，219，227；宗教信仰，32，95，102-105，194，235-273；对伊娃·庇隆的描述，76-84，235-241；作为人生故事主题的愤恨，240-241；作为人生故事主题的羞愧，240-241；九十六天罢工，54-58，229-230；身为工会代表，44-45，52-54，87，120-121，169，178，197，216；文森特·弗朗西斯科·阿巴拉斯泰基·罗尔丹，84-87，216；作为人生故事主题的工作，229

多拉·罗尔丹（Roldán, Dora，女儿），37，91-92，198

马里奥·罗尔丹（Roldán, Mario，儿子），37，43

文森特·弗朗西斯科·阿巴拉斯泰基·罗尔丹（Roldán, Vicente Francisco Aberastegui，丈夫），35，37，40-41，45，86-87，91，102，

194–201，224–228；去世，84–87，147，233；男子气概，106–107，226–228；在阿莫尔工厂工作，35–36，39，84–87，102，147，233

拉斐尔·塞缪尔（Samuel, Raphael），122–124

米格尔·桑切斯（Sánchez, Miguel），284–285

诺玛·桑切斯（Sánchis, Norma），254

圣胡安德迪奥斯（San Juan de Dios，医院），43

圣马丁（San Martín），32，34，35，36，218

桑森恩纳工厂（Sansinena plant），68

圣地亚哥–德尔埃斯特罗（Santiago del Estero，阿根廷省份），18

贝阿翠丝·萨罗（Sarlo, Beatriz），255

琼·斯科特（Scott, Joan），213，214

劳动部（Secretaria de Trabajo），16，62

威廉·西维尔（Sewell, William），276

肉类工业工人自治联合会（Sindicato Autónomo de Obreros de la Indústria de la Carne），16，44–47，168，210，234；争取工人加入工会的早期活动，50–51；工人的教育和纪律，53，54，75，87，89；1945年10月17日，61；劳动党，75；庇隆，52，54，65，70，75，86，87–90；1955年罢工，88–90

社会主义（Socialism），113–116

多丽丝·萨默（Sommer, Doris），140–141，268

嘉伯瑞尔·施比格尔（Spiegel, Gabrielle），278

佳亚特里·查克拉沃蒂·斯皮瓦克（Spivak, Gayatri Chakravorty），214

标准体系（Standard System），48–49，50，51，121

卡洛琳·斯蒂德曼（Steedman, Carolyn），213，239–242

刻板套路（Stereotypes）：逸事，181，186；打破传统角色的女性，227，232，241

96天罢工（Strike of ninety-six days），54–58，76，139–140，229–230；罢工要求，54–55；组织，56；工人纪律，57–58

罢工（Strikes）：1955年，88–90；九十六天罢工，54–58，76，139–140，229–230；庇隆时期，71–72；1917年，101

底层研究（Subaltern Studies），214–215,231

斯威夫特工厂（Swift plant），4，6，8，15，16，44，59，69，100，120–121，147，153，245，257–258，266

斯温德尔斯·茱莉亚（Swindells, Julia），214

杰米·特克西多（Teixidó, Jaime），147

证词研究（Testimonio studies），126，141

文本（Texts）：历史学家的阐释，248–275，276–278；文学，248；第一位，276；阶级和性别解读，248–280；口头证词转录文本，123–125，128，133–137，215–243，248，277；女工，219，278–280

约翰·汤普森（Thompson, John B.），277

保罗·汤普森（Thompson, Paul），122–124

劳动和社会保障部（Trabajo y Previsión），47，67

转录（Transcription）：对表演型故事的影响，183–184；口头证词，123–125，128，133–137，215–243，248，277

说实话（Truth telling），128，133–137

土耳其穆斯塔法（Turco Mustafa, El，逸事），18

火鸡车间与闯入者（The Turkey Section and La Intrusa，逸事），169–170

维克多·特纳（Turner, Victor），209

基础元件（Unidades Básicas），20

工会（Union），见"肉类工业工人自治联合会"

没有用的人（The Useless One，逸事），173–174

口头文化（Vernacular culture），223，227

阿尔圭罗小区（Villa Arguello），7

阿苏尔小区（Villa Azul），85

银行建筑家小区（Villa Banco Constructor），7

多洛雷斯小区（Villa Dolores），7

圣卡洛斯小区（Villa San Carlos），7

祖拉小区（Villa Zula），7

马格达莱纳之行与西普里亚诺·雷耶斯被捕（The Visit to Magdalena and the Arrest of Cipriano Reyes，逸事），194–212

声音（Voice），271–272

朱迪斯·沃科维茨（Walkowitz, Judith），258

克里斯·威克姆（Wickham, Chris），134

雷蒙德·威廉斯（Williams, Raymond），270–271，278

女性（Women）：历史中的工厂工人，214–215；阿根廷社会的理想角色，217–226，235；作为母亲和妻子，220，238，240，241；口述史，213；政治活动，220，222–223，238；在庇隆主义话语和意识形态中的形象，217–219，220–222，233–235，243；在庇隆主义大众文化中的形象，221；性，256–257，260–270，279；刻板印象，227，229，243，271；工人阶级，188–189，213–219，222，226，229，230，235，239–243，244–280

工人阶级（Working class），213，219–220，222，226，240，258；性别，226–227，241，256–257，260–270，279；农村，40。另见"贝里索""肉类加工厂工人""庇隆，胡安·多明戈：工人阶级""庇隆主义：工人阶级""肉类工业工人自治联合会""罢工""女性：工人阶级"